MATRIZES DOS CONCEITOS DE JUSTIÇA

CIP-BRASIL. CATALOGAÇÃO-NA-FONTE
(SINDICATO NACIONAL DOS EDITORES DE LIVROS, RJ)

M383

Matrizes dos conceitos de justiça / coordenadores Lafayette Pozzoli, Vladimir Brega Filho. – 1ª ed. – São Paulo: Letras Jurídicas, 2010.
320p.: 16x23cm.   (Conpedi)

Inclui bibliografia
ISBN 978-85-89917-61-2

1. Direito - Filosofia. 2. Justiça - Filosofia. I. Pozzoli, Lafayette, 1956-. II. Brega Filho, Vladimir, 1968- III. Série.

10-1833   CDU: 340.12

COORDENADORES
LAFAYETTE POZZOLI
VLADIMIR BREGA FILHO

MATRIZES DOS CONCEITOS DE JUSTIÇA

1ª edição – 2010 – São Paulo – SP

Coleção CONPEDI

LETRAS Jurídicas

© Lafayette Pozzoli / Vladimir Brega Filho
© Letras Jurídicas Editora Ltda. - EPP

Capa
Cícero J. Silva
Claudio P. Freire

Diagramação
Dálet - Diagramações e Edições Ltda.-ME

Revisão
Miriam Rachel A. R. Terayama

Coordenadores Editoriais
Lafayette Pozzoli
Vladimir Brega Filho

Editor
Cláudio P. Freire

1ª EDIÇÃO - 2010 - São Paulo - SP

Reservados a propriedade literária desta publicação e todos os direitos para Língua Portuguesa pela
LETRAS JURÍDICAS Editora Ltda. - EPP

Tradução e reprodução proibidas, total ou parcialmente,
conforme a Lei nº 9.610, de 19 de fevereiro de 1998.

LETRAS JURÍDICAS
Rua Senador Feijó 72 - 3º Andar - Sala 32 - Centro
CEP 01006-000 – São Paulo – SP
Telefone/Fax (11) 3107-6501 – Celular (11) 9352-5354
Home page: www.letrasjuridicas.com.br
e-mail: vendas@letrasjuridicas.com.br

Impressão no Brasil

APRESENTAÇÃO

"MATRIZES DOS CONCEITOS DE JUSTIÇA", uma coletânea de artigos frutos de pesquisas apresentadas como artigos no GT – Matrizes dos Conceitos de Justiça, do XVIII Congresso Nacional do CONPEDI, realizado em São Paulo – SP, novembro/2009 – no Complexo Educacional Faculdades Metropolitanas Unidas (FMU). Foram coordenadores do GT os Prof. Dr. Rubens Beçak – USP – Ribeirão Preto, Prof. Dr. José Luiz Bolzan de Morais – UNISINOS e Prof. Dr. Lafayette Pozzoli – UNIVEM.

Como o Programa de Pós-Graduação em Direito do UNIVEM/Marília participou da coordenação do respectivo GT – Matrizes dos Conceitos de Justiça, e, considerando o convênio de cooperação científica firmado com a UENP – Universidade Estadual do Norte do Paraná, que mantém o Programa de Pós-Graduação em Direito – Mestrado da FUNDINOPI, foi apresentada uma proposta à diretoria do CONPEDI para publicar os textos do GT em forma de livro, pela Editora Letras Jurídicas, renomada na área, e que mantém forte esquema de distribuição nacional e esteve presente no Fórum de Editoras organizado pelo CONPEDI no Congresso acima citado. A proposta foi aprovada pela presidência do CONPEDI, Dr. Vladmir Oliveira da Silveira, e a editora manifestou interesse. Havendo concordância de todos, o livro ficou composto de 13 artigos, com autores de diversas IES do País. Juntou-se a isso o compartilhamento participativo do corpo docente dos dois Programas.

Devemos aqui consignar uma agradável e confiante constatação. Não obstante os artigos deste livro terem passado pela avaliação de pares, por meio do Publica Direito do CONPEDI, os Programas do UNIVEM e FUNDINOPI tiveram a confirmação de que a avaliação realizada pelo CONPEDI corresponde a uma preocupação séria na produção científica que o CONPEDI tem empreendido nos seus Encontros e Congressos.

O tema refletido no GT e nos artigos nos pareceu oportuno, considerando o momento pelo qual passa o Brasil e o processo de globalização.

Dividido em 2 partes, a parte I – construção do saber jurídico – compreende uma das linhas de pesquisa do UNIVEM, e a parte II – função política do direito – diz respeito a uma das linhas de pesquisa da FUNDINOPI.

O tema tratado é a ideia de justiça que sempre esteve ligada à vida do ser humano. Já se tomou como analogia o cosmo e sua harmonia, como fizeram os gregos, o reino animal em geral. Entretanto, uma desvinculação da ideia de justiça da pessoa humana não tem nenhuma operacionalidade. A harmonia da justiça presente no relacionamento entre as pessoas resulta no conceito popularmente denominado paz.

Neste sentido, o apoio do CONPEDI à publicação do livro, sob a supervisão de dois Programas, pode apontar para uma oportunidade de revelação de talentos de jovens pesquisadores, com trabalhos inéditos e significativos no contexto da difusão da produção científica. Essencialmente, vale ressaltar o trabalho do Professor Raymundo Juliano Rego Feitosa, ex-presidente do CONPEDI, para o atual estágio em que se encontra o CONPEDI, podendo contribuir significativamente para a produção científica da área jurídica.

A você, leitor e pesquisador, um bom uso deste material e que seja proveitoso nas suas investigações jurídicas.

Prof. Dr. Lafayette Pozzoli
Coordenador do Mestrado UNIVEM/Marília

Prof. Dr. Vladimir Brega Filho
Coordenador do Mestrado FUNDINOPI - UENP

PREFÁCIO

A ciência e a pesquisa exigem novidades e excelência, e novos projetos são nossa obrigação, não nossa virtude. Portanto, novos desafios e iniciativas, além de mudanças, serão necessários para que o nosso CONPEDI continue defendendo os interesses de nossos associados e da pós-graduação em Direito no Brasil.

Esta coletânea é o produto de um esforço convergente em busca de tal excelência, e reflete os compromissos da nossa diretoria, além das preocupações de toda a comunidade jurídica com a qualidade de publicação na área do Direito. A iniciativa é apenas o ponto de partida para trabalhos futuros, coletâneas ou revistas, que deverão corresponder às linhas de pesquisa de Mestrado e de Doutorado dos Programas de Pós-Graduação em Direito.

Dentre os compromissos aqui alinhavados não podia faltar um – que reflete a inquietação de todo o meio jurídico e não apenas do acadêmico: a aproximação com as editoras, no afã de tentar superar a polarização entre as que publicam trabalhos acadêmicos e as que atendem a interesses mais comerciais. Baseamo-nos no mote concreto da criação do Fórum das Editoras, projeto que ainda contempla o selo CONPEDI de qualidade às editoras, e que será lançado em breve.

Nosso Conselho não é uma corporação, e o trabalho somente iniciado aqui, portanto, vai além de fazer convergir os programas de áreas de concentração afins, não só para publicações coletivas e não endógenas, mas pretende representar uma gênese de projetos vicinais, agregando-se parcerias nacionais e internacionais, seminários, ciclos de palestras – enfim, uma pesquisa direcionada para a diversidade e para o ensino conjunto. Para tanto pretendemos, internamente, atribuir maior autonomia aos grupos de trabalho (GTs) dentro de nossa estrutura, o que levará, acreditamos, a um resultado mais institucionalizado, contínuo e profícuo.

Neste primeiro momento, uma gama menor de trabalhos foi selecionada para publicação, mas a partir desta experiência galgaremos espaço para a valorização de todos os que forem bem-avaliados a partir de critérios que as IES, pelos seus programas, o CONPEDI e as editoras definirão para cada revista ou coletânea.

O papel de nosso Conselho não é o de avalizar a perpetuação e a divulgação de um ensino anacrônico e estritamente dogmático, mas o de promover e o de auxiliar o desenvolvimento de uma pós-graduação de qualidade, com produção de revistas e coletâneas críticas e de efetiva circulação nacional e internacional, que atendam aos padrões e requisitos da CAPES e do CNPq.

Como ressaltamos no último congresso de São Paulo, o CONPEDI cresceu, e nossa casa começa a ficar pequena diante da efervescente produção e dos desafios. Os 1.086 artigos submetidos à avaliação para o Encontro de Fortaleza são a prova dessa adesão maciça e produtiva.

É certo que os trabalhos desta coletânea não poderiam centrar-se em tema mais emblemático e apto a constituir o vetor inicial de nossos ousados projetos: as variadas abordagens sobre o conceito de justiça.

O cientista do Direito contemporâneo está diante do desafio da modernidade: ser pragmático sem deixar-se corromper pela busca única de um resultado objetivo. Assim, a reflexão sobre a justiça, seu objeto primeiro, e a lapidação de seu conceito por intermédio do avanço do reconhecimento dos direitos humanos como seu instrumental básico é um interessante ponto de partida para o jurisfilósofo.

No entanto, essa reflexão passa pela gênese do conceito de justiça, pelas raízes do pensamento histórico, pelas doutrinas controversas, pelas polêmicas decorrentes das análises teóricas, pela análise sociológica, pelo cotejo de discursos ideológicos. Sem tais perquirições, tão variadas, o pensador do Direito procederá a uma visão empobrecida do conceito de justiça, com matizes muito superficiais.

Assim, o trabalho *A Ética e a Virtude como Matrizes da Concepção de Justiça na Filosofia Grega Clássica*, dos autores Lafayette Pozzoli e Luciano Braz da Silva, analisa o conceito de justiça e, de forma retrospectiva, os valores da ética e da virtude com base nos filósofos que declinam, implicando os conceitos filosóficos de maneira a extrair do Direito seu vetor principal, que é a justiça. Analisando o pensamento clássico, os autores lograram demonstrar o quanto a concepção de virtude e de ética determina, na sociedade, a eleição das condutas que serão indicativas de que os interesses particulares são respeitados, ainda que, enquanto indivíduos do Estado, sejam sujeitos de direitos e de deveres.

Os clássicos gregos também inspiraram o artigo de Kendra Correa Barão, que traz o conceito de justiça para os Sofistas, Sócrates, Platão e Aristóteles. A autora ainda busca demonstrar a importância dos Sofistas para o advento da filosofia que os sucedeu, o método de Sócrates na busca da verdade pelo conhecimento do ser e o porquê de inserir-se estes pensadores, bem como Platão e Aristóteles, na base de reflexão do pensamento jurisfilósofo contemporâneo.

O ensaio de Thaísa Haber Faleiros centra-se na análise da Teoria dos Sistemas Sociais Autopoiéticos do autor alemão Niklas Luhmann, no encalço da aplicação de seu pensamento no âmbito da Sociologia geral e jurídica. A partir do tema da legitimidade do Direito, extrai a perspectiva teórica do autor, e que forma o aparato de sua construção doutrinária. O longo percurso da autora apontará os caminhos percorridos por Luhmann e a ótica de outros autores. Thaísa Faleiros não excluiu pensamentos dissonantes, fundando suas conclusões sobre a legitimação do Direito como produto do próprio sistema e contrariando a possibilidade de buscar-se fora dele tal legitimação.

Também é Luhmann o objeto de análise de Fernando Rister de Sousa Lima, que se detém na premissa da impossibilidade de o Direito inocular soluções para abolir as ilicitudes perpetradas na sociedade. Sob um crivo rápido, mas preciso, apresenta o pensamento de Luhmann de que a melhor função do Direito está em garantir expectativas normativas ao longo do tempo e, por consequência, a eficiência de sua perpetuação. A manutenção das expectativas e a crença na continuidade da efetivação das normas são a função do Direito, que ainda afrouxa a tensão na sociedade a partir de um sistema contingente, para dar à justiça a função de atributo que amaina o ambiente social.

Em nossa coletânea não faltaram o relato e a reflexão sobre Hans Kelsen, no trabalho *Direito e Justiça: Análise a partir do Pensamento de Hans Kelsen – Paz Social Absoluta ou Relativa?*, de José Raul Cubas Júnior. O autor destaca a constatação kelseniana da finalidade do direito de manter-se pairando sobre a sociedade, para garantir a motivação – ainda que com carga coercitiva necessária – para que todos os indivíduos se condicionem ao comportamento lícito, evitando-se o uso da força pelo Estado, já que conhecedores da certeza da punição. O trabalho ainda aborda a inevitável interação do Direito, da moral e da religião, mesmo sob a ótica do Estado laico, e os inevitáveis mecanismos repressores do Estado para garantir a paz social.

Outra vertente de pensamento é abordada por Leonardo Alejandro Gomide Alcántara em *Justiça Distributiva e Teoria Moral*, a partir de Peter Singer e de John Rawls. A proposta do autor foi a de cotejar os aspectos teóricos dos autores eleitos, de maneira a especular sobre as respectivas e distintas concepções de ética. A riqueza no contraponto das diferentes perspectivas em lidar com a questão da justiça distributiva – seja pela ótica da justiça calcada nas instituições básicas da sociedade de Rawls, seja na visão de Singer sobre a possibilidade de uma sociedade justa fundada na superação das injustiças em razão da redução de desigualdades socioeconômicas – é o foco desse trabalho, que também aborda o excesso de responsabilidades depositadas sobre os ombros dos indivíduos. Por fim, o autor se desincumbe da tarefa para demonstrar, de maneira concisa, as divergências singulares entre Rawls e Singer.

O artigo de Hélio Daniel de Favare Baptista cumpre o propósito de analisar a capacidade contributiva como meio de concretização da justiça distributiva e da justiça social, na medida em que busca concretizar o principal objetivo da justiça distributiva – o da proporcionalidade. Os aspectos abordados versam sobre a função do tratamento isonômico dos indivíduos com base na capacidade de contribuir para sustentar o Estado, a tentativa de redistribuir os bens de produção e de consumo na sociedade contemporânea e sua inadequação à filosofia liberal individualista do capitalismo sem balizas, e a ausência de dividendos para o Estado nesse contexto, que acaba precisando suprir o que o indivíduo quer alcançar. Conclui pela necessidade de viabilizar-se a justiça social por intermédio de um Estado socialista e igualitário.

Em *Apontamentos para uma Ideia de Justiça em Roma*, Daniel Cabaleiro Saldanha lança um olhar retrospectivo sobre o Direito Romano e desmonta a ideia da inutilidade dessa revisão, revelando que o aprofundamento filosófico do conceito de justiça naquela fonte não estaria fadado à superficialidade. Demonstra o principal legado do Direito Romano ao Direito Moderno – o da razão prudencial – e constata ser ele a gênese de um pensamento jurídico que opera com institutos e com categorias. No mais, aborda a dificuldade de reflexão sobre o conceito romano de justiça diante de seu prolixo contexto legislativo e de suas emanações.

A interpolação dos conceitos de justiça, baseada nas reflexões de Jacques Derrida e de Emmanuel Lévinas, pautou o trabalho de Bruno Meneses Lorenzetto e Katya Kozicki. O texto volta-se tanto para as divergências nas respectivas visões do conceito de justiça como para a utilização, por Lévinas, dos conceitos que levaram Derrida a construir o dito conceito como aporia.

Por sua vez, Ivanilda Figueiredo deriva pelo método. É a investigação científica – e não a pesquisa descritiva ou a compilação jurisprudencial, singela e formal – que constitui o objeto e o substrato na análise teórica. E vai além, explicando sua inquietação acadêmica ao utilizar tais métodos para tecer considerações sobre o acesso à justiça.

A racionalidade da decisão judicial, sua fundamentação e a verdade que se implementa na sociedade com sua coercibilidade são o mote do ensaio de Thiago Azevedo Guilherme. O autor afasta a compreensão da igualdade formal como pressuposto da lógica jurídica, procedendo a um exercício de análise histórica e de crítica sobre o desenvolvimento do discurso legítimo e a formação da racionalidade no processo judicial, a busca da justiça acima da estrita afetação legalista e a verdadeira consideração das desigualdades.

Marx foi o caminho trilhado por Lauren de Miranda Celestino e Éder Ferreira. A ousadia teórica do autor analisado em reconstruir conceitos, ideias e premissas monolíticas de seu tempo constituiu o escopo deste trabalho, e a justiça social é, de longe, um dos temas mais palpitantes na extensa obra de Karl Marx, que não supõe ser o Direito o arsenal de sua realização, mas o emulador de conflitos.

Por considerar o comunitarismo uma vertente pouco explorada no Brasil, Felipe Cavaliere Tavares elaborou um trabalho de quase iniciação ao tema. Centrou seu foco nos pontos fundamentais dessa corrente de pensamento por intermédio da análise da teoria de justiça formulada por um de seus principais representantes, o americano Michael Walzer, que, por meio da obra *Esferas da Justiça*, aponta para a única possibilidade de uma humanidade mais justa: a da proteção dos direitos humanos pela valorização da comunidade e do espaço público, do particularismo histórico e da responsabilidade social.

Por fim, gostaria de agradecer particularmente aos professores Vladimir Brega Filho e Lafayette Pozzoli e à Editora Letras Jurídicas, em nome do seu editor, Cláudio P. Freire, pela parceria pioneira e pela grande dedicação a esta e a outras atividades do CONPEDI.

Vladmir Oliveira da Silveira
Presidente do CONPEDI

CONSELHO EDITORIAL

AGOSTINHO DOS SANTOS GIRALDES
CARLOS FERNANDO MATHIAS DE SOUZA
CINTIA DE FARIA PIMENTEL MARQUES
DIOGO TELLES AKASHI
EDUARDO HENRIQUE DE OLIVEIRA YOSHIKAWA
EDUARDO SALLES PIMENTA
ELIZABETE GORAIEB
FLÁVIO TARTUCCE
GUILHERME EDUARDO NOVARETTI
ILDEU DE SOUZA CAMPOS
JOSE CARLOS MAGDALENA
JULYVER MODESTO DE ARAUJO
LUIZ FERNANDO GAMA PELLEGRINI
MARIA CLARA OSUNA DIAZ FALAVIGNA
MARIA HELENA MARQUES BRACEIRO DANELUZZI
MARISTELA BASSO
MIRIAN GONÇALVES DILGUERIAN
NELTON AGUINALDO MORAES DOS SANTOS
NOBERTO OYA
OLGA INÊS TESSARI
PAULO RUBENS ATALLA
SÍRIO JWVER BELMENI

POSFÁCIO

Em novembro de 2009 os programas de Pós-Graduação em Direito do UNIVEM de Marília-SP e em Ciência Jurídica da Fundinopi-UENP de Jacarezinho-SP celebraram convênio de cooperação científica visando ao incremento da pesquisa nas duas instituições de ensino, especialmente dentro dos programas de mestrado. Embora as linhas de pesquisa não sejam coincidentes, o convênio mostrou a possibilidade da realização de pesquisas conjuntas com a integração de grupos de pesquisas, além de outras formas de cooperação, tais como coorientações, publicações em conjunto e o intercâmbio de alunos e professores. O livro "MATRIZES DOS CONCEITOS DE JUSTIÇA" é um dos frutos desse convênio, pois permitiu que docentes dos dois programas participassem do projeto de edição do livro, que foi coordenado pelos professores Drs. Lafayette Pozzoli – UNIVEM e Vladimir Brega Filho – Fundinopi/UENP.

Temos a certeza de que este é o primeiro de muitos projetos que incrementarão a pesquisa científica de qualidade, fortalecendo e promovendo o intercâmbio entre as Universidades e seus Programas de Pós-Graduação. Tais projetos sempre terão o apoio das reitorias do UNIVEM e da UENP, pois estamos certos de que a cooperação científica é o caminho para o crescimento da pós-graduação no Brasil.

Prof. Dr. Luiz Carlos de Macedo Soares
Reitor do UNIVEM/Marília

Dom Fernando José Penteado
Reitor da UENP/Jacarezinho

COLABORADORES

BRUNO MENESES LORENZETTO
DANIEL CABALEIRO SALDANHA
ÉDER FERREIRA
FELIPE CAVALIERE TAVARES
FERNANDO RISTER DE SOUSA LIMA
HÉLIO DANIEL DE FAVARE BAPTISTA
IVANILDA FIGUEIREDO
JOSÉ RAUL CUBAS JÚNIOR
KATYA KOZICKI
KENDRA CORRÊA BARÃO
LAFAYETTE POZZOLI
LAUREN DE MIRANDA CELESTINO
LEONARDO ALEJANDRO GOMIDE ALCÂNTARA
LUCIANO BRAZ DA SILVA
THAÍSA HABER FALEIROS
THIAGO AZEVEDO GUILHERME

CONSELHO EDITORIAL DO CONPEDI

EDUARDO CARLOS BIANCA BITTAR
JOÃO MAURICIO ADEODATO
LENIO LUIZ STRECK
MARCELO CAMPOS GALUPPO
VICENTE DE PAULO BARRETO
WILLIS SANTIAGO GUERRA FILHO

*Teu dever é lutar pelo Direito,
mas, no dia em que encontrares
o Direito em conflito com a Justiça,
luta pela Justiça.*

Eduardo J. Couture

SUMÁRIO

Parte I
CONSTRUÇÃO DO SABER JURÍDICO

A ÉTICA E A VIRTUDE COMO MATRIZES DA CONCEPÇÃO DE JUSTIÇA NA FILOSOFIA GREGA CLÁSSICA 25
Luciano Braz da Silva / Lafayette Pozzoli
   1. Introdução 26
   2. Ética e sua Etimologia 26
   3. Ethos & Práxis 28
   4. Ética Socrática 31
   5. Virtude 33
   6. A Ética, na Filosofia de Platão 34
   7. Virtude em Platão 36
   8. A Ética, a Alma e a ordem Política no Estado 37
   9. A Ética em Aristóteles 43
   10. Virtudes 45
   11. O Bem 51
   12. A Atuação da Ética na Esfera Coletiva como Predicado da Justiça 52
   13. Conclusão 54
   14. Bibliografia 55

APONTAMENTOS PARA UMA IDEIA DE JUSTIÇA EM ROMA 57
Daniel Cabaleiro Saldanha
   Bibliografia 80

JUSTIÇA DISTRIBUTIVA E TEORIA MORAL – UMA ABORDAGEM SOBRE AS VERTENTES UTILITARISTAS E DEONTOLÓGICAS DE PETER SINGER E DE JOHN RAWLS 83
Leonardo Alejandro Gomide Alcântara
   1. Introdução 83
   2. Matrizes do Conceito de Justiça: Algumas Considerações 84
   3. A Perspectiva de John Rawls: Justiça como Equidade 92
   4. A Perspectiva de Peter Singer: Miséria, Riqueza e Moralidade 97
   5. Considerações Finais 102
   6. Bibliografia 106

JUSTIÇA DISTRIBUTIVA, CAPACIDADE CONTRIBUTIVA E A INCOMPATIBILIDADE COM O ESTADO LIBERAL 107
Hélio Daniel de Favare Baptista
   1. Introdução 107
   2. Justiça Distributiva 108
   3. Da Capacidade Contributiva 111
   4. O Princípio da Capacidade Contributiva como Instrumento de Materialização da Justiça Distributiva 112
   5. Do Antagonismo do Objetivo do Estado Liberal e a Justiça Distributiva 115
   6. Conclusão 119
   7. Bibliografia 119

O CONCEITO DE JUSTIÇA PARA DERRIDA E PARA LÉVINAS 121
Bruno Meneses Lorenzetto / Katya Kozicki
   1. Introdução 121
   2. Justiça e Desconstrução para Derrida 122
   3. Subjetividade e Justiça no Pensamento de Emmanuel Lévinas 126
      3.1 – Subjetividade 128
      3.2 – Justiça 137
   4. Bibliografia 140

O CONCEITO DE JUSTIÇA PARA OS ANTIGOS: SOFISTAS, SÓCRATES, PLATÃO E ARISTÓTELES 143
Kendra Corrêa Barão
   1. Introdução 143
   2. Filosofia do Direito para os Gregos 145
   3. A Contribuição dos Sofistas 146
   4. A Contribuição de Sócrates 153
   5. A Contribuição de Platão 155
   6. A Contribuição de Aristóteles 165
   7. Conclusão 171
   8. Bibliografia 172

PARTE II
FUNÇÃO POLÍTICA DO DIREITO

O ACESSO A DIREITOS PELO SISTEMA DE JUSTIÇA: APRESENTANDO A CONSTRUÇÃO DE UM OBJETO DE PESQUISA E DAS VARIÁVEIS DE ESTUDO 177
Ivanilda Figueiredo
   1. Introdução 177
   2. O Acesso à Justiça: um Conceito em Permanente (Re)Construção 180
   3. Construção de Variáveis para Análise de Dados Empíricos 188

4. Considerações Finais 196

CRITÉRIOS LÓGICO-RACIONAIS DE ESTIPULAÇÃO DA LÓGICA JURÍDICA
E A FUNDAMENTAÇÃO DAS DECISÕES. A RELAÇÃO ENTRE IGUALDADE
E JUSTIÇA 199
Thiago Azevedo Guilherme
   1. Introdução 199
   2. Verdade e Racionalidade 200
   3. Procedimento Judicial e Igualdade 207
   4. Igualdades Formais e Materiais e Argumentação Racional no
      Processo Judicial e na Busca da Decisão "Justa" 212
   5. Conclusão 216
   6. Bibliografia 217

DIREITO E JUSTIÇA. ANÁLISE A PARTIR DO PENSAMENTO DE
HANS KELSEN. PAZ SOCIAL ABSOLUTA OU RELATIVA? 219
José Raul Cubas Júnior
   1. Introdução 219
   2. Breve Noção do Conceito de Justiça em Aristóteles 220
      2.1 – Os Ângulos da Justiça Aristotélica 221
         Distributiva e corretiva 221
         Virtude Geral e Especial 221
   3. Motivações para se Obter um Comportamento Lícito 222
      3.1 – Motivando a Conduta Lícita 223
      3.2 – Monopolização do Uso da Força 224
   4. Conceito de Justiça no Pensamento Senso Comum 224
      4.1 – Conceito de Justiça no Pensamento Científico 225
   5. Direito diante da Realidade Social 226
      5.1 – Onde se Encontra a Injustiça? 227
      5.2 – O Justo e o Injusto 228
   6. Ideais de Paz 228
      6.1 – O Aparelho Coercitivo nas Comunidades Primitivas 229
      6.2 – Comunidade sem o Uso da Força. Possível? 231
   7. Considerações Finais 233
   8. Bibliografia 234

O DIREITO NOS MANUSCRITOS DO JOVEM MARX 235
Éder Ferreira / Lauren de Miranda Celestino
   1. Introdução 235
   2. O Jovem Marx 236
   3. Manuscritos Econômico-filosóficos 238
   4. O Direito em Marx 244
   5. Considerações Finais 246

6. Bibliografia 247

MICHAEL WALZER E AS ESFERAS DA JUSTIÇA 249
Felipe Cavaliere Tavares
   1. Introdução 249
   2. Os Bens Sociais e seus Diferentes Significados 250
   3. Predomínio e Monopólio dos Bens 252
   4. As Esferas da Justiça 253
      4.1 – Segurança e Bem-Estar Social 253
      4.2 – Dinheiro e Mercadorias 255
      4.3 – Trabalho 256
      4.4 – Educação 259
      4.5 – Reconhecimento 261
      4.6 – Poder Político 262
   5. Conclusão 264
   6. Bibliografia 264

A MATRIZ LUHMANNIANA DA JUSTIÇA 267
Fernando Rister de Sousa Lima
   1. Introdução 267
   2. Da Justiça Possível 270
   3. Do Resultado da Pesquisa 273
   4. Bibliografia 274

JUSTIÇA, AUTOPOIESE E LEGITIMAÇÃO. IMPEDIMENTOS PARA A REALIZAÇÃO DO DIREITO EM PAÍSES DA MODERNIDADE PERIFÉRICA 277
Thaísa Haber Faleiros
   1. Introdução 278
   2. A Teoria dos Sistemas Sociais de Niklas Luhmann 279
      2.1 – Os sistemas Sociais Autopoiéticos 280
      2.1.3 – Clausura Operativa e Abertura Cognitiva. O Fechamento do Sistema 283
      2.1.3 – Acoplamentos Estruturais 284
      2.1.4 – Autorreferência 286
   3. O Direito na Teoria de Luhmann 289
   4. A Problemática Referente à Legitimidade do Direito 296
      4.1 – A Análise da Teoria Luhmanniana no Contexto Cultural da Modernidade Periférica 301
   5. Conclusão 308
   6. Bibliografia 310

CONPEDI 313
GT (Grupo de Trabalho) 316
QUEM SOMOS 317

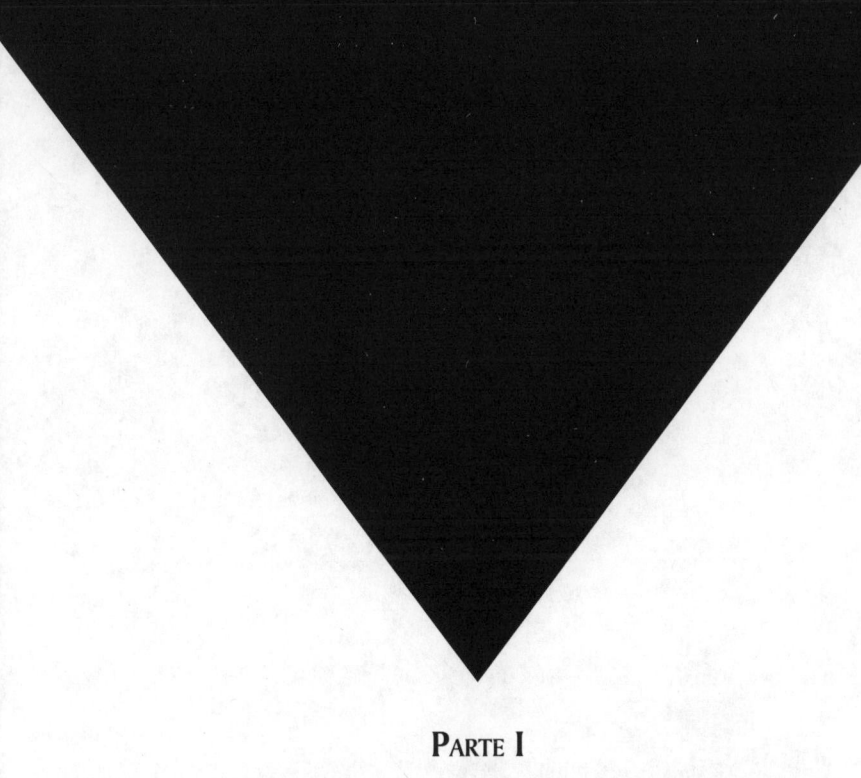

Parte I
CONSTRUÇÃO DO SABER JURÍDICO

A ÉTICA E A VIRTUDE COMO MATRIZES DA CONCEPÇÃO DE JUSTIÇA NA FILOSOFIA GREGA CLÁSSICA

*Lafayette Pozzoli**
*Luciano Braz da Silva***

---

* Lafayette Pozzoli, advogado, Pós-doutorado em Filosofia do Direito e do Estado pela *Università* "La Sapienza", Itália. Doutor e Mestre em Filosofia do Direito e do Estado pela PUC/SP. Pró-Reitor de Pós-Graduação, Pesquisa e Extensão do UNIVEM, Coordenador e professor no Programa de Pós-Graduação em Direito – Mestrado – e na Graduação do UNIVEM – Marília – SP. Professor na Faculdade de Direito da PUC/SP. Consultor Internacional em Legislação para pessoa com deficiência pela OIT – Organização Internacional do Trabalho. Consultor avaliador do INEP (MEC) para Cursos Jurídicos. Foi membro do Tribunal de Ética da OAB/SP – TED-1. Sócio efetivo do IASP – Instituto dos Advogados de São Paulo. Secretário Geral do Instituto Jacques Maritain do Brasil. Foi Professor Assistente no Curso de TGD, ministrado pelo saudoso Professor André Franco Montoro – Pós-Graduação PUC/SP. Publicou diversas obras, dentre elas: "Pessoa Portadora de deficiência – direitos e garantias" 1ª edição 1992 (Edipro), 2ª edição (Editora Damásio de Jesus), 2005; "Justiça dos Tribunais ou da Cidadania", 1996 (Cidade Nova); "Maritain e o Direito" (Loyola), 2001; "Defesa dos Direitos das Pessoas com Deficiência", 2006 (RT), Coletânea organizada por Luiz Alberto David Araújo, Gramática dos Direitos Fundamentais – a Constituição Federal de 1988 – 20 anos depois, Coletânea organizada por Thereza Christina Nahas, Norma Sueli Padilha e Edinilson Donizete Machado, 2009 (Campus).

** Acadêmico do Curso de Direito do UNIVEM. Bolsista pela FAPESP / Iniciação Científica. Diretor do Diretório Acadêmico do UNIVEM. Integrante do Grupo de Pesquisa GEP. Bacharel em Teologia pelo IBES – Instituto Betel de ensino superior. Desenvolve pesquisa científica na área de Direito Civil, junto ao NAPEX do UNIVEM. Foi professor no Ensino Público do Estado de São Paulo. Leciona cursos de lingüística Hebraica e Grega. Trabalha a produção de três obras literárias: O Racionalismo na Religião Cristã (uma abordagem filosófica nas questões teológicas do Cristianismo; Reflexões e Máximas (aforismos filosóficos para vida); Poemas e Crônicas. Participa, como aluno especial, no Programa de Pós-Graduação em Filosofia – UNESP, com pesquisas ligadas aos pensamentos de Habermas e Alexy.

Sumário: 1. Introdução; 2 – Ética e sua Etimologia; 3. Ethos & *Práxis;* 4. Ética Socrática; 5. Virtude; 6. A Ética, na filosofia de Platão; 7. Virtude em Platão; 8. A Ética, a alma e a ordem política no Estado; 9. A Ética em Aristóteles; 10. Virtudes; 11. O Bem; 12. A Atuação da Ética na Esfera Coletiva como Predicado da Justiça; 13. Conclusão; 14. Bibliografia.

1. Introdução

O indivíduo, com agente do Estado, como membro político sujeito de Deveres e de Direitos, é visto como tal desde os tempos remotos da civilização. Suas ações o caracterizam, o definem como bom, ético, imoral ou transgressor da norma. As discussões que envolvem a análise do comportamento humano retroagem a datas bem remotas. As discussões e as indagações sempre permearam os campos da religião, da política, da filosofia, do Direito e de tantas outras áreas que na historicidade humana ajudaram a compreender o homem. Ora, falar dessas ciência e de tantas outras que estudam o homem nos possibilita afirmar que são essas ciências que nos informam alguma coisa a respeito do homem, retrocedendo desde os períodos antigos até o período contemporâneo. Dentre as tantas ciências que estudam o homem, devemos destacar a história, de sorte que certamente não entenderíamos o presente sem antes relermos, por intermédio da história, o passado. E para relermos o passado – do homem propriamente dito – devemos estudar também os seus contextos, a sua cultura, a sua forma de pensar e de se estruturar como indivíduo, família e Estado.

Como indivíduo político e social, o homem se estabiliza com outros indivíduos que compõem as esferas e os órgãos que estruturam seu contexto social. Portanto, esse mesmo indivíduo deve desenvolver atos que corroborem o bom estabelecimento do seu meio social de maneira que suas ações não contendam com os interesses sociais.

O objetivo deste trabalho analisar as matrizes dos conceitos de justiça, e, para tanto, utilizaremos a filosofia para compreender o móbil dos discursos que seguiram em toda a historicidade do Direito buscando implantar uma ciência que visa à justiça como objetivo principal. Sendo assim, analisaremos algumas proporções que compuseram e ainda compõem a estrutura da justiça. Buscaremos compreender a ética nos seus mais variados aspectos, buscaremos nos aproximar o quanto possível da essência dos discursos dos principais filósofos do período clássico grego. Analisaremos a virtude, o indivíduo como membro do Estado, suas atuações, intento e questionamentos, no que diz respeito à verdade, à ética, à virtude, ao bem comum e à justiça. Valer-nos-emos do raciocínio da lógica da razão, do conhecimento epistemológico, da concepção da dóxa (opinião), da maiêutica de Sócrates, do idealismo platônico e do empirismo aristotélico. Enfim tramitaremos em vários campos da teoria do conhecimento para que possamos apresentar uma análise que corresponda às contingências políticas, sociais e sobretudo do Direito no atual modelo de Estado – Social – em que vivemos.

2. Ética e sua Etimologia

Indagar o que vem a ser a ética ou estabelecer uma definição do agir ético do – ανθροποσ αγαθοσ – *anthropos agatos* – *homem bom;* todavia, dentre as inquietações humanas não só individuais, mas também coletivas – ανθροπωισ αγαθωισ πολιτικοι – *anthropois agthois politikois* – *o homem bom para a cidade* –, tornara para o homem o grande alento para sua existência. De origem grega, a palavra – εθοσ – *ethos,* nos traz a ideia de: o *costume*, o *hábito;* portanto, a ética é o instrumento pelo qual se determina a valorização dos comportamentos e da ações humanas no intuito de medir-lhes quanto às suas utilidades, finalidades, seus direcionamentos, as consequências, os mecanismos, os frutos etc. Portanto, nas palavras de BITTAR, "Se há que se especular em ética sobre alguma coisa, essa 'alguma coisa' é a ação humana." (BITTAR: 2002 – 3).

Ora, é evidente que, quando falamos em ações humanas, não devemos pensá-las distantes da sociedade, do coletivo urbano, muito embora haja ações que são metaindividuais por ocasião do determinado fim que beneficiará de forma particular o indivíduo da ação; muito embora o fim da ação seja de interesse particular, é evidente que em todo curso ou grande parte da ação outros sujeitos atuaram não de forma teleológica. Entender que o *ethos* é coextensivo à cultura e portanto estante nas ações potencializadas pelos hábitos e costumes significa determinar a natureza essencialmente da ação humana *axiogênica*, seja no que diz respeito à sua *práxis* – o agir propriamente dito – ou com referência à sua *poiesis* – o fazer. Como ciência filosófica que estuda o qualitativo das ações, e como tal busca compreender não somente o gerenciamento da ação, mas também a estrutura da ação, mais precisamente o dualismo presente na referida estrutura. Podemos destacar como objeto do mencionado dualismo o conteúdo e a significação da ação, entre o dado – objeto intencionado – e a intenção, entre a potencialidade imanente que determina o objeto da ação e o finalismo do agente (LIMA VAZ: 2002 – 33).

Diferentemente do português, no alfabeto grego há vogais longas e breves que inferem significado na etimologia das palavras. Em português escrevemos com a mesma vogal a palavra que significa costume: *ethos*. No grego existem duas grafias para a vogal "e": uma breve chamada *épsilon* – η, e outra longa, chamada *éta* – ε. *Ethos*, escrita com a vogal longa significa costume; noutro caso, escrita com vogal breve, significa caráter, índole natural, temperamento, ou seja, conjunto das proposições físicas e psíquicas que definem e caracterizam a pessoa, o indivíduo. Neste segundo sentido, ηθοσ ethos refere-se às características pessoais de cada indivíduo que determinam e elucidam quais são de fato as virtudes e os vícios que cada um é capaz de praticar. Portanto referem-se à moral e à consciência ética individual de cada indivíduo, a saber, suas aplicações naquilo que o inserem no convívio com os demais de uma mesma sociedade (MURACHCO: 2003 – 502, 530).

3. Ethos & *Práxis*

Diferentemente da retidão – concepção que se atrela muito aos preceitos religiosos e também com preceitos imperativos da razão, em que a razão atua previamente, estabelecendo e prescrevendo certas ações ou ainda com algum fim ulterior, é possível fazermos a leitura moral das nossas ações, enxergando-as como algo que o atrai, como um bem a ser pretendido, e não meramente como um preceito ou um imperativo da razão. Portanto toda ação virtuosa é virtuosa por si mesma, de forma que não podemos utilizar condutas ignóbeis com fim à virtude, à ética ou à moral, a ação não é vista como um preceito de uma razão imperativa, mas como algo bom por si mesmo, e não meramente como uma forma a um bem ulterior (Sidgwick, *in:* RAWLS: 2005 – 3).

Segundo Sidgwick, os principais pontos de controvérsia entre o pensamento antigo (Grécia) sobre a ética e o pensamento moderno destacam-se sobretudo numa implantação genérica – de bem – em lugar de uma noção específica – como a retidão – na expressão dos juízos morais comuns das ações. "A virtude ou ação justa é comumente vista [pelos gregos] como apenas uma espécie do Bem: assim... a primeira questão... se intentarmos sistematizar a conduta, é como determinar a relação dessa espécie de bem com o restante do gênero (Sidgwick, *in:* RAWLS: 2005 – 4).

Na estrutura da ação, mais precisamente no dualismo presente na referida estrutura, podemos destacar como objeto do mencionado dualismo o conteúdo e a significação da ação entre o dado – objeto intencionado – e a intenção, entre objeto pretendido no curso da ação torna-se a sustentação *(ereisma)* propriamente a síntese presente entre a natureza do objeto e a operação do sujeito.[1] A axiologia da ação se mostra presente na estrutura da ação, mais precisamente no seu dinamismo, perante o desígnio em vista daquilo que o sujeito é e daquilo que o sujeito pretende ser. O objeto como conteúdo da ação – *ereisma* – a sua integração atuante na composição do sistema que arquiteta as formas e os valores que compõem a cultura ou o sistema das significações com que a sociedade e o indivíduo representam e organizam o mundo como mundo humano, logo, o objeto está para o sujeito como condicionante transcendental que atesta o sujeito pela sua ação. Assim sendo, o universo das formas simbólicas diferencia-se assimetricamente do universo das formas naturais, e a dissimetria entre ambos se manifesta na ocasião em que o excesso do símbolo pelo qual a realidade é submetida à sua norma mensurante. Essa norma deve assumir no indivíduo as mesmas proporções contidas no símbolo. Isso significa dizer que as ações, enquanto produtoras de símbolos e portadoras de significações que advêm do objeto, a ação manifesta desta sorte uma propriedade constitutiva da sua natureza: "ela é a medida *(métron)* das coisas e, enquanto tal eleva-se sobre o determinismo das coisas e penetra o espaço da liberdade" (LIMA VAZ: 2002 – 33, 34).

A coextensividade entre *ethos* e cultura se estabelece justamente a partir do caráter mensurante da ação com respeito à realidade. Se considerarmos que a *práxis* atua estante na face subjetiva da cultura e o seu objeto, enquanto *prãgma* (o fato, o ato, a coisa), como a sua face objetiva, isso nos possibilita dizer que a significação ou a expressão simbólica do *prãgma* informa-nos a função mensurante da *práxis,* o dever-ser por

---

[1] Neste caso o objeto da ação é e πραγμα – τοσ, *pragma*, enquadrado no acusativo, que traz a ideia não de acusação no sentido de culpa, mas sim de razão pela qual é a causa-condição. Seria a expressão objetiva da práxis, os fins subjetivos da ação intencionada à utensilidade do objeto.

ela conferido ao seu objeto. E é justamente na explicitação desse *métron* (a medida) próprio da *práxis* que o *ethos* (hábito, costume) se compõe e se organiza coextensivamente a todo âmbito da cultura. "No entanto esse nó originário onde se entrelaçam cultura e *ethos* é também o lugar onde a experiência da ação exigirá a explicitação do seu caráter normativo na forma de um *ethos* no sentido estrito que acabará mostrando-se como *métron* ou instância transcendente à própria ação. É como tal que ele penetrará o sistema inteiro das formas simbólicas ou todo o corpo da cultura" (LIMA VAZ: 2002 – 34, 35).

Analisar a praxe da ética consiste em analisar a atuação concreta e encadeada existente entre vontade e razão; portanto, a síntese composta dessas duas proporções, justamente pela interação que há entre ambas, extrai predicados[2] que se corporificam por diversas formas. Uma vez compreendido que as ações humanas são compostas de intencionalidade e de finalidade, destarte, reconheçamos a veracidade linear entre os atos exteriores e as intenções (BITTAR: 2002 – 8).

Stammler toma como ponto de partida na sua pesquisa a consciência, não pelas óticas da psicologia naquilo que concerne às suas preeminências, mas como atitude integral do homem perante si mesmo, como também na realidade que se situa. Sendo assim, Stammler entende que o homem, quando se depara com as coisas, por mais diversas que venham a ser, o faz no intuito de contemplá-las ou se põe diante da realidade como sendo um objetivo, ou melhor, como sendo um fim a atingir (Stammler, *in:* Reale: 2002 – 335). Percepção e querer ("*wollen*") são duas proporções universais do espírito das quais não podemos fugir. Resultante dessa lógica em clara evidência reconhecemos um ponto de partida inamovível; como sujeito universal facultativo, o homem sempre se deparará com condições que requererão dele duas atitudes possíveis: ou percebe e explica, ou quer segundo fins. Percebe-se indiscutivelmente que dessas duas atitudes fatídicas dão-se duas possibilidades de ordenação do real. Ora ordenamos as coisas *per causas*, ora ordenamos coisas segundo fins. As causalidades e as finalidades configuram as atitudes do homem enquanto se põe perante si mesmo e a realidade, suscitando daí explicações pertinentes que o caracterizam. A prévia de nossas ações

---

[2] A ideia de predicado é a ideia da extensão que é trazida ao lado do objeto.

está em que, no realizar de quaisquer ações, evidentemente o fazemos por condição do exercício de nossas faculdades psíquicas e intelectuais, ou seja, a consubstanciação finda-se no mundo do querer e da finalidade, a saber, mundo das realizações. Diga-se de passagem que a princípio Stammler não busca distinguir o que venham a ser fatos jurídicos e não jurídicos. De antemão o enunciado se constrói sobretudo e a rigor em determinar ou definir acoplando a singularidade à característica comum a todos os fatos humanos como sendo "expressões do querer" (Stammler, *in* REALE: 2002 – 335).

4. Ética Socrática

A prática do erro está posta sobretudo na ignorância, ou seja, só pratica o mal quem desconhece a virtude. O homem, obtendo o verdadeiro conhecimento, evidentemente o seu agir será ético. No pensamento socrático as premissas oriundas de convenções tidas nos costumes não constituem fontes indeléveis do saber, uma vez que essa pedagogia se molda a cada contexto e em diferentes circunstâncias de interesse; consequentemente, não demonstra obter valia. Todavia o saber necessariamente se dá a partir da elucidação racional, nesse sentido, Sócrates é tido como sendo o fundador da ética. Para a filosofia socrática, o exercício da razão em análise a toda e qualquer questão moral obviamente implica denunciar tudo aquilo que se mostra virtuoso. Entretanto não o é (ABRÃO, Bernadette: 2002 – 44, 45).

A peculiaridade de Sócrates que se mostrava de forma absolutamente explícita no uso da maiêutica – diga-se de passagem sua origem se deu com ele – por meio das multiplicadas perguntas amiúde obtinha um caráter indutivo com o intuito de levar o ouvinte a parir a ideia inata. Diferentemente daquilo que era exposto pelos sofistas, buscou diferenciar o que vem a ser impressão dos sentidos, haja vista haver a subjetividade, de onde surge o arbítrio, a instabilidade, a acidentalidade individual e a razão, em que encontramos na forma engenhosa o conhecimento ao que logicamente não diferencia entre os homens. Todavia, as definições um tanto limitadas passam de forma menos precisas até se chegar às definições mais adequadas (VECCHIO: 1979 – 36, 39).

Insatisfeito com o que se ouviu dos últimos naturalistas, Sócrates concentrou definitivamente seus esforços na análise da problemática do homem no que diz respeito às suas inquietações. Os naturalistas expuseram suas definições de modo contraditório naquilo em que apresentavam os problemas do "princípio" e da *phyfis*. Os argumentos falaciosos sustentando o tudo e o contrário de tudo (o ser é *uno*, o ser é *múltiplo*, *nada* se move, *tudo* se move, *nada* se gera e *nem* se destrói, *tudo* se gera e se destrói). Diferentemente dos sofistas que não fizeram mais do que apresentar problemas insolúveis para o homem, Sócrates soube chegar fundo nessa questão, reconhecendo seus limites no que tange à dimensão desse assunto (REALE, Giovanni: 1990 – 87).

A questão primeva para os naturalistas era: "o que é a natureza e a realidade última das coisas?" Sócrates procura responder a questão: "o que é a natureza ou a realidade última do homem?", ou seja, "o que é a essência do homem?".

Logo se obtém a resposta de forma precisa e inequívoca: o homem é a sua alma (psiqué). Nisto observa-se sua característica una que o difere de todas as demais cousas. Como alma Sócrates entende a razão, a sede de se elaborar as atividades pensantes de forma ética operante. Logo, chega-se à seguinte conclusão: se a alma é a essência do homem, cabe-nos de antemão cuidar absolutamente da alma com maior perspicácia do que do corpo, pois sobre aquela está nossa consciência com nossa personalidade intelectual e moral. Sendo assim, Sócrates entendia obter a função de educador ensinando os homens a cuidar da própria alma, função que acreditava ter recebido de deus; de certa forma uma apocatástase (MONDIN: 2002 – 223), *"que é isto (...) é a ordem de Deus. E estou persuadido que não há para vós maior bem na cidade do que esta minha obediência a Deus"*.

Essa tese socrática se fundamenta sobre dois pilares: o instrumento que se utiliza e o sujeito que utiliza esse instrumento. Sendo assim, percebe-se que o *homem* usa seu próprio *corpo* que é seu instrumento para a elaboração dos seus exercícios facultativos, direcionando-os evidentemente a um fim. Logo vê-se que *homem* e *corpo* são coisas distintas, entretanto, correlatas, suscitando daí a pergunta: o que é o homem? Impreterivelmente não se pode responder ser o corpo, antes sim que é aquilo que se serve de corpo no qual enuncia seu ser, a saber, sua *psyché* – a alma (= a inteligência), de modo a nos advertir: conhece-te a ti mesmo. Certamente só o faremos por intermédio do fenômeno da alma observado no corpo.

5. Virtude

No termo "areté", no grego sua etimologia está relacionada à condição que consiste na forma de se tornar uma coisa boa e perfeita naquilo que o é. De forma mais lúcida, seria a forma ou o modo de aperfeiçoar cada coisa no seu respectivo exercício para o qual fora definitivamente criado, e que doravante resulte daí que aquilo torne de fato aquilo que deve ser na sua absoluta amplitude. Entendiam os gregos que a virtude está posta no ápice da atividade, ou seja, na absoluta execução das atividades de quaisquer que sejam as ações pertinentes a quem de fato por natureza. Vejamos, por exemplo: a tarefa do cão é a de ser um bom guardião; a do cavalo é a de correr velozmente, e assim segue. No que diz respeito ao homem, a virtude seria exercer com afinco as atividades intelectuais da razão, resultando no que previamente se pretende: o direcionar da alma ao seu estágio pleno na forma que sua natureza determina, isto é, boa e perfeita e que seu fim resulte no bem comum a todos. Para Sócrates a execução se torna possível pela ciência ou pelo conhecimento; em contraposição o vício seria a privação, o desprender da ciência do conhecimento, vale dizer, a ignorância (REALE, Giovanni: 1990 – 88, 89).

A condição supérflua ou malogra das coisas exteriores como a riqueza, o poder, a fama, como também os ligados ao corpo, como a vida, o vigor, a saúde física e a beleza em si eram irrelevantes. Mas somente os valores da alma, que se resumem todos em conhecimento, demonstram tamanha relevância para o pensamento socrático. Ocasionalmente não significa que os valores tradicionais tornam-se desse modo "desvalores"; *a priori* entendia-se que "*em si mesmos*, não têm valor", estão condicionados por questões externas à sua essência. Entendia-se que havia um condicionamento no que tange ao qualificativo virtuoso, o qual cuidava-se, ou melhor, aperfeiçoava-se por intermédio da razão para que seu exercício fosse engendrado por meio desta em função da alma e de sua "areté". (REALE, Giovanni: 1990 – 88, 89).

No que resulta a tese socrática? *Enkráteia*, ou seja, o autodomínio nos estados de prazer, dor e cansaço, no ápice do calor das paixões e dos impulsos: entendendo o autodomínio como o pilar da virtude, cada homem deveria procurar tê-lo. A mais significativa manifestação por excelência na sua teleologia da *psyché* ou *razão* humana se dá naquilo que Sócrates denominou "autodomínio" *enkráteia*. Logo, autodomínio significa: *domínio de sua racionalidade sobre sua própria animalidade*, ou seja, tornar a alma senhora do corpo e dos instintos ligados ao corpo. Sendo assim, o que é ser livre? O homem livre é o que sabe dominar os seus instintos, mantendo-os sobre seu domínio, doutro modo o verdadeiro escravo é o homem que, não sabendo dominar seus instintos, torna-se vítima deles (REALE, Giovanni: 1990 – 90, 91).

Aristóteles afirmava com tamanha credibilidade que Sócrates suscitou duas grandes descobertas: o método indutivo e a definição (*ou conceito universal*). Por estarem ligadas entre si, estabelece que é por intermédio do método indutivo que se chega ao conceito universal. Sócrates fora o precursor do conceito da ideia universal, consolidando-a de sobremodo diante da distinção feita em relação à opinião (*Doksa*). Visto que naquilo que difere de indivíduo para indivíduo se estabelece a opinião, ao passo que no que diz respeito ao conceito universal é unívoco, *uno*, o mesmo para todos em todos os lugares. Entretanto, o meio para se chegar à aquisição do conceito universal, ou seja, o apreender da essência das coisas, a pedagogia que nos possibilita adentrar o aprendizado é por meio do método indutivo (MONDIN. 2002: 49, 50). Na interlocução feita por Sócrates e seus ouvintes, naquilo que se pretendia estabelecer definitivamente como conceitos de justiça, liberdade, santidade, etc., uma vez já apresentadas as definições dos seus interlocutores, Sócrates os refutava demonstrando as insuficiências e as infundadas definições apresentadas por eles. Esse método socrático fora conhecido como a maiêutica socrática.

6. A Ética, na Filosofia de Platão

Toda a filosofia de Platão é estabelecida a partir de orientações éticas. Dentro de sua visão lógica e metafísica, Platão entende que o homem deve necessariamente desprezar os prazeres, as riquezas e as honras, como também demonstrar renúncia aos prazeres do corpo, assim como do mundo. Entretanto, os esforços devem se consolidar em buscar somente a prática da virtude, a qual o filósofo definiu como sendo a sapiência da vida. Para Platão o homem está na Terra momentaneamente, como que de passagem, sendo que a vida – inferior – que agora leva no mundo da *físis* seria como uma provação em que estaria sendo avaliado para o seu eterno estabelecer num estágio superior – mundo suprassensível. No

Hades sua alma seria julgada a partir dos critérios de justiça e de injustiça, da temperança e da intemperança, da virtude e do vício, e, a cada caso concreto, receberia a devida recompensa. A tríplice sentença do juízo se vale da condição na qual, se o homem tiver vivido em plena justiça, sua alma receberá um prêmio (irá para lugares maravilhosos nas ilhas felizes); por outro lado, tendo vivido em plena injustiça, ao ponto de ter se tornado irreparável, receberá como recompensa o castigo eterno (será precipitado no tártaro para sempre). No caso de ter cometido injustiças reparáveis, i. é, no caso de ter vivido parte justa e parte injusta e consequentemente tendo se arrependido, a alma será castigada apenas temporariamente (depois de expiadas suas culpas receberá a recompensa que merece). A filosofia platônica da natureza do homem provou de fato a existência de uma esfera superior na qual vale a pena viver; seria a esfera do inteligível, o imaterial. Já no mundo sensível a alma é prisioneira do corpo, e segue em constante peregrinação à procura do bem superior que perdeu em decorrência dos seus vícios (MONDIN: 2002 – 73, 74).

Para Platão, a verdade e a busca do bem supremo que constitui a fonte primeva da ideia – *eidos* – una da ética encontra-se nas esferas das especulações humanas, e não das realizações humanas que comumente – segundo Platão – são ações capciosas e vulgares. Portanto, verifica-se que há uma grande distância entre o mundo das realizações e o mundo das especulações; destarte, o Bem Supremo jamais poderá ser alcançado pelo homem que segue com sua vida alienada ao mundo da *fisis;* logo, a alma está incumbida na logística, encerrando-se na contemplação da verdadeira Realidade, de onde se extraem os conhecimentos absolutamente necessários e definitivos para serem seguidos pelos homens (BITTAR: 2002 – 146). Com efeito, as argumentações teleológicas de Sócrates a respeito da virtude acabam favorecendo sobremodo as lições a respeito da *tékhené – a arte* – na filosofia platônica; consoante matéria, torna o ponto de partida que constituirá a formulação da racionalidade da conduta humana como ciência do *ethos* (LIMA VAZ: 2002 – 41, 42).

No *fédon*, Platão explica com lucidez a sua filosofia, demonstrando a necessidade de se fugir do mundo inferior, aplicando todos seus esforços na busca da esfera superior. Para Platão, o verdadeiro filósofo anseia a verdadeira vida voltada para si mesma sem obstáculo e anteparos e absolutamente unida ao inteligível, que ele descrevia como sendo o mundo das verdades. Isso significa que a morte do corpo representa a abertura para a verdadeira vida da alma, uma vez que a alma, estando ligada ao corpo, fica presa às delimitações dele. Sendo assim, filosofar ao modo platônico é a prática do exercício autêntico das questões sapienciais que remete a vida à dimensão exclusiva do espírito. Fugir do corpo, dos vícios atinentes à sua natureza resulta no encontro com o espírito, possibilitando-nos a vida real. Este, via de regra, seria o meio pelo qual os homens se tornariam virtuosos, assemelhando-se a Deus, não estando mais escravos dos apetites do mundo da *físis*. Não obstante essa ideologia, a operação do mal evidentemente não desapareceria absolutamente, de sorte que sempre deveria existir o contrário do bem, algo que certamente estaria posto na Terra junto de nossa natureza mortal e ínfera. Obviamente seria esta a razão pela qual deveríamos fugir dessa realidade malogra objetivando a verdadeira vida que está posta na esfera superior, em que os vícios e os males oriundos desse mundo certamente não existem. Essa prática seguiria em assemelharmo-nos a Deus na medida maior de nossas possibilidades humanas, absorvendo suas características divinas. Assemelharmo-nos a Deus é adquirirmos justiça, santidade e sabedoria (REALE, Giovanni: 1990 – 154, 155).

7. Virtude em Platão

A virtude em Platão se configura absolutamente na potencialização, na estabilização da harmonia entre a *tékhne* (arte) *epi-stéme* (a ciência, o saber) e a *dynamis* (a força, a potência). Das três classes que existem no Estado e das três classes que existem na alma, uma vez estabelecida a harmonia entre ambas poderemos ter um Estado e o indivíduo saudável. Assim como o Estado deve ser governado pela classe daqueles que detêm a sabedoria, a vida do homem deve ser governada pela parte mais nobre do seu ser, a *epi-stéme;* esta está situada na sua *psykhé (alma)*. Ora, estando já estabelecida a devida harmonia nas proporções que compõem o Estado e o indivíduo, logicamente pelo fato da harmonia compreender todo o sistema, evidentemente, só poderão fazer senão aquilo que fazem em decorrência da finalidade já determinada, visto que como órgãos possuem cada qual finalidade própria, porém, em relação ao todo, contribuem teleologicamente fator esse que não os possibilita atuar em desconexo. Também em relação ao sofrer a lógica a ser aplicada é a mesma, ou seja, só poderão sofre senão em decorrência das coisas que os (tomam pela mão, que os agarram – verbo drássomai) empolgam. Por conta disso o enunciado expressa a ideia e de que a harmonia não governa, não direciona os elementos que a compõem, antes sim o seguem em seu objetivo-fim, e em caso algum se opõem a esses, ao que por certo não existiria harmonia e sim a desarmonia que por fim suscita o vício (PLATÃO, Fédom. 1979. 104 – 107).

Ao contrário da virtude, em que há harmonia, consenso e consciência teleológica, na esfera da atuação dos vícios encontramos a desordem, as ambições, as guerras, as competições e as fúrias. De fato, onde predomina o levante das partes, a assimetria de entendimento, aí está implantado o domínio do desgoverno. Na lição apresentada por BITTAR, esse fato é notório pela seguinte questão: "...ora manda o peito, e suas ordens e mandamentos são torrentes incontroláveis (ódio, rancor, inveja, ganância...), ora manda a paixão ligada ao baixo-ventre (sexualidade, gula), (CHAUI, *in:* BITTAR: 2002 – 141).

Isto posto, subentende-se que a harmonia existente está condicionada em função da razão, da arte e da força (potência) que resultará na *areté* – virtude-excelência, em suma, a *epi-stéme,* no que diz respeito à harmonia, assume a primazia em governá-la, justamente pela questão de que na filosofia platônica e socrática a ciência – a razão se assemelha aos seres divinos. Sendo assim, a harmonia não tende ao vício, que é contrário à ciência. (PLATÃO, Fédom. 1979. 104 – 107)

Portanto, o indivíduo virtuoso, para Platão, é o sábio que conscientemente sabe trabalhar com a razão, utilizando-a para impor o pleno domínio das tendências irascíveis e concupiscíveis humanas, tudo com vistas à supremacia da alma racional. Sendo assim, virtude em Platão significa controle, ordem e equilíbrio, proporcionalidade etc., em que as almas inferiores – portanto irascíveis e concupiscentes –, devem, todavia, se submeter aos comandos da alma racional, esta sim soberana (BITTAR: 2002 – 140).

8. A Ética, a Alma e a Ordem Política no Estado

Para compreendermos a concepção ideológica de Estado em Platão, via de regra devemos atentar a sua compreensão teleológica, tendo como objetivo central a análise do fim em que é proposta sua definição de Estado. A busca da ideia do *bem comum* torna-se a visão teleológica do filósofo. Destarte a justiça e a felicidade dos cidadãos que compõem o Estado é a condicionante para a sustentação de um Estado salutar e permanente. Como fora exposto anteriormente, dada a definição de *doxa,* sobretudo naquilo que seu exercício nos proporciona, a saber, que, por intermédio da opinião (mundo da físis) há a estabilidade da reminiscência, direcionando-nos a episteme (razão). De toda a argumentação construída por Platão a respeito do Estado, o que se pode ver claramente e até por conta do seu método gnoseológico-filosófico, sua configuração não se deu absolutamente por via duma análise científica naturalista da realidade contemporânea de Atenas, haja vista que os preceitos éticos existentes na *polis* grega observados pelo filósofo estavam se desfalecendo no contexto da práxis social de Atenas. Ora, o discurso de Platão se mostrou envolto em um sentimento nostálgico em que a busca a uma identidade virtuosa impreterivelmente seria o prisma da condição natural de cada ente, dada a sua peculiar importância no organismo estatal. O organismo Estado se consolida e se sustenta não a partir de interesses particulares egoístas ou de classes separadas, restringindo-se aristocraticamente, antes sim, do exercício coletivo à estabilização do bem comum entre todos (MORRISON: 2006 – 41, 43). Entretanto, a condição para conhecê-lo e a definição exata do termo, no *àgora* (praça – lugar de discurso), entre os questionamentos assumia o papel protagonista nos discursos. Platão se mostra convencido em poder mostrar um direcionamento para a implantação do bem comum, *a priori* defende a coerção e a "manipulação" para o objetivo compreendido; o fim que se almeja com o funcionamento do bem comum necessariamente subjaz à implantação da justiça.

Ao que se pode ver, a justiça assume a primazia entre todas as demais virtudes para a estabilização e o funcionamento do bem comum no Estado. Na *República,* Platão estabelece uma leitura congruente à concepção de justiça, observando de forma paralela e conotativa as verossimelhanças entre o Estado e o indivíduo, resultando num vértice ideológico de justiça, embora entre ambos amiúde perceba-se destacado diferencial, sobretudo naquilo que concerne em particular a cada qual a extensão da justiça, sua proporção contida e conferida distintamente na estabilidade a ambos, Estado – Indivíduo. Para Platão, o Estado, semelhantemente ao homem, possui uma logicidade orgânica, e, como tal, se estabelece e se desenvolve sistematicamente, encadeadamente observando leis e princípios. Ora, nitidamente podemos ler princípios ideológicos pertinentes à natureza do homem como justiça, ética, virtude etc.; de forma mais acentuada no organismo estatal, haja vista aqui podemos compreender de forma bem mais clara, uma vez que está escrito em caracteres grandes por conta da sua fenomenologia que se mostra tanto quanto extrínseca, nítida, diferentemente do homem que está escrito de forma tênue, minimizada, posto que o mesmo é uma partícula do organismo Estado (VECCHIO: 1979 – 39).

O organismo estatal, assim como o homem, possui, axiologicamente e em forma encadeada, perfeita unidade. Assim como o corpo humano é formado por vários órgãos que se interligam um ao outro, estabelecendo sustentabilidade em seu todo, o Estado é constituído de vários indivíduos, cada qual com sua ocupação concomitante à sua valia, necessária para a atividade orgânica do Estado, ou seja, tem-se a virtude, oriunda da harmonia estabelecida entre a parte e o todo, e este, com a aquela. A virtude mostra-se axiologicamente no fim comum em que cada um deve cumprir naquilo que lhe é pertinente por natureza sua (*tá eautoû práittein* = executa (imperativo) *de si mesmo*) a devida atividade. A exemplo, tomamos como explicação a virtude dos olhos, que, por excelência, é enxergar, a dos ouvidos é ouvir etc.; a justiça é a excelência da virtude, pois consiste na relação harmoniosa entre a parte e o todo, objetivando um fim lhe é proposto em que alcança a todos isonomicamente (VECCHIO: 1979 – 40).

Das considerações observadas no discurso da *República,* fica-nos compreendido que ao corpo não basta para si próprio somente o ser, evidentemente o corpo possui outras necessidades que alhures serão supridas, haja vista ser defeituoso e não pode contentar-se a si próprio. Destarte, fora incumbido à arte providenciar ao corpo aquilo que lhe é necessário e útil para suas atividades no geral. *"Tem cada uma das artes separadamente qualquer outro interesse que não o de promover sua mais alta perfeição?"* (Platão: 1994 – 31) O que vem ser a arte? Onde a encontramos? A quem será dado utilizar da arte? Portanto, indagamos aquilo que destoa à compreensão do termo arte. A arte de ser corpo é completa por si só, ou requer toda e qualquer arte uma virtude adicional? Como a medicina que é a de curar, a da chama que é a de arder etc. Os fins em que toda arte se mostra com tal, particularmente naquilo que são, está posto que a condicionante propulsora que elucida a ideia contida necessita de outra arte que a investigue e proponha a condição para tais fins por ela perseguidos. Resultantes essas ideologias compreendemos que em cada arte há necessariamente a codependência a outra arte da qual lhe advém a provisão do seu interesse-fim dessa outra arte provisional uma terceira em semelhante função aditiva, e assim sucessivamente segue. Dada lógica se pensa que o fogo, enquanto fogo, o fogo não arde, ou seja, a arte de si mesma não se beneficia naquilo que tange à sua própria natureza a si. Entretanto, naquilo pelo qual se deu o conhecer da existência da arte, a saber, sua provisão, não está submetida a um dever-ser, exceto na condição de arte, da qual entendemos que a da justiça é promover justiça a determinado fato, mas a justiça dada à justiça não é arte, porque enquanto arte não há defeitos ou falhas em nenhuma arte. A cura está para o corpo naquilo que entendemos por arte, ou seja, em toda e qualquer arte não há busca a interesses próprios, mas o bem daquilo para o qual a arte está posta (Platão: 1994 – 33).

Para Platão, o Estado tem sua origem decorrente da necessidade fatídica em que o homem não se bastar a si mesmo, a sua sociabilidade enuncia sua codependência em relação aos demais indivíduos que completam a *polis*. Ora, é inconcebível a ideia de num só indivíduo constar a condicionante em ser sapateiro, alfaiate, professor, artesão etc. Em cada indivíduo, no que tange seu intelecto como toda sua faculdade psíquica e emocional, há qualificações que o destacam entre os demais, fazendo com que reconheça seus adereços em determinada área. Em igual forma assim também o é com todos os demais. Vejamos, em todos os indivíduos obviamente há necessidades que divergem a seu modo, fazendo com que cada qual perceba seus limites decorrentes da importância daquilo que necessitam para o exercício do seu viver, assim também como as necessidades para que possa conviver no organismo social – Estado. Concomitantemente a ela, consoante os homens são levados a associar-se, dividindo as múltiplas ocupações em recíprocas o que, de certa forma, estabiliza o corpo social no qual todos estão inseridos em convivência, lugar esse onde se preza pelo uso da filosofia para a estabilização da nova Política e o novo Estado, porque, para Platão, a filosofia representa a única via segura que conduz a justiça ao bem, ao autêntico modelo de Estado (MONDIN: 2002 – 75, 76).

Portanto, chegamos à devida compreensão lógica de que o Estado suscita pelo inter-relacionamento entre os indivíduos que compõem a *polis,* um senso ético e de virtude em que necessariamente, pela sua implantação, chegaremos de fato à estabilização de um Estado salutar. Daí advêm os sistemas de trocas, o diálogo, a retórica, a persuasão, a opinião etc. No que jaz às nossas limitações e necessidades, vem-nos a clara evidência de que absolutamente não somos autárquicos e jamais poderemos ser, o que definitivamente nos diz que necessitamos uns dos outros à plena estabilização do Estado comum isonômico a perfeita ideia de *República (ton antropon dzoi politicos eisin* = o homem é um animal político). Em primeiro lugar, no que diz respeito às necessidades vitais de cada indivíduo, e nisso sem exceção, destarte, englobando todas as classes, são imprescindíveis ao todo (coletivo) os serviços daqueles que providenciam a elaboração das matérias-primas necessárias para a vida, desde alimentos, vestes para o corpo e a habitação, são esses os artífices e os agricultores. Em segundo lugar, para que haja o estabelecimento da ordem e da paz social no Estado, há de se atribuir a devida importância à existência impreterível de homens dotados de coragem que atuam em guardar e em defender a cidade de afrontas e do anarquismo que advenham do interior ou do exterior da *polis*. Em terceiro lugar é necessária a dedicação de alguns homens que governem adequadamente a cidade, que estabeleçam as leis, que imponham os ordenamentos devidos para a necessária sustentação orgânica do Estado. Visto todo o indivíduo ter que se submeter à razão, assim também o Estado deve se comportar diante da classe dos que detêm a sabedoria, a saber, os filósofos.

Ora, o que configura a necessária participação do indivíduo no Estado é a sua natureza em não ser autossuficiente; disto discorre que para manter a si próprio e também em relação com os demais deve-se todavia se comprometer organicamente, o que resultará na sustentabilidade necessária de cada qual. O ser perfeito e autossuficiente, que domina e abrange o todo, é o Estado, por conta da sua universalidade que em todas as suas atividades visam ao bem comum a todos os indivíduos dos quais é composto (VECCHIO: 1979 – 39, 40).

Conclui-se então que a cidade necessita de três classes sociais: 1º a dos lavradores, artesãos e comerciantes; 2º a dos guardas; 3º a dos governantes.

1) a primeira classe é formada de homens nos quais prevalece o aspecto "concupiscível da alma", que é o aspecto mais elementar. Predominando a virtude da temperança, evidentemente essa classe será boa. Estabelecida a ordem, a disciplina dos prazeres e dos desejos, atrelados logicamente à capacidade de se submeter às classes superiores do modo como convém e consciente, estabelecida será organicamente a harmonia. As riquezas e os bens administrados exclusivamente pelos membros dessa classe não deverão ser nem muitos nem poucos demais.

2) A segunda classe é composta dos homens nos quais prevalece a força "irascível" (volitiva) da alma, à semelhança dos cães de raça, ou seja, dotados de mansidão e de ferocidade. A virtude certamente será a coragem ou a fortaleza adestrada conscientemente. Aos guardas cabe a devida atenção no que tange aos problemas que possam advir do exterior ou do interior da cidade; a ordem e a proteção deve ser estabelecida. Por exemplo, deverão evitar que a classe superior produza exageradamente riquezas (que gera ócio, luxo, amor indiscriminado pela novidade) ou demasiada pobreza (que gera vícios opostos). Deverão cuidar também para que o Estado não expanda ou diminua de forma grande. Deverão cuidar da manutenção das tarefas confiadas aos cidadãos por qualificação, vistoriando a índole de cada um para que se consolide a educação conveniente.

3) Finalmente os governantes, que são aqueles que possuem um sentimento maior para com a cidade, apresentando assim uma forma de governo justa e com significado zelo, que certamente tenham aprendido a conhecer e a contemplar o bem. Sobre esses repousa a alma racional, e sua virtude específica é a sabedoria.

Temos aqui então a cidade perfeita, onde pode se ver a predominância da temperança da primeira classe social. Na segunda encontramos a fortaleza, a coragem, e, na terceira, a sabedoria. Consequentemente a justiça suscita daí, uma vez estabelecida a harmonia entre essas três classes, sucumbirá em virtude. Está aí, nisso repousa a justiça perfeita: no desempenhar com louvor as atividades que são próprias a cada indivíduo juntamente a cada classe social; evidentemente resultará na justiça perfeita, num Estado sólido (REALE, Giovanni:1990 – 162, 165).

Em semelhante forma, estão presentes em cada homem, assim como no Estado, as três classes sociais. De fato e, diante desses objetos, existem em nós: a) *desejo,* seria a tendência que nos arrasta para eles; b) *razão,* outra tendência que nos afasta deles e domina os desejos; c) esta não se identifica nem com a razão nem com o desejo. Por esta ficamos irados e nos deixamos inflamar. Diferencia-se da razão porque é passional, do desejo porque às vezes se opõe a ele, como quando ficamos irados por termos cedido ao desejo do qual tentávamos fugir. Assim como são três as partes do Estado, são três as partes da alma: a apetitiva (*apithymetikón*), a irascível (*thymoeidés*) e a racional (*loghistikón*). A "irascível" (no sentido explicado), "por sua natureza, se encontra predominantemente do lado da razão, mas pode ligar-se também à parte mais baixa da alma, caso seja corrompida pela má educação." Existe portanto, uma correspondência perfeita entre as virtudes da cidade e as virtudes do indivíduo. O indivíduo é "temperante" quando as partes inferiores da alma se harmonizam com a superior e a ela obedecem; é "forte" ou "corajoso" quando a parte "irascível" da alma sabe manter com firmeza os ditames da razão em meio a todas as adversidades; é "sábio" quando a parte "racional" da alma possui a verdadeira ciência do que é útil a todas as partes (ciência do bem). E a "justiça" coincide com a disposição da alma segundo a qual cada uma de suas partes realiza aquilo que deve e de modo como deve realizar" (REALE, Giovanni:1990 – 164).

9. A Ética em Aristóteles

Todas as ações humanas, evidentemente, objetivam "fins" que ao seu modo sejam fatalmente "bens". O conjunto das ações humanas e o conjunto dos fins particulares tendem a um "fim último", que é o "bem supremo" o qual todos os homens concordam em chamar de "felicidade". As realizações das próprias capacidades, sejam elas psíquicas ou intelectuais, constituem a felicidade do homem enquanto sujeito na atividade da razão. Aristóteles entendia que a felicidade não está posta nas riquezas, nos prazeres, nas honrarias, uma vez que estas cousas não representam a plena realização das capacidades humanas, e sim meios para a felicidade. Por realização entende-se o superar-se, transpor o que *a priori* constitui como obstáculo diante dos fins que se almeja.

O homem é um ser racional. Consequentemente o seu bem ou a sua felicidade (*eudaimonia*) estão absolutamente fundamentados na atuação da razão, a saber, sua parte nobre. Para o filósofo, a plena atuação da razão consiste na contemplação que doravante resulta a episteme, o saber pleno. Nisso subjazem a felicidade do homem os predicados oriundos da atividade da razão. Correlata a essa ideia, a felicidade também segue encadeada à esfera dos sentidos, uma vez que o homem não é só razão e nem puro espírito, mas também carne e sentidos. Sendo assim, para que o homem seja realmente feliz é necessário que todas as suas faculdades sejam satisfeitas, inclusive a dos sentidos. A satisfação dos sentidos chama-se prazer, e estes só são possíveis quando pela razão são orientados. Logo, a verdadeira felicidade está na plena harmonia entre prazer e atividade da razão. Esta harmonia é o objeto gnoseológico que está para a atividade do saber epistemológico (MONDIN: 2002 – 101).

Sobre tudo que fora falado até então, percebemos meios os quais suscitam ao indivíduo a felicidade ou possibilidades que nos aproximam contumazmente a ela. Entretanto, o que vem a ser a felicidade? A) Para muitos seria o prazer, o gozo, a satisfação plena dos sentidos, o realizar-se nas atividades. No entanto uma vida gasta pelo prazer torna-nos "semelhantes aos escravos", que no seu viver seguem submetidos a uma vida destituída da razão, premissa essa essencial à realização plena da vida do homem. Consequentemente, por ser avessa, se assemelha à vida " digna de animais", porque dos animais toda e qualquer objetivação segue em via única, a satisfação, e para tanto não utilizam da razão, pois em suas atividades agem sem a mínima cautela. Consequentemente não atentam quanto aos danos que suscitaram de suas atividades irracionais. B) Para outros a felicidade constitui a honra (para o homem antigo a honra correspondia ao que é o sucesso para o homem de hoje), a dignidade axiológica do indivíduo. Entretanto, ao que se percebe, a honra é algo intrínseco ao indivíduo; sendo assim, independe de algo exterior ao sujeito homem ou de uma condição predicativa do indivíduo homem, antes sim de quem lhe confere valia, ou seja, o próprio ser que, utilizando da razão, faz uma leitura lógica das proporções que conferem a algo o adjetivo de honra. Portanto vale mais a forma pela qual se adquire a honra do que a própria honra, haja vista ser esta – a honra – resultado ou consequência de algo já elaborado. C) Para outros a felicidade está em ajuntar riquezas. Mas o filósofo via essa concepção como sendo a mais absurda das vidas, chegando mesmo a ser interpretada como vida "contra a natureza", justamente pela questão de que a riqueza é meio para as outras coisas, não podendo valer como fim único (GIOVANNI, Reale: 1990 – 203, 204).

A virtude do homem está posta na supremacia deste em relação ao caos, aos fatos e fenômenos que os encerra nas suas atividades humanas, o homem, utilizando da razão, do saber lógico e empírico contentará a supremacia destarte assentada nas suas faculdades psíquicas e intelectuais, sendo que elas são condições absolutamente necessárias às condições que lhes conferem possibilidades às realizações (felicidade). No todo consiste em aperfeiçoar-se enquanto homem, ou seja, na sua qualidade una que o diferencia de todas as demais cousas. Logo o seu viver não pode ser executado simples como tal sem a prévia do saber de causa e efeito ou um viver ignóbil que não se coaduna com a atividade da razão, um viver semelhante ao dos vegetais, que desconhecem sua existência; nem mesmo viver na vida sensitiva, que é comum também aos animais. Entretanto, semelhantemente aos vegetais são destituídos da razão. Em suma, resta-nos a atividade da razão, pois esta proporção humana nos compele a perscrutar todo e qualquer fenômeno para que de fato com a atividade da razão saibamos não só compreender, mas também deliberarmos sobre fatos e acontecimentos. Para se viver bem, o homem deve viver sempre segundo a razão, pois esta delineia as realizações necessárias ao exercício da sua vida. Se idealizarmos ao homem certo tipo de vida, algo como um modelo, impreterivelmente é função do homem executar e concretizá-las com perfeição e afinco. Então o bem do homem consiste em uma atividade da alma segundo a sua virtude; entretanto, quando as virtudes são múltiplas, devemos nos valer da melhor e mais completa entre todas (GIOVANNI, Reale: 1990 – 203, 205).

10. Virtudes

O homem é principalmente razão, mas não somente isso. Nas proporções da alma, "há algo que difere à razão, que a ela se opõe e resiste"; entretanto, "participa da razão". Mais precisamente "a parte vegetativa não participa em nada da razão, porém a faculdade do desejo e, em geral, a do apetite se relaciona de alguma forma dela no instante que escuta e lhe obedece." Ora, o controle, o domínio nesta parte da alma devem estar submetidos aos ditames da razão, constituindo desde então a "virtude ética", a saber, a virtude do comportamento prático.

Como se obtém esse tipo de virtude? Ora, a busca e a obtenção se executam de forma linear, paulatinamente, por intermédio de uma série de repetições sucessivas, culminando num bom hábito. Vejamos: *a priori* devemos apreender a fazer aquilo que necessariamente devemos fazer antes de fazer: por exemplo, tornamo-nos construtores, construindo, e tocadores de cítara, tocando cítara. "Sendo assim, e por mesma forma, apreendendo e praticando ações justas, tornamo-nos justos; ações moderadas, moderados; ações corajosas, corajosos", semelhantemente devemo-nos dispor a todos os demais adjetivos pertinentes que antologicamente determinam uma conduta ilibada. Logo, as virtudes assumem características de "hábitos", "estados" ou "modos de ser" que nós mesmos construímos de forma consciente, com o uso da razão. Nossos impulsos e tendências, por demonstrarem características múltiplas, obviamente devem tomar forma ao molde da virtude, o que certamente só o faremos por intermédio da razão. As virtudes éticas também são muitas; entretanto, todas enunciam suas essências características singulares, ou seja, pertinentes aos seus valores axiológicos.

Percebe-se, nos impulsos, nas paixões, sentimentos que tendem ao excesso ou à falta, que dessas ações ou estados certamente seu percurso culminou em vício (ao muito ou ao muito pouco), fazendo com que o homem permaneça de forma inadequada no meio-termo (a posição justa) que lhe é conveniente e necessária a uma vida ilibada (GIOVANNI, Reale: 1990 – 204, 205). Portanto, a pergunta que devemos fazer a nós mesmos é: qual seria o modo ou a condição para que consigamos nos posicionar no meio-termo que compreende os extremos? Para Aristóteles a resposta é uma só: a razão, sua atividade e seu exercício são as condições e o meio para que possamos nos posicionar na forma adequada. A razão é medianeira entre esses dois polos, e a operação dos seus juízos e análise resultam na " justa medida" que é "o meio caminho" ou o meio-termo entre os extremos. A coragem, por exemplo, é o meio caminho entre a temeridade e a vileza, ao passo que a liberalidade é o justo meio entre a prodigalidade e a avareza. O filósofo diz claramente:

> "a virtude tem a ver com as paixões e ações, nas quais o excesso e a falta, constituem erros e são censurados, ao passo que o meio é louvado e constitui a retidão: e ambas essas coisas são próprias da virtude. Portanto, a virtude é uma espécie de mediania, porque pelo menos, tende constantemente para o meio. Ademais, errar é possível de muitos modos (...). Por essas razões, portanto, o excesso e a falta são próprios do vício, enquanto a mediania é própria da virtude: somos bons apenas de um modo, maus de variadas maneiras." (GIOVANNI, Reale: 1990 – 165, 166)

A pergunta que se faz diante da análise das paixões e das ações, sobretudo com vistas ao móbil do discurso, necessariamente, é: devemos indagar a natureza de cada qual segundo a finalidade dada a cada existência. Extremamente relevante a análise dicotomista no que diz respeito à atividade em potência das paixões e das ações. Ora, a voluntariedade e a involuntariedade elucidarão a axiologia a todos os atos em louvor, assim como também todos os atos censuráveis; destarte, alhures, para nos aproximarmos ao exímio da etimologia do termo virtude, o filósofo deu, à consciência, a necessidade da análise (Aristóteles: 1985 – 49).

Dos atos involuntários, estes se perfazem por ignorância ou sob compulsão, na forma em que se algum ato é condicionado por questões externas ao agente, tendo em vista o móbil periférico que o contextualiza, de sorte que o agente é passivo, não participando em intenção com o agente ativo, mas, ao contrário, por este é influenciado – por exemplo quando uma pessoa fica acamada por conta de um vírus ou por conta de um acidente do qual é vítima. Aristóteles, diante da voluntariedade e da involuntariedade, entendia que nalgumas ocasiões devem ser tomadas as devidas precauções para análise – levando-se em consideração, sobretudo – o momento da ação, que, por sinal, poderia ser voluntária, involuntária ou até mesmo mista; entretanto, deve-se observar a finalidade da ação conjunta, a faculdade racional na escolha. Tomado o exemplo dado pelo filósofo, na ocasião em que as ações ocorrem por consequência de medos maiores ou com vistas a algum objetivo elevado (por exemplo, se um déspota, tendo em seu poder os pais e os filhos de uma pessoa, e ordenasse que essa pessoa praticasse uma ação ignóbil, sendo que a condição para a salvação e o livramento dos seus fosse a prática dessa ação, do contrário seriam mortos); ao modo de ver de Aristóteles, é relativo se tal atitude é voluntária ou involuntária. Outro exemplo citado ocorre também na hipótese de, quando numa tempestade em alto-mar, lança-se fora da embarcação a bagagem como única forma para sobreviver. Ora, ninguém em sã consciência faria isso sem um motivo justificável; na verdade o que se pretendeu buscar foi um objetivo maior do que meramente salvar a bagagem. "Tais ações, então são mistas, mas se assemelham mais às voluntárias, pois são objetos de uma escolha no momento de serem praticadas, e a finalidade de uma ação varia de acordo com a oportunidade, de tal forma que as palavras 'voluntárias' e 'involuntárias' devem ser usadas com referência ao momento da ação". (Aristóteles: 1985 – 49). Como exemplificação daquilo que concerne aos movimentos dos membros do corpo, tais ações dizem respeito à voluntariedade do próprio agente, quando a origem de uma ação está na pessoa, a faculdade de exercê-la ou não está em seu poder, portanto é voluntária, embora podendo ser involuntária, se considerada de maneira global.

Levando-se em consideração a finalidade das ações, nalgumas vezes algumas ações tidas como ignóbeis, algo a que de alguma forma foram compelidas, entretanto, tendo vista um objetivo importante e nobilitante que constitui paradoxos; são louvados os homens que as fazem tendo um fim diferente do ignóbil. Do contrário, por mais que as ações sejam "louváveis" mas quanto ao seu fim não o são por carecerem de objetivo nobilitante, tais ações são censuradas, seu objetivo malogro, grotesco é próprio de uma pessoa medíocre, embora nalgumas situações essas ações mereçam serem perdoadas por conta de serem objetos advindos de opressão, que, por violentarem em excesso a natureza humana, são insuportáveis. "Às vezes é difícil decidir o que devemos escolher e a que custo, e o que devemos suportar em troca de certo resultado, e ainda é mais difícil firmar-nos na escolha, pois em muitos dilemas deste gênero o mal esperado é penoso, e o que somos forçados a fazer é ignóbil; por isso o louvor cabe a quem é compelido e a censura a quem não o é." (Aristóteles: 1985 – 50). Portanto, do conteúdo da escolha – não o seu objeto – sua essência a proporção que lhe atribui ou não caráter de voluntária, não é a mesma coisa que voluntário, pois o âmbito deste é mais amplo (ARISTÓTELES. Ética, A: 1985 – 52). "De fato, tanto as crianças quanto os animais inferiores são capazes de ações voluntárias, mas não de escolha. Também definimos os atos repentinos como voluntários, mas não como o resultado de uma escolha" (Aristóteles: 1985 – 52).

Aristóteles entende que desejo, paixão ou aspiração não se identificam com escolha, haja vista escolha não ser algo que se possa ver nos irracionais; entretanto, paixão e desejo são. Destarte, nas pessoas incontinentes, os desejos as potencializam e as fazem agir em suas ações, porém essas não resultam de escolhas, o que não ocorre em relação às escolhas daqueles que são dotados de continência, pois esses procuram agir contrariamente aos desejos, uma vez que os desejos se correlacionam com o agradável e com aquilo que é penoso, mas a escolha não o é; assim como também a escolha não se identifica com a paixão, pois, na maioria dos atos movidos pela paixão, estes carecem do conteúdo de escolha. Não podemos correlacionar o conteúdo da escolha, ou melhor, suas proporções com aquilo para que efetivamente se fez necessário o uso da escolha, dada sua importância axiológica quanto ao seu efeito. Ora, não podemos identificá-la com as aspirações, pois estas dizem respeito àquilo que concerne ao fim propriamente dito, certamente algo que diz respeito ao exame teleológico. Quando "aspiramos" ser saudáveis, dinamizamos essa aspiração via uso da escolha, nos direcionamos aos meios que nos possibilitarão sermos aquilo a que aspiramos ser.

Com tudo que fora dito até então acerca da escolha, Aristóteles suntuosamente desagrupa qualquer ideia de correlacionamento entre escolha e opinião, de forma que a opinião beira o sofisma; há que se ver o antagonismo ontológico em relação à escolha. A opinião se distingue por conta de sua falsidade ou verdade, e não por sua maldade ou bondade, como ocorre no campo da escolha (ARISTÓTELES, Ética, A:1985 – 53). É verdade – segundo o pensamento do filósofo – que é nossa escolha que molda nosso caráter e não nossa opinião, a opinião que temos em relação ao bem ou ao mal não participa do engenho do nosso caráter. Entretanto, a escolha é absolutamente relevante e protagonista na formação do caráter do indivíduo. Escolhemos evitar ou possuir algo que seja bom ou ruim, porém, em relação à opinião, inferimos juízos analíticos sem saber o quanto, ou a quem, ou de que forma aquilo possa ser (é) bom. "...dificilmente se pode dizer que opinamos no sentido de obter ou evitar qualquer coisa, e a escolha também é louvada por ser verdadeira. Escolhemos o que é indubitavelmente reconhecido como bom, mas opinamos sobre coisas que não sabemos de forma alguma se são boas." (ARISTÓTELES. Ética, A:1985 – 53).

Dadas as análises em relação à escolha, resta-nos ainda indagações, como manifestações da alma: podemos defini-la a que modo? Não poderíamos sucumbir ao erro de afirmar ser voluntária, haja vista nem tudo que é voluntário ser objeto da escolha. A escolha se perfaz na preferência, sendo que esta última se vale do uso da razão e do pensamento. Aristóteles questiona: será ela, então, aquilo que é precedido pela deliberação? Levantada a questão, compete agora a análise daquilo que a nós compete deliberar, ou seja, o homem no uso das suas faculdades pode deliberar sobre tudo, ou há restrições a alguns objetos que por conta da sua própria natureza a atividade humana passa a ser irrelevante no que diz respeito ao seu curso natural? E não somente naquilo que compete, mas também como e de que forma deve-se deliberar?

É sabido que todo homem em sã consciência reconhece que em relação a alguns objetos está aquém de condições necessárias para deliberar sobre esses objetos, leis ou fenômenos oriundos do *kosmos*. Portanto devemos deliberar sobre objetos que estão ao nosso alcance e que de certa forma interferimos dinamicamente em seu curso, assim como também na sua fenomenologia. Segundo Aristóteles, só podemos chamar de objeto de deliberação algo que está ao nosso alcance, de forma que aquilo que nos foge à compreensão e capacidade é assunto discutido entre os insensatos e os loucos: "Ora, ninguém delibera sobre coisas eternas – por exemplo – sobre o universo, tampouco deliberaríamos sobre corpos em movimento mas que se movimentam sempre de maneira idêntica, seja por necessidade, ou por natureza, ou por qualquer outra causa – por exemplo, os solstícios e a posição dos astros, secas as chuvas." (ARISTÓTELES. Ética, A:1985 – 53). Evidentemente toda deliberação é aplicada somente naquilo que de certa forma – por conta do conhecimento lógico científico – interferirmos, ou seja, coisas e objetos que, para que possam atingir seu fim, dependem do engenho racional do homem. Para o filósofo, não deliberamos sobre fins, mas sobre meios, ao que nos parece, como exemplo, o médico não delibera para saber se deve curar, pois a cura é uma constante a todos os indivíduos – a cura é o objeto pelo qual o médico exerce a deliberação, este procurará estabelecer meios que, a partir da sua deliberação, resultarão na cura tal como pretendida. Nenhum orador delibera para saber se deve convencer; antes, sim, este, semelhantemente ao médico, deliberará sobre meios e as condições que resultarão no convencimento; nem um governo com a intenção de estabelecer a concórdia. Uma vez já estando decidida a finalidade, as pessoas procurarão saber como e por quais meios conseguirão alcançar seus fins, utilizarão do exercício da razão objetivando definir o modo mais fácil de conseguir atingir seus intentos e da atividade da razão que, deliberando conscientemente, definir-se-á por condição dessa atividade gnoseológica um único meio ou mais prático ou mais lógico, até que se possa chegar à primeira causa, que é a excelência da busca. Como fora dito, as deliberações se perfazem no campo em que atuam nossas capacidades, de sorte que, quando desejamos algo, utilizamos de todas nossas capacidades intelectuais e físicas no intuito de que consigamos ter aquilo pelo que deliberamos concomitantemente à escolha; entretanto, quando reconhecemos que não conseguiremos ter aquilo que desejamos, costumeiramente desistimos de tê-lo. Portanto, toda deliberação não deixa de ser também uma investigação, de forma que investigar os meios, as formas de usá-lo ou os modos de realizá-lo nos faz ver que o homem é a origem de suas ações e as deliberações se dão acerca das coisas a serem feitas pelo próprio agente homem.

11. O Bem

Ora, o homem, enquanto agente de suas atividades intelectuais e emocionais, visa o bem para si; entretanto, por não viver só, deve-se pensar também no bem coletivo, como se pensar viver bem, não se importando com os rumores caóticos que o envolvem perifericamente, alhures talvez se poderia pensar (na condição de primata). Reconheçamos a máxima, em se tratando ser o bem aquilo que devamos buscar em si e por si[3]; de forma que também é aquilo em vista do que buscamos outra coisa, de forma que essa outra coisa ontologicamente participa do bem, de sorte que constitui ser aquilo pelo qual todos os seres dotados de sentimento e sobretudo razão almejam ter – o bem. Da atividade da razão, como vista ao homem, tudo que a razão fixa a cada ser com relação a todas as coisas é o bem para cada um, ocasião em que o bem de cada um necessariamente participe em grau isonômico do bem coletivo (Aristóteles. Arte Retórica e,: 2005 – 49).

Podemos pensar que o bem, segundo o filósofo, é o estado de realização, de satisfação e de independência. Essas proporções advêm de uma causa única, o bem em si, o bem suscita e salvaguarda essas vantagens, e toda atividade contrária ao bem corresponde ao contrário dessas vantagens. O bem se mostra por duas maneiras que advêm de um resultado: simultâneo ou posterior. A exemplo, o saber é posterior ao estudo, mas a saúde e a vida são simultâneas. A saúde é um estado contido oriundo de estar sã que, por sua vez, produz saúde; outras causas que se mostram em condições periféricas e que contribuem teleologicamente são os alimentos que assumem características de concausa ao estado de ser sã que resultam na saúde; a outra é análoga aos exercícios em geral, que também resultam em saúde.

Posto isto, evidentemente é necessária a aquisição dos bens por todos os indivíduos que pertencem ao Estado; do mesmo modo, concomitantemente devemos nos distanciar do contumaz dos males que nos afetam em particular e consequentemente do coletivo. No segundo caso resulta, que, simultaneamente a essa observação, não teremos que suportar o mal, e, no primeiro caso, certamente a práxis nos possibilitará a

---

[3] No grego é a ideia do dativo = estar junto de, e do instrumental = meio pelo qual.

aquisição do bem. Entretanto, o realizar dessa atividade visa à obtenção do bem maior diante do bem menor, pois aquele está contido neste. No que diz respeito aos males, a lógica a ser implantada é a mesma, ou seja, na ocasião de ter que se praticar um mal, devemos praticar o menor possível de todos os males; certamente quando nossas ações se coadunam com males de grande intenção, esses males não nos atingirão somente em particular, mas todos os demais indivíduos do coletivo serão atingidos pelos males oriundos das nossas atividades particulares ignóbeis, na medida em que o maior ultrapassa o menor a uma aquisição do bem e um distanciamento do mal (Aristóteles. Arte Retórica e,: 2005 – 49).

Aristóteles nos adverte que, no uso da aplicabilidade da razão em querer o bem, devemos utilizar a razão para nos entreter exclusivamente a buscar o bem em excelência, de sorte que, uma vez que considerarmos que duas coisas sejam úteis àquilo que almejamos, necessariamente devemos nos ater àquela que seja superior à outra; evidentemente que, por ser superior, a inferior está contida na superior em potência. Ora, possuindo a superior, logicamente obtenho a inferior, pois, nas proporções que as qualificam, a superior possui um considerado número maior que a outra; portanto, sendo as proporções que as caracterizam como tal, possuindo a maior possuo também as proporções da inferior, pois as proporções desta estão também contidas naquela. Portanto, visto ser o bem aquilo que é por si e em si, logo todo indivíduo que possui razão deseja e prefere aquilo que por sua natureza e seu valor axiológico é capaz de gerar e salvaguardar este bem *uno*, pelo qual todas as nossas atividades fazem referência e também são causas pelas quais nossas atividades são exercidas (ARISTÓTELES. Arte Retórica e,: 2005 – 49).

12. A Atuação da Ética na Esfera Coletiva como Predicado da Justiça

A predisposição da alma à prática da justiça consiste no agir em plena conformidade com o que é justo; todavia, vislumbra-se nas ações justas a excelência moral perfeita que tem como fim o estabelecimento do "bem dos outros". De fato, evidentemente isso implica afirmar e reconhecer a necessidade de se estabelecer determinada condição para o bom relacionamento com o outro, de forma que o indivíduo justo é aquele que é justo não somente para si, mas é justo para com os outros; consequentemente, suas ações, por serem boas e sobretudo justas, denunciarão as ações que lhe são contrárias, a justiça é a plenitude da virtude, ou seja, a excelência "moral" em absoluto. Esta característica que a define como perfeita situa-se não somente para o indivíduo agente, mas também, para os que se correlacionam com ele. Segundo Aristóteles, das virtudes pertinentes ao homem, a justiça assume a excelência, a maestria, e isso se dá por conta de que na justiça encontramos todas as demais virtudes estantes nos indivíduos. A atuação da justiça visa não somente o indivíduo particular, pois, se assim o fosse, estaríamos falando de ambições iníquas, pois que todo o seu móbil está eivado de injustiças. Ora, essas ambições definidas como injustas mostram-se nas ações daqueles que transgridem as regras convencionais, de modo que, nessas ações, há iminente conflito com as ordens estabelecidas que beneficiam o todo do coletivo-social (WOLKMER. Carlos: 2005 – 4, 7).

Efetivamente, no relacionar com os outros, aquele que deliberadamente age de forma justa faz o que é justo ao outro e ao que é justo em relação a si mesmo, quer se trate de um governante, quer se trate de um membro da comunidade. O pior dos homens, o insensato que não age pela razão é o pior de todos os homens, pois, na prática dos seus atos injustos, este não somente compromete a si mesmo, como também compromete os demais. Do contrário, o indivíduo que exerce a justiça procura pôr em prática a excelência moral de forma que a práxis dessa atividade atinja não somente a si mesmo como também a comunidade em que está inserido, pois essa é uma árdua tarefa e que compete a todos os indivíduos particularmente, pois, no instante em que cada qual assumir deliberadamente essa postura, evidentemente teremos um Estado ético e justo, de forma que todas as demais ações que visam a esse mesmo fim certamente serão louváveis. Vejamos que a justiça e a excelência moral são a mesma coisa, pois a justiça não é parte da excelência moral, mas, sim, a excelência moral inteira, assim como também a injustiça é a deficiência moral inteira. Entretanto, no que diz respeito à essência tanto da justiça quanto da excelência moral, elas se distinguem, vemos que a justiça é a boa disposição da alma às ações que visam especificamente uma boa relação com o próximo, ao passo que a excelência moral não se restringe ao próximo; todavia, a excelência moral é irrestrita, ou seja, o seu alcance atinge a todos (ARISTÓTELES. Ética, A: 1985 – 90, 93).

Aristóteles fundamenta toda a sua filosofia no campo do empirismo, e tratar da justiça, sua fundamentação se mostra na práxis, ou melhor, no campo da atuação do indivíduo. Falar das outras ciências, Aristóteles entende que as aptidões das ciências falam daquilo em que consiste sua essência, assim como também do contrário que elas são. Porém, quando discorremos em análise sobre as aptidões da alma, em se tratando de sua disposição, esta não pode conduzir o indivíduo ao contrário daquilo a que se dispôs, ou seja, a sua própria subsistência e manutenção. Consoante análise, vejamos que as circunstâncias de termos saúde não resultam de práticas contrárias à saúde, e sim àquilo que é saudável e às demais circunstâncias que corroboram ao mesmo fim; amiúde dizemos que o homem é saudável quando tem comportamentos saudáveis que tendem a suplantar tudo aquilo que lhe é contrário ao bom desenvolvimento das suas ações para consigo mesmo e para com os demais que compõem o seu Estado. Portanto, algumas vezes reconhecemos algumas disposições da alma graças a disposições contrárias à moral que vemos estantes nalgumas ações; amiúde essa fenômenos ocorrem por conta das atitudes dos indivíduos que nalguns casos são ambíguos "justo – injusto" (ARISTÓTELES: 1985 – 90, 93).

Cumpre destacarmos que as análises em torno da justiça no que diz respeito ao indivíduo em ser justo ou injusto, bom ou mau, não se dá pelo fato do conhecimento que ele possa ter para menos ou para mais; antes, sim, as análises da justiça visam, num primeiro momento, ao sentimento de justiça que cada indivíduo de forma particular deve trazer consigo; consequentemente, esta ciência visa analisar os comportamentos humanos que se desenvolvem na esfera social. (ARISTÓTELES. A Política. 1995 – 15)

13. Conclusão

Tanto o indivíduo, como o Estado têm com o fim o bem comum, objetivo este que, uma vez estabelecido e obedecendo, todavia, aos preceitos da ética, da virtude e da justiça possibilitarão a tão almejada justiça participativa ou isonômica.

Ora, é bem verdade que, para a instauração de um Estado ético, virtuoso, que tem como prisma fundamental a justiça, é necessário que todos os indivíduos demonstrem um sentimento de justiça presente nas suas ações, que todos demonstrem, por meio dos seus atos, escolhas e deliberações, a predisposição de uma conduta ética, que os preceitos da ética visem não somente os interesses do indivíduo em particular, mas que todos reconheçam que, enquanto indivíduos do Estado, são sujeitos de direitos e de deveres.

Sendo assim, devemos utilizar a razão com o fim de direcionarmos nossos atos e intentos visando ao estabelecimento de uma sociedade justa, humana, fraterna, e que o humano se torne o norte das nossas ações. Os conhecimentos que obtemos das artes, os princípios oriundos da reta razão, ligados à ética e à virtude, devem, todavia, ser a causa das nossas ações. Observando esses princípios, participaremos pedagogicamente da construção de uma sociedade justa e humana. A noção de liberdade que devemos possuir, deverá, todavia, estar assentada na consciência, e, por mais que nos sintamos oprimidos e traídos quanto aos nossos direitos, não devemos sucumbir ao erro das ações ignóbeis contrárias ao bom estabelecimento do Estado e da dignidade humana.

14. Bibliografia

ABRÃO, Bernadette Siqueira e COSCODAI, Mirtes Ugeda. História da Filosofia. São Paulo. Best Seller – 2001.

Aristóteles. Ética a Nicômacos. 3ª Ed., Brasília. UNB. 1985.

_____. Arte Retórica e Arte Poética. 17ª Ed., Rio de Janeiro. Ediouro. 2005;

_____. A Política. Edipro. Bauru, SP. 1995.

BITTAR, Eduardo C. B. ALMEIDA, Guilherme Assis de. Curso de Filosofia do Direito. 2ª Ed. Atlas. São Paulo. 2002.

_____. Curso de Ética Jurídica. Saraiva. São Paulo, 2002.

CHAUÍ, Marilena. Convite à Filosofia. 12ª Ed. São Paulo. Ática – 2001.

DWORKIN, Ronald. Levando o Direito a Sério. Martins Fontes. São Paulo, 2005.

LIMA VAZ, Henrique Cláudio de. Ética & Direito. Loyola; Landy. São Paulo, 2002.

MONDIN, Battista. Curso de Filosofia. São Paulo – Paulus. 11ª Ed., 2002.

MURACHCO, Henrique, Língua Grega. 2ª Ed., Vol. 1 Teoria. São Paulo. Vozes – 2003.

_____. Língua Grega. 2ª Ed., Vol. 2 Prática. São Paulo. Vozes – 2003.

MORRISON, Waine. Filosofia do Direito – dos gregos ao pós-moderno. São Paulo – Martins Fontes. 2006.

PLATÃO. Fêdon. São Paulo – Abril Cultural – 1972.

_____. Mênon. São Paulo. Ed. Puc – Rio; Loyola. 2ª Ed., 2003.

_____. O Banquete. São Paulo – Abril Cultural, 1972.
_____. A República. São Paulo. Edipro, 1994.
POZZOLI, Lafayette. Maritain e o Direito. São Paulo: Loyola, 2001.
_____. Reflexos das normas internacionais e da Constituição Federal de 1988 nas políticas públicas de inclusão social no Brasil a pessoa com deficiência (artigo). Livro: Constituição, Minorias e Inclusão Social. Coletânea organizada por Antonio Celso Baeta Minhoto, Rideel, 2009.
RAWLS, John. História da Filosofia Moral. Martins Fontes. São Paulo, 2007.
REALE, Giovanni e Dário Antiseri. História da Filosofia. Vol. 1, 6ª Ed. São Paulo. Paulus – 1990.
_____. História da Filosofia. Vol. 2; 6ª ed. São Paulo – Paulus, 1990;
REALE, Miguel. Filosofia do Direito. Ed.,19ª. São Paulo. Saraiva – 2002.
VECCHIO, Giorgio Del. Lições de Filosofia do Direito. 5ª Ed., Coimbra. Ceira – 1979.
WOLKMER, Antonio *Carlos*. IDEOLOGIA ESTADO E DIREITO. RT. São Paulo, 2001.

APONTAMENTOS PARA UMA IDEIA DE JUSTIÇA EM ROMA[*]

Daniel Cabaleiro Saldanha[**]

É com pesar que se verifica na literatura jurídica brasileira contemporânea o descaso para com o estudo do Direito Romano. Com efeito, conjura-se o estudo dos institutos jurídicos romanos sob o pretexto de se tratar de matéria ultrapassada, obsoleta, eivada de excessos bucólicos e claudicante quanto à proteção dos hipossuficientes. Outras vezes, a ela se reportam em tom longínquo e superficial, como aquele que cumpre enfadonha tarefa. Ora, a mandriice das mentes relega a segundo plano a investigação das raízes da cultura jurídica ocidental e comete, pois, a maior das atrocidades: priva a ciência de desenvolvimento. Não satisfeitos, os verdugos do Direito Romano, com a sedução do discurso da modernidade, corrompem a juventude, incutindo a aversão ao passado. Trata-se, *mutatis mutandis*, da lógica obtusa do imediatismo. Parece, aos olhos de muitos, que o estudo do Direito Romano é pura necrologia.

---

[*] Agradeço aos conselhos do Prof. Dr. José Luiz Borges Horta para a elaboração deste trabalho.
[**] É bacharel e mestrando em Direito pela Faculdade de Direito da Universidade Federal de Minas Gerais e membro do grupo de pesquisa em Jurística e Filosofia do Direito. Cursa o Mestrado em Direito também nessa instituição, sob orientação do Prof. Dr. Joaquim Carlos Salgado. Laureado com o Prêmio Barão do Rio Branco. Foi pesquisador no âmbito do Programa de Bolsas de Graduação da Universidade Federal de Minas Gerais e monitor no Departamento de Introdução ao Estudo do Direito e Direito do Trabalho da Universidade Federal de Minas Gerais. Atua como assessor jurídico do Vice-Governador do Estado de Minas Gerais. Foi membro de conselhos estaduais de políticas públicas, conselhos curadores de fundações estaduais e do conselho de administração da Loteria do Estado de Minas Gerais. Tem experiência nas áreas de Teoria do Direito, com ênfase em História do Direito e Filosofia do Estado, e de Direito Público, com ênfase em Direito Administrativo e gestão pública.

Após o declínio do Império Romano e a consequente fragmentação europeia, o Direito Romano retraiu-se, permanecendo latente nas diversas ordens normativas locais. Todavia, o modo de pensar, a *ratio* romana, já se tinha cristalizado. Efetivamente, a morte do corpo social e econômico que o havia forjado implicou o recuo do Direito Romano. Sem embargo, ressurgiria, em fins do século XI, a chamada segunda vida do Direito Romano[1], expressão pioneiramente utilizada por Paul Vinogradoff[2]. Ora, Vinogradoff anuncia sua exposição proclamando que irá tratar da história de um fantasma, depois da decomposição do corpo no qual o Direito Romano havia primeiro visto a luz[3]. Essa segunda vida do Direito Romano pode ser temporalmente localizada a partir do final do século XI, com o retorno ao *Corpus Iuris Civilis* de Justiniano, prosseguindo até o momento em o que Direito Justinianeu desaparece do cenário do direito vigente na Europa.

Em alguns países, o desaparecimento do Direito Romano deveu-se à ascensão do Direito Anglo-Saxão[4]. Contudo, na Europa continental, foi a promulgação de uma codificação que, embora possuísse notada influên-

---

[1] Essa segunda vida do Direito Romano foi influenciada pelo Direito Canônico e, em certa medida, pelas ordens normativas particulares germânicas dos povos bárbaros que se assentaram no antigo Império Romano Ocidental, a partir da queda de Roma, no ano 476 d. C.

[2] *Cf.* VINOGRADOFF, Paul. *Il Diritto Romano nell'Europa Medioevale*. Trad. S. Riccobono. Milano: Giuffrè, 1950.

[3] "*La storia che vengo ad esporre è, considerata sotto uno speciale punto di vista, una storia, direi quase, di un fantasma. Si tratta di una seconda vita del Diritto Romano dopo la scomparsa del corpo nel quale Esso per prima volta vide la luce*" Id. Ibid., p. 16.

[4] Contudo, na Inglaterra do século XIX já se reconhecia a importância do estudo do Direito Romano. Luther S. Cushing, em curso ministrado em Cambridge em 1848-9, aponta as seguintes razões para o estudo do Direito Romano (no contexto do Direito Inglês): a) trata-se da base do pensamento jurídico, tomado em sua generalidade. Segundo o autor, os romanos possuíam uma forma admirável e arguta de desenvolver seu raciocínio; b) Muitas das instituições do Direito Inglês derivam do Direito Romano; c) os princípios do Direito Romano foram incorporados ao Direito Inglês tanto quanto aos demais sistemas jurídicos do mundo civilizado; d) o Direito de vários estados componentes dos Estados Unidos da América do Norte, notadamente Louisiania, Flórida e Texas, possuem inegável matriz romanística; e) o Direito Romano é a base jurídica do Direito dos países com os quais a Inglaterra mantinha relações amigáveis. *Cf.* CUSHING, Luther S. *An introduction to the study of Roman Law*. Boston: Little Brown and Company, 1854. p. 120 *et seq*.

cia romanística, já era direito nacional legislado, capitaneou a supressão do Direito Romano.

Saliente-se que, conforme nos relata GUILLERMO F. MARGADANT[5], há casos híbridos como a Escócia, onde o Direito Romano nunca foi totalmente alijado pela influência autóctone saxônica e, tampouco, foram codificados os ramos fundamentais do universo jurídico.[6]

Caso idiossincrático foi a formação do arcabouço jurídico do Reino de *Castilla*. Ali foram editadas as *Leyes de las Siete Partidas* (*Forum Judicum*), de Alfonso IX – o Sábio, primeiro publicadas em 1263 sem obrigatoriedade, foram posteriormente tornadas fontes supletivas, pelo *Ordenamiento de Alcalá*, em 1348. Contudo, a permanência do Direito Romano em *Castilla* estender-se-ia até 1499, com a proibição legislativa do uso forense da literatura jusromanística, pelas *Leyes de Toro* e com a *Nueva Recompilación*. Assim, o movimento que definitivamente rompe com o direito romano na Espanha culmina com a edição do Código Civil Espanhol de 1889.[7]

A África do Sul, ao lado de pequenas localidades como Escócia, Québec, Sri Lanka, Botswana, Lesoto e Suazilândia permanecem com um chamado sistema misto de Direito, em que ainda sobrevive alguma parcela explícita do Direito Romano.

Se o direito justinianeu desaparece como direito positivo, permanece, porém, incrustado na formação jurídica, como uma marca indelével que tornou o Direito único, em relação às demais ordens normativas.

Pode-se dizer que o principal legado do Direito Romano ao Direito Moderno consiste na *ratio*, isto é, na razão prudencial, o modo de pensar, a sabedoria do Direito. Nesta seara, ainda que se objete o casuísmo do Direito Romano, impõe observarmos, outrossim, que existia aí o nascedouro do pensamento propriamente jurídico, que opera com institutos e

---

[5] MARGADANT, Gillermo F. *La segunda vida del Derecho Romano*. Ciudad de Mexico: Ed. Porrua, 1986. p. 26.

[6] O período das codificações foi profundamente marcado por essa segunda vida do Direito Romano, antes que pelo Direito Romano Clássico ou mesmo Justinianeu. Nesse sentido, na Alemanha, por exemplo, era mais comum a menção à pandectística que ao *usus modernus pandectarum*.

[7] Sobre a história do Direito Espanhol, *Cf.* GARCIA GALLO, Alfonso. *Curso de Historia del Derecho Español*. 5. ed. Madrid: Artes Graficas, 1950 e MINGUIJON ADRIAN, Salvador. *Historia del Derecho Español*. 3. ed. Barcelona: Labor, 1943.

com categorias. Ph. J. Thomas, em defesa do ensino do Direito Romano[8], esclarece que o modo de pensar de outrora é caracterizado por operar na confluência de vários fatores como a religião, a economia e a política. E justamente esse pensamento holístico e próprio dos juristas romanos é o diferencial a ser abordado no estudo do Direito. Nesse sentido, esclarece o autor:

> "Mostrando que a lei e a ciência do Direito existem dentro de um contexto cultural e que este contexto cultural é subjetivamente determinado, resultando em que as soluções legais sejam também subjetivamente determinadas, o Direito Romano pode prover um importante contrapeso para a predominância da sustentação da educação jurídica no positivismo."[9]

O Direito Romano não pode ser considerado um sistema jurídico, dotado de coerência interna, completude e hierarquia definida. Sem embargo, já se desenvolvia em Roma a capacidade de se despregar das idiossincrasias da concretude dos fatos, em favor do pensamento abstrato. Nesse sentido, já se encontra, na seguinte sentença de Ulpiano, um dos cânones da interpretação, qual seja: o desapego à letra da lei e a busca da *mens legis*: "*Verbum: 'ex legibus', sic accipiendum est: tam ex legum sententia, quam ex verbis*"[10]. Ora, *ex legibus* não se resume ao *verbis*, isto é, o comando que emana da norma é dotado de uma juridicidade mais ampla, que não pode ser coarctada por uma série de significantes. Nesse diapasão, o Direito Romano já se apercebia de que o Direito é uma realidade axiológica, que valora circunstâncias fáticas e daí extrai a normatividade.

---

[8] THOMAS, Ph. J. Alternative Paradigm for Roman Law. *Revue Internationale des Droits de l'Antiquitè*. 3e Série, Tome XLV, p. 647-657, 1998.

[9] "*By showing that law and legal science exist within a cultural context and that this cultural context is subjectively determined, with the result that the legal solutions are also subjectively determined, Roman law can provide an important counterweight to the predominance of breadwinner orientated positivism in legal education*". Id., Ibidem., p. 657.

[10] Dig. 50, 16, 6, 1. "A frase: 'em virtude das leis' há de ser entendida assim: tanto segundo o espírito, como segundo as palavras da lei". A edição utilizada para a consulta ao *Corpus Iuris Civilis* é: JUSTINIANO, Imperador. *Corpus Iuris Civilis*. Comp. Paulus Krueger e Theodor Mommsen. Berolini: Weidmannos, 1954. Consultamos também a tradução para o espanhol GARCIA DEL CORRAL, Idelfonso. *Cuerpo del derecho civil romano*. Valladolid: Lex Nova, 2004. Todas as traduções propostas neste trabalho são traduções livres, elaboradas em cotejo com veneradas traduções europeias e norte-americanas, consultadas pelo autor.

Ulpiano já afasta o tratamento do Direito como realidade fática, ontológica, desvinculando a *legis* da *verba*. Veja-se que, em grego, o vocábulo que designa razão e palavra é o mesmo: *nomos*. A sapiência que existe nesta sentença de ULPIANO consiste, propriamente, em explicitar que, em língua latina, a *legis* é uma expressão, um produto da razão e não se resume à sua expressão material. Se, em grego, *nomos* pode significar essa díade razão/palavra, o mesmo não se dá em latim. ULPIANO consagrou a separação da ideação racional que envolve o fenômeno jurídico, da materialidade de sua expressão verbal.

Contudo, é a definição de regra jurídica de PAULO aquela que melhor expressa a dissociação entre o Direito e a regra. Se o Direito nasce em Roma, como fenômeno normativo que se aparta da moral[11], a ideia de Direito não poderia identificar-se à ideia de regra. Regras já existiam, quer de conteúdo religioso, quer de conteúdo moral. Contudo, o Direito avança em direção a um conceito de justiça. Eis as palavras de PAULO:

> "*Regula est, quae rem quae est breviter enarrat. Non ex regula ius sumatur, sed ex iure quod est regula fiat. Per regulam igitur brevis rerum narratio traditur, et, ut ait Sabinus, quasi causae coniectio est, quae simul cum in aliquo vitiata est, perdit officium suum.*"[12]

Embora seja a lei a principal fonte de expressão, isto é, a forma[13] do Direito, concebe JAVOLENO que não cabe ao Direito definir, fixar. O Di-

---

[11] Nesta senda, novamente Paulo já demonstra que o lícito, desde a perspectiva jurídica, dissocia-se daquilo que é honesto: "*Non omne, quod licet, honestum est*" – "Nem tudo o que é lícito, honesto é". (Dig. 50, 17, 144).

[12] "Regra é a que expõe brevemente a coisa, tal qual é. O direito não se toma da regra, senão que é a regra que se faz do direto. Assim, pois, por meio de uma regra se faz breve narrativa das coisas, e, como disse Sabino, é como um compêndio da causa, que tão logo esteja viciada em algo, perde sua eficácia." Dig. 50, 17, 1.

[13] Com a palavra forma queremos significar a exigência de recognocibilidade das normas de conduta. Uma norma exterioriza-se, projeta-se para além da mente do "legislador" por meio de um veículo. Este veículo é, justamente, a forma. Nesse passo, a lei é, não apenas a forma privilegiada de expressão da norma no Direito Romano, mas também aquela que caracteriza o direito ocidental caudatário de Roma. Aliás, a imagem do caudatário, do latim eclesiástico *caudatariu* é muito apropriada para se definir o direito ocidental, porquanto Roma é a alta e solene dignitária, em cujo encalço trilharam-se os caminhos do Direito moderno e sob cujos auspícios desenvolveu-se o pensamento jurídico.

reito, mais uma vez, surge como uma ordem axiológica e deontológica, ou seja, valora as condutas e sobre sua valoração impõe condutas. Não se trata, pois, de uma ordem de pensamento descritiva, ontológica. Nas palavras desse jurisconsulto:

> "Ominis definitio in iure civili periculosa est ; parum est enim, ut non subverti possit."[14]

Ao Direito não cabe definir. Não apenas em função da volatilidade das circunstâncias sociais, mas também em função de sua própria natureza. A norma jurídica apenas define a hipótese-de-fato, sua função precípua é atrelar a essa descrição uma consequência jurídica. Somente com KANT essa realidade axiológica do Direito tornar-se-ia clara. O que hoje se nos parece uma obviedade, ao tempo de sua afirmação no panteão das ordens de conduta ética representou um passo decisivo.

CÍCERO, em seu tratado das leis, é pioneiro em definir a lei como produto da razão (embora ainda trate da razão divina)[15]. Trata-se do jusnaturalismo de matriz cosmológica, presente na Grécia, que agora se transmuta para outro fundamento de validade: Deus. Não obstante, já se reconhece que o Direito é uma realidade valorativa; cria, portanto, proposições deontológicas, por meio de juízos que, quanto à relação, são

---

[14] "Em direito civil toda definição é perigosa, porque é difícil que não possa ser alterada." Dig. 50, 17, 202.

[15] São as seguintes palavras de Cícero, na voz de Marcos: "Eu vejo então que, seguindo os conselhos dos mais sábios, a lei não é uma invenção do espírito humano, nem um decreto das pessoas, mas alguma coisa de eterno que governa o mundo inteiro, mostrando aquilo que é sábio prescrever ou interditar. Essa lei, dizem eles, do princípio ao fim, é o espírito de Deus que promulga as obrigações e as proibições igualmente racionais. Porque essa é sua origem, a lei que os deuses deram ao gênero humano é justamente celebrada, pois ela se confunda com a razão ou o com espírito dos sábios, aqueles que sabem o que se deve ordenar e aquilo que se deve proibir aos homens." (*Hanc igitur uideo sapientissimorum fuisse sententiam, legem neque hominum ingeniis excogitatam, nec scitum aliquod esse populorum, Sed aeternum quiddam, quod uniuersum mundum regeret imperandi prohibendique sapientia. Ita principem legem illam et ultlmam, mentem esse dicebant omnia ratione aut cogentis aut uetantis dei ex qua illa lex, quam du humano generi dederunt, recte est laudata. Est enim ratio mensque sapientis, ad iubendum et ad deterrendum idonea*). CICERUS, Marcus Tullius. *De Legibus* 2, 4. Utilizamos como base de consulta a tradução francesa de APPHUN, Charles. *Cicéron, De la Republique, Des Lois*. Paris: Garnier, 1932.

considerados hipotéticos (ainda que não estejam diretamente expressos na forma hipotética) e expressam um dever-ser. Já em Roma percebe-se que o Direito não pode se manifestar por meio de juízos assertórios ou necessários, porque prescreve condutas. Nas palavras de CÍCERO:

> "*ut perspicuum esse possit, in ipso nomine legis interpretando inesse uim et sententiam iusti et iuris legendi.*"[16]

O grande edifício jurídico ocidental que começara a ser erguido em Roma foi, desde seu despertar, marcado pelo emprego da linguagem, como veículo de externalização do comando. A essa forma de expressão linguística do corpo normativo podemos, em sentido amplo, atribuir o nome de Código[17]. As primeiras instituições reconhecidas em Roma foram as Leis das Doze Tábuas Decenvirais[18], isto é, direito escrito. A noção de justiça, tida como noção ampla que remonta a atitudes valorativas sobre condutas, pode ser primeiro localizada nos poemas homéricos nas representações de *Themis* e *Themistes*. Quando o imperador/rei decidia uma disputa, o resultado do julgamento era tido como produto direito de inspiração divina, esse agente divino que inspirava o veredicto era justamente *Themis*, cuja moderna representação é a deusa da Justiça. Seu plural – *Themistes* – representa os veredictos em si, os julgamentos. Note-se, pois, que do rei eram oferecidas sentenças e não normas. Ainda nos poemas homéricos, surge a noção de *Diké*, cujo conteúdo de significado flutua entre julgamento, costume e uso.

Como narra SUMNER MAINE, o próximo passo no desenvolvimento do Direito foi a substituição do monarca heróico, como descreve HOMERO, pela ascensão das aristocracias. Explique-se: a imagem do monarca sagrado, de coragem, força e sabedoria superlativas, foi gradualmente definhando com as sucessões hereditárias. Nas palavras de SUMNER MAINE:

> "Se a linguagem tão precisa pudesse ser usada nesta revolução, poderíamos dizer que o ofício do rei foi usurpado por aquele do conselho dos líderes, ao qual Homero repetidamente alude e retrata. Em todos

---

[16] "É então claro que o termo 'lei' implica a capacidade de distinguir aquilo que é justo e conforme ao direito." CICERUS, Marcus Tullius. *De Legibus. Op cit.* 2, 5.
[17] SUMNER MAINE, Henry J. *Ancient Law.* New York: Cosimo Classics, 2005, p. 1 *et seq.*
[18] V. acerca do Decenvirato no capítulo sobre as funções públicas.

> os eventos de uma época em que reinava o monarca, nós chegamos em toda a Europa a era das oligarquias; e até onde a nomenclatura das funções do monarca não desaparece, a autoridade do rei é reduzida a uma mera sombra."[19]

Ao passo que as aristocracias orientais buscaram sua fundamentação no apelo religioso, isto é, em organizações assembleares ou eclesiásticas, no ocidente as aristocracias assumiram formas político-civis. Naquilo que tange ao universo jurídico, essas aristocracias eram, a um só tempo, os depositários e administradores da lei. Embora a imagem da inspiração divina ainda permanecesse em certa medida, o apelo desloca-se para o monopólio do conhecimento da lei. Essa aristocracia preserva o conhecimento da lei de modo a perpetuar e a preservar os costumes de determinada tribo ou raça. Neste momento ainda se cuida da lei não escrita, precursora da *lex* que surgiria em Roma.

Em várias partes da Europa, à experiência deste Direito costumeiro e tribal seguiu-se a formação dos chamados códigos, como as já citadas Doze Tábuas Decenvirais ou o Código de Sólon e as leis de Draco, estes últimos ambos helênicos. A redução a escrito das normas, até então depositadas na sabedoria da aristocracia, representou o grande salto qualitativo dos povos ocidental-continentais, pois se ganhou em proteção contra a fraude e a depravação espontânea das instituições. Sumner Maine atribui à criação tardia do Código de Manu suas prescrições cruéis e absurdas e, de outra parte, à precoce edição das Doze Tábuas em Roma, seu maior desenvolvimento em relação ao povo hindu. Tito Lívio, em sua História de Roma[20], assim descreve a edição das Leis das Doze Tábuas Decenvirais:

---

[19] "*If language so precise can be used of the revolution, we might say that the office of the king was usurped by that council of chiefs which Homer repeatedly alludes to and depicts. At all events from an epoch of kingly rule we come everywhere in Europe to an era of oligarchies; and even where the name of the monarchial functions does not absolutely disappears, the authority of the king is reduced to a mere shadow.*" SUMNER MAINE, Henry J. *Ancient Law, cit.*, p. 6.

[20] A obra de Tito Lívio é intitulada *Ab urbe condita* ou "Desde a fundação da cidade". Acredita-se ter sido composta durante o reinado de Otávio Augusto. Era composta originalmente por 142 livros, dos quais apenas são conhecidos os livros 1 a 10 e 21 a 45 (Nestes últimos com grandes lacunas). A obra foi concebida como uma narrativa analítica dividida em seções marcadas pelos marcos mais importantes da história de Roma. Um epítome de todos os livros foi compilado no Baixo Império Romano e

"Quando esta justiça, incorruptível como aquela dos deuses, rendeu-se igualmente aos grandes e aos pequenos, os decênviros não negligenciaram a redação das leis. Para satisfazer a uma demanda que toda a nação tinha em suspense, eles apresentaram enfim as dez tábuas e convocaram a assembleia do povo. Para o júbilo, para a glória, para a prosperidade da república, para a felicidade dos cidadãos e de seus filhos, eles se puseram a ler essas leis que propunham. Quanto a eles, tanto quanto são capazes dez cabeças humanas, eles estabeleceram dentre os direitos de todos, grandes e pequenos, um equilíbrio exato. Mas podia-se esperar desde logo o concurso de todos os espíritos e reunir suas observações. Eles precisaram, em particular, em toda sua sabedoria, sopesar cada coisa, discuti-las em seguida e declarar acerca de cada ponto aquilo que eles tinham adicionado ou suprimido. Assim, o povo romano tinha leis das quais podia se jactar não apenas de as haver aprovado, mas também de as haver proposto eles mesmos. Depois que cada um dos capítulos apresentados sofreu as correções indicadas pela opinião geral, e julgadas necessárias, os comícios por centúrias adotaram as leis das dez tábuas. Em nossos dias, neste amontoado enorme de leis entalhadas umas sobre as outras, elas são também o princípio de nosso direito público e privado. Note-se que ainda existiam mais duas tábuas, cuja reunião às outras completava de toda sorte o corpo de todos os direitos dos romanos."[21]

A edição da Lei das XII Tábuas Decenvirais representa, portanto, um momento de evolução do Direito, que avança rumo à universalidade

---

restou conhecida como *Periochae*. Aqui consultamos a tradução francesa: *Oeuvres de Tite-Live (Histoire romaine)*. Trad. M. Nisard. Tome I. Paris: 1864. s/e. p. 110-169, bem como a edição moderna por FLOBERT, A. *Tite-Live. Histoire romaine*. Livres I à V. Traduction nouvelle. Garnier-Flammarion: Paris, 1995.

[21] "*Cum promptum hoc ius uelut ex oraculo incorruptum pariter ab iis summi infimique ferrent, tum legibus condendis opera dabatur; ingentique hominum exspectatione propositis decem tabulis, populum ad contionem aduocauerunt et, quod bonum faustum felixque rei publicae ipsis liberisque eorum esset, ire et legere leges propositas iussere: se, quantum decem hominum ingeniis prouideri potuerit, omnibus, summis infimisque, iura aequasse: plus pollere multorum ingenia consiliaque. Versarent in animis secum unamquamque rem, agitarent deinde sermonibus, atque in medium quid in quaque re plus minusue esset conferrent. Eas leges habiturum populum Romanum quas consensus omnium non iussisse latas magis quam tulisse uideri posset. Cum ad rumores hominum de unoquoque legum capite editos satis correctae uiderentur, centuriatis comitiis decem tabularum leges perlatae sunt, qui nunc quoque, in hoc immenso aliarum super alias aceruatarum legum cumulo, fons omnis publici priuatique est iuris. Volgatur deinde rumor duas deesse tabulas quibus adiectis absolui posse uelut corpus omnis Romani iuris.*" TITO LÍVIO. *Ab urbe condita*, op. cit. III, 34.

explícita, tanto em sua forma – escrita, quanto em seu conteúdo com a proscrição clara do privilégio[22]. É, pois, a elevação dos *mores* ao plano da racionalidade. Trata-se de um passo diquelogicamente orientado para a segurança jurídica.

Em Roma surge, pois, a *lex*, isto é, regra que provém da vontade e, como lembra Joaquim Carlos Salgado, realiza "a unidade inscindível da *voluntas* com a *ratio*, superando o dualismo entre direito natural e positivo"[23]. Como vontade, a lei é uma ordem de conduta[24]; como razão, a lei tem um bem jurídico a preservar, o *ius*. Assim conclui Joaquim Carlos Salgado:

> "É nesse sentido que se concebe o direito como um fenômeno total em Roma. A *voluntas*, que não é particular, mas expressa como universal, só pode ser tal se fundada numa razão de ser, ou seja, o bem jurídico a preservar: o *ius*. A preocupação fundamental da jurística é encontrar primeiro o direito, o bem jurídico a ser atribuído, para depois elaborar a regra de decisão do caso ou de prevenção de conflitos (*lex*)."[25]

Neste passo, posto emanar da razão, a *lex* daí extrai sua universalidade. E, assim, define Cícero:

> *Nam ut illi aequitatis, sic nos delectus uim in lege ponimus, et proprium tamen utrumque legis est.*[26]

Some-se a isso a superlativa valorização da figura do jurista, perpetrada em Roma. A Grécia transmitiu aos romanos o rigor do pensamento, do raciocínio analítico, que opera por meio do entendimento. Sobretudo pela influência do estoicismo, notadamente com Sêneca e Plotino, o *logos* científico chegou até a península itálica. Todavia, foi ali pioneiramente aplicado a um novo objeto de estudo: o Direito. Nesse desiderato, o povo

---

[22] Lei primeira da nona tábua. *Cf.* edição de referência ARANGIO-RUIZ, Vincenzo; GUARINO, Antonio. *Breviarum iuris romani*. Milano: Giuffrè, 1951.
[23] SALGADO, Joaquim Carlos. *A ideia de Justiça no Mundo Contemporâneo:* fundamentação e aplicação do Direito como *maximum* ético. Belo Horizonte: Del Rey, 2006, p. 103.
[24] *Cf.* Dig. I, 3, 7.
[25] SALGADO, Joaquim Carlos. *Op. cit.* p. 103.
[26] "Para eles, a lei é a equidade, para nós é a escolha; tanto uma quanta a outra característica pertencem à lei." CICERUS, Marcus Tullius. *De Legibus. Op. cit.* I, 6.

romano inaugurou a valorização do jurista como figura fundamental na sociedade. O assim considerado primeiro jurista em Roma foi Cnaeus Flavius[27], cujo trabalho consistiu na publicação, ao redor do ano 300 a. C., das fórmulas a serem pronunciadas em juízo para a ativação do direito, isto é, as *actio legis*. Essas fórmulas, até então de domínio exclusivo da classe sacerdotal, agora estavam ao alcance dos demais pensadores seculares. Cícero assim narra esta passagem:

> "Se esta opinião não é geralmente adotada, nós podemos oferecer várias razões. Em primeiro lugar, aqueles que nos séculos precedentes possuíram esta ciência, fizeram dela um mistério, para aumentar seu prestígio; em seguida, o que é bem conhecido é que Cn. Flavius expôs as diversas ações, mas não se encontra ninguém que saiba dar a todos esses elementos uma ordem metódica. Com efeito, para reduzir com arte essas observações esparsas, não é suficiente conhecermos a matéria de que se trata, é necessário ter o talento de reunir essas observações em um corpo de doutrina."[28]

O episódio é descrito nestas palavras por Tito Lívio:

> "No mesmo ano, o escriba Cn. Flavius, filho de Cneus, nascido de um pai libertino, com pouca fortuna, mas homem de grande educação e facúndia, foi elevado à condição de édile curul. Eu encontro em alguns anais que, como ele exercia funções de discípulo dos édiles, vendo que a tribo era chamada em primeiro lugar para exercer seu sufrágio, nomeando-o édile, não queria receber sua nomeação, em razão de sua profissão de

---

[27] Não por acaso, em 1906, Hermann Kantorowicz publica sua obra *Der Kampf un die Rechtswissenschaft* (A luta pela Ciência do Direito), sob o pseudônimo de *Cnaeus Flavius*. Sua obra viria a ser considerada a pioneira da Escola do Direito Livre. Sobre a Escola do Direito Livre, *cf.* KAUFMANN, Arthur. *Filosofia do Direito*. Trad. António Ulisses Cortes. Lisboa: Fund. Calouste Gulbenkian, 2004.

[28] "*Quod quidem certis de causis a plerisque aliter existimatur: primum, quia ueteres illi,qui huic scientiae praefuerunt, obtinendae atque augendae potentiae suae causa peruulgari artem suam noluerunt; deinde, postea quam est editum, expositis a Cn- Flauio primum actionibus, nulli fuerunt, qui illa artificiose digesta generatim componerent; nihil est enim, quod ad artem redigi possit, nisi ille prius, qui illa tenet, quorum artem instituere uult, habet illam scientiam, ut ex eis rebus, quarum ars nondum sit, artem efficere possit*". CICERUS, Marcus Tullius. *De Oratore*. I, 41, 186. Utilizamos como referência a tradução francesa das obras completas de Cícero, *Cf.* CICERON. *Oeuvres Completes de Cicerón*. Trad. M. Nisard. Paris: Dubochet, 1840.

escriba. Contudo, veio a subir na tribuna e afirmou que não se arrependeria jamais. Macer Licinius sustenta que ele a havia abandonado desde o princípio; ele se baseia na afirmação de que Flavius havia sido tribuno anteriormente, ele que ele havia exercido dois tipos de triumviratos, o triumvirato da noite, e um outro para o estabelecimento de uma colônia. De resto (e é este um ponto sobre o qual nos colocamos em acordo), ele disputou sempre a altura dos nobres, que subestimavam sua baixa linhagem. Ele entregou ao público as fórmulas da jurisprudência que estavam reservadas nas mãos dos pontífices, como o fundo do santuário; e, para colocar os cidadãos em condições de conhecerem por si mesmos os dias em que a religião permitia faltar aos julgamentos, ele fez colocar ao redor do Fórum as tábua do calendário romano."[29]

A fundação hipotética de Roma deu-se no século VIII a. C., no contexto de um emaranhado de povos; os latinos, etruscos e sabinos, com notada influência grega das cidades marítimas do sul da península. Atribui-se a RÓMULO[30], o fundador de Roma segundo os testemunhos de TITO LÍVIO[31] e DIONÍSIO DE HALICARNASSO[32], a divisão do povo entre patrícios e plebeus, a

---

[29] "*Eodem anno Cn- Flauius Cn- Filius scriba, patre libertino humili fortuna ortus, ceterum callidus uir et facundus, aedilis curulis fuit. Inuenio in quibusdam annalibus, cum appareret aedilibus fierique se pro tribu aedilem uideret neque accipi nomen quia scriptum faceret, tabulam posuisse et iurasse se scriptum non facturum; quem aliquanto ante desisse scriptum facere arguit Macer Licinius tribunatu ante gesto triumuiratibusque, nocturno altero, altero coloniae deducendae. Ceterum, id quod haud discrepat, contumacia aduersus contemnentes humilitatem suam nobiles certauit; ciuile ius, repositum in penetralibus pontificum, euolgauit fastosque circa forum in albo proposuit, ut quando lege agi posset sciretur(...)*" TITO LÍVIO. *Ab urbe condita*. op. cit., IX, 46. Ainda, confira-se a narrativa de Pompônio (Dig. I, 2, 2, 7).

[30] Segundo nos narra a lenda, Numitor, descendente de Enéas, e rei da cidade de Abalonga, é destronado por Amulio e atira ao rio Tíber os filhos gêmeos de Rea Silvia (filha do rei destronado): Rómulo e Remo. Esses se salvam e são amamentados por uma loba (Capitolina) no monte Palatino e, quando se tornam mais velhos, conseguem sua vingança contra Amulio. Rómulo assassina seu irmão e funda Roma, dando asilo a fugitivos e bandidos e raptando as mulheres de seus vizinhos sabinos. V. CASSIUS DIO. *Roman History*. Trad. Earnest Cary. Boston: Harvard University Press, 1914, p. 5 *usque* 31. Conferir em especial os fragmentos de Xiphilinus, Zonaras e Tzetzes.

[31] TITO LÍVIO. *Ab urbe condita*, op. cit., I, 7-15.

[32] DIONÍSIO DE HALICARNASSO. *Rhōmaikē Archaiologia*. I, 72-90. Utilizamos as traduções do grego para o inglês: DYONISIUS OF HALICARNASSUS. *Roman Antiquities*. Trad. Earnest Cary. Boston: Harvard University Press, 1950; DYONISIUS OF HALICARNASSUS. *Roman Antiquities*. Trad. Edward Spelman. Vol. I a IV. Londres: Booksellers of London and Westminster, 1758.

distribuição das tribos em trinta cúrias, a criação da assembleia destas cúrias, o senado e a realeza[33]. A figura do rei inaugurada com Rômulo é de lapidar importância para a configuração da ideia de Direito. Embora num momento inicial o Rei ainda não detivesse verdadeiras faculdades legislativas, pois as normas de conduta consistiam nos *mores* gentilícios, e fosse tido como uma espécie de oráculo divino, sua concepção como instituição é fundamental para a compreensão do Direito como fenômeno de poder. Nesse sentido podemos mencionar a *Lex Regia* (cuja expressão material que nos chega – a *Lex Imperii Vespasiani* – é de um período posterior) como elemento simbólico originário da transferência e legitimidade do poder.[34]

Sobre essa base, Roma desenvolveu uma ordenação de condutas própria e especial, que legou ao Ocidente: o Direito.

A denominação técnica do Direito, como essa ordem exterior e positiva que impõe obediência, foi a palavra *ius*[35]. A palavra *ius* possui etimologia obscura, conforme nos informa BONFANTE. Certamente não deriva de *iustum* ou *issum*, palavras que derivam de *ius* (raiz *iugo*). Linguistas modernos tendem a relacionar o termo *ius* ao verbo *iurare* ou à palavra sânscrita *iaus*. Esta palavra encontra-se uma vez nos Veda e possui o sentido de saúde, de felicidade, com um caráter religioso. Essa origem sânscrita anuncia o caráter positivo do termo Direito e sua preocupação com a benignidade e a indulgência social; veja-se a definição de CELSUS, anunciada por ULPIANO:

> *"Iuri operam daturum prius nosse oportet, unde nomen iuris descendat est autem a iustitia appellatum: nam, ut eleganter Celsus definit, ius est ars boni et æqui."*[36]

Embora de conteúdo indefinido, o conceito de *ius* conforma algo de inovador. Trata-se de um conceito novo, com o seguinte conteúdo, nas palavras de ÁLVARO D'ORS:

---

[33] Cf. ORTOLAN, M. *Historie de la législacion Romaine*. 3ed. Paris: Videcoq Fils Ainé et Plon Frère, 1851, p. 23.
[34] Sobre a *Lex Regia*, Cf. Dig. 1, 4, 1 e Inst. Gaio I, 5 e GALLO, Fillipo. *Interpretazione e formazione consuetudinaria del diritto romano*. Torino: Giappichelli, 1993, p. 60.
[35] Cf. BONFANTE, Pedro. *Instituciones de Derecho Romano*. Trad. Luis Bacci e Andrés Larrosa. Madrid: Editorial Réus, 1929, p. 6.
[36] "Convém que aquele que se ponha a estudar o Direito conheça primeiro de onde provém a palavra *ius*. Chama-se assim justiça; porque segundo define elegantemente Celso, direito é a arte do bom e do équo." Dig. I, 1, 1.

> "*En todas esas relaciones creo que ius tiene un sentido único, un sentido intermedio entre la norma y la facultad, que es precisamente, el de posición justa. [...] Ahora bien: ius est no quiere decir, evidentemente, ni ' hay facultad', ni 'hay norma', sino más bien: ' es justo'. [...] Toda la dialética de la vida jurídica estriba en el discernimiento de la posición justa. Todas las personas y todas las cosas tienen su posición; cuando su posición es justa, tienen ius, y la iustitia, como vimos, pone fin a la contienda de posiciones, declarando cual es la justa, dando el ius a cada uno.*"[37]

Como nos relata Joaquim Carlos Salgado[38], a formação da consciência jurídica no mundo contemporâneo pressupõe a experiência desta consciência, isto é, pressupõe o processo pelo qual essa consciência faz experiência do conhecimento, primeiro tomado como objeto e, posteriormente, como conhecimento de si mesma. A consciência jurídica, neste passo, posiciona-se no amplo espectro da razão prática, pressupõe a dialética da razão teórica e volta-se a si mesma, fazendo uma experiência da própria consciência. Essa experiência da própria consciência, no nível fenomenológico, manifesta-se, historicamente, em três momentos, conforme nos ensina Salgado:

> "É possível, pois, figurar historicamente esse processo em três momentos fundamentais no curso da cultura ocidental, como já se observou: o homem (animal racional) na cultura grega, a pessoa de direito na cultura romana, cindida na concepção de pessoa moral na cultura cristã, e o sujeito de direito a partir da cultura moderna, operando a síntese dialética no cidadão ou indivíduo livre detentor de direitos fundamentais declarados ou positivados como vontade universal e valores universais na Revolução Francesa."[39]

É justamente nesse momento de manifestação da consciência jurídica, que corresponde à formação da pessoa de direito, que surge o Direito como realidade intelectiva e prática diferenciada.

É preciso compreender a crise por que passava o Ocidente. A decadência da cidade grega e a ascensão do Império Romano iriam, desde

---

[37] D' ORS, Álvaro. Aspectos objetivos y subjetivos de "ius". In: *Studi in Memoria di Emiliano Albertario*. Vol. II. Milano: Giuffrè Editore, 1953, p. 271 usque 299, p. 295/296.
[38] SALGADO, Joaquim Carlos, op., cit., p. 22 et seq.
[39] SALGADO, Joaquim Carlos. *A ideia de Justiça...*, op., cit., p. 23.

logo, delimitar o ponto zero da formação jurídica ocidental. Trata-se de um momento de crise ética, em que a concepção de totalidade moral foi cindida. A percepção do vínculo que une aquele que age e quem sofre as consequências de cada conduta altera-se. Onde antes existia uma totalidade orgânica, entre homem e cidade, cede lugar à díade cidade/cidadão. O bem agir, no contexto helênico, importava em um esforço em busca da felicidade (*eudaimonia*), uma felicidade que não pode ser compreendida no âmbito individual, mas tão somente em relação com a felicidade da cidade (*homonóia*). Trata-se de uma realidade de imbricada coincidência entre o homem e a natureza. Já, em Roma, essa totalidade sofre uma cisão, o homem agora pertence à cidade, estabelece-se, pois, um vínculo de pertinência e não de ipseidade. Para ele, surge o *ius civile*. A conduta não poderá ser aferida segundo os padrões do bom e do mau, mas do justo. A justiça assume uma conotação própria, particular, pois a moral não poderia suprir as necessidades normativas de uma cidade, que agora assume uma posição distinta da do homem. Essa cisão que se opera, um movimento histórico, cultural e logicamente necessário, é a responsável pela explicitação do conceito de bilateralidade.

Esse Direito conformado em Roma haveria de possuir alguns caracteres que o fizessem, a um só tempo, diferente e superior[40] aos demais ordenamentos de condutas. Assim, pode-se dizer, em linhas gerais, que esse conceito[41] romano-universal de Direito é caracterizado por suas categorias essenciais, quais sejam: bilateralidade "tributiva", exigibilidade e irresistibilidade.

---

[40] Assim, o ordenamento jurídico suprassume os demais ordenamentos sociais, isto é, supera-os e os modifica; contudo, paradoxalmente, conserva-os em sua estrutura.

[41] Focamo-nos aqui no Direito romano-universal (*ius gentium*) que teve lugar entre 218/20 a.C. e 235 d. C. (entre as crises que se seguiram à guerra de Aníbal e à morte de Alexandre Severo). Esse período do Direito Romano seguiu-se ao período quiritário – primeira fase do Direito romano, caracterizada por uma ordem jurídica adaptada a uma sociedade de vida simples e rústica – e se caracterizou pelo desenvolvimento científico da principiologia romana, cuja maior manifestação foi o *ius honorarium*, obra do pretor. Posteriormente ao período do *ius gentium*, teremos a codificação justianeia (séculos I-III d.C.), monumento do espírito lógico e prático dos jurisconsultos romanos. *Cf.* BONFANTE, Pedro. *Instituciones de Derecho Romano*, op. cit., p. 10 *usque* 13.

Essa bilateralidade "tributiva"[42] caracteriza o fenômeno jurídico porquanto o extrema da experiência moral. O agir moral pertence ao sujeito ativo e nele se esgota. O período helênico ainda não tem consciência de um outro-diferente-de-si. O justo moral realiza-se numa relação na qual ipseidade e alteridade estão mutuamente imbricadas; trata-se do contexto da bela totalidade da *pólis* grega, conforme o figura HEGEL. O agir jurídico pressupõe o reconhecimento, isto é, a percepção de um outro-igual, de outra consciência que impõe limites. O Direito necessita dessa cisão de ipseidade e alteridade para conformar um nexo que, agora, não mais pertence ao sujeito ativo e, tampouco, ao sujeito passivo, mas se configura um nexo transubjetivo. Assim, tem-se uma bilateralidade que importa numa relação de polaridade entre sujeitos que se vinculam objetivamente mediante a chancela do Estado, para exercerem suas pretensões ou competências. A *tributividade* decorre da posição objetiva ocupada pela relação jurídica, na qual o Direito (Estado) confere a cada qual suas pretensões. A relação jurídica que encerra essa bilateralidade *tributiva* já é anunciada por ULPIANO: "*Iustitia est constans et perpetua voluntas ius suum cuique tribuendi*"[43]. A justiça surge então como um valor formal, que estabelece a regra de distribuição destes valores, quer pela conexão com a vontade, como o faz ULPIANO (*constans et perpetua voluntas*), quer em conexão com a razão, como faz CÍCERO e, posteriormente, TOMÁS DE AQUINO e KANT. Assim, conclui SALGADO:

> "O Direito é, então, processo de revelação, 'tribuição' e garantia de valores no plano do bem comum, segundo a ideia de justiça; é solução dos conflitos de interesses no plano da coexistência ou da ordem, mas com pretensão de solução justa dos conflitos. É, ainda, técnica ou metódica que precede a normatização do fato por meio dos institutos jurídicos, portanto da ciência, e da valoração do justo, portanto da Filosofia do

---

[42] No tocante à nomenclatura acompanhamos aqui a lição de SALGADO, quem prefere o termo "tributividade" à expressão "atributividade", porquanto se aproxime de sua origem latina: *tribuere*. Esclarecedora exposição da temática pode ser encontrada em REALE, Miguel. Bilateralidade Atributiva. In. *Enciclopédia Saraiva de Direito*. São Paulo: Saraiva, 1977, p. 332 *usque* 342.
[43] Dig. I, 1, 10. "Justiça é a vontade constante e perpétua – infatigável e persistente – de dar a cada um o seu direito". A fórmula também é repetida nas Institutas, *Cf.* Inst. I,1.

Direito. Esse aspecto formal, contudo, mostra-se na articulação dialética com o bem jurídico ou valor jurídico revelado na consciência jurídica que normatiza o fato."[44]

Dessa *tributividade* decorre a exigibilidade da conduta devida. Uma vez que o nexo jurídico não jaz em nenhum dos polos da relação, pertencendo simultaneamente a ambos, quando um falha, ao outro é facultado exigir. Esse sentido objetivo e transubjetivo da bilateralidade *tributiva* cria, portanto, uma garantia contra o descumprimento. Surge, aqui, um conceito propriamente jurídico, o conceito de dívida. Essa garantia é fruto da segurança e da certeza inerentes à relação jurídica.

De outra parte, o agir moral não é exigível. Não o é apenas por estar incerto em uma realidade desprovida de mecanismos para ativá-lo, mas por sua própria natureza. A ação moralmente louvável esgota-se em si mesma, assim também ocorre com a ação moralmente reprovável. Não há, dentro da concepção moral grega, uma repercussão na esfera individual alheia. Explique-se: as repercussões do ato reprovável são as mesmas para o homem e para a cidade. Não se exige o cumprimento de dever diverso, mas apenas se exclui do organismo político. Aquele que, espontaneamente, cumpre seu dever, o faz com foco em seu próprio agir e não diante do exercício de uma faculdade que se abre a outrem. A exigibilidade mostra sua interface com a bilateralidade na medida em que se, ao credor é facultado exigir, ao devedor, se se transmuda na condição de credor do mesmo objeto, também se abriria a mesma faculdade.

Por derradeiro, resta mencionar a irresistibilidade diante do comando jurídico. Trata-se de um atributo da norma jurídica que a torna incontestável, social e racionalmente. Nas palavras de SALGADO:

"A irresistibilidade integra a estrutura categorial da Consciência Jurídica e decorre da universalidade representativa da *auctoritas* e da validade universal abstrata da norma jurídica [...] implica, portanto, não só a força coativa, mas a fundamentação ulterior de qualquer decisão ou a ação da autoridade como de toda a sociedade, portanto com mérito de sua força e de sua vontade." [45]

---

[44] SALGADO, Joaquim Carlos. *A ideia de justiça no mundo... Op. Cit.* p. 26.
[45] SALGADO, Joaquim Carlos. *Op. cit.* p. 84.

A irresistibilidade é, assim, uma decorrência lógica da origem política do Direito. O Direito constitui o vetor de explicitação da razão, ao passo que o ato de vontade é seu instrumento de realização, isto é, a política. Nesse passo, a irresistibilidade material que decorre do comando jurídico reporta-se, como salientado por Salgado, à "universalidade representativa da *auctoritas* e da validade universal da norma jurídica".

É de conhecimento amplo o brocardo de Cícero *cum potestas in populo auctoritas in Senatus sit*[46]. É preciso compreender o contexto dessa colocação. Esse brocardo está inserido no diálogo entre Marcus e Quintus, no qual Cícero expõe a importância do Senado, onde se decidem as matérias de interesse do Estado (*Nam ita se res habet, ut si senatus dominus sit publici consilii*). O que fornece sustentação ao Senado é a consideração de que todos os decretos que dele emanam têm força obrigatória (*Eius decreta rata sunto*), que é suportado por todos (*quodque is creuerit defendant omnes*) e que as ordens inferiores aceitem que a república seja governada por conselhos superiores. Neste passo, pode-se considerar que o poder remanesce com o povo e que a autoridade pertence ao Senado. O sentido da separação entre estes dois institutos, assim, reporta-se ao fundamento da autoridade. Os decretos senatoriais vinculam não em função da força, mas em consideração à *dignitas* que imanta aquela instituição. Os *decreta* do Senado são, assim, dotados de vinculatividade em atenção à dignidade (qualidade) daquela instituição. A função da autoridade senatorial é zelar pela continuidade de Roma e sua repercussão social é a irresistibilidade do comando da lei, para que a cidade mantenha-se na moderação e na concórdia (*teneri ille moderatus et concors ciuitatis status*)[47]. A autoridade é, assim, o fundamento de validade formal do Direito.

Surge, então, o justo qualificado pelo adjetivo jurídico. O dever imposto pela norma torna-se qualificado pela irresistibilidade. O Direito forjado no Lácio encerra na norma, agora jurídica, a essência do justo sem se descurar do aspecto da existência: a força que o garante. Não por acaso, Justiniano assim abre o prefácio das Institutas:

---

[46] ("O poder pertence ao povo, mas a autoridade ao Senado"). CICERUS, Marcus Tullius. *De Legibus. Op. cit.* III,12.
[47] *Id. Ibid.*

> *"Imperatoriam maiestatem non solum armis decoratam, sed etiam legibus oportet esse armatam, ut utrumque tempus et bellorum et pacis recte possit gubernari et princeps Romanus victor existat non solum in hostilibus proeliis, sed etiam per legitimos tramites calumniantium iniquitates expellens, et fiat tam iuris religiosissimus quam victis hostibus triumphator."*[48]

É precisamente nesse influxo entre a exigibilidade e a irresistibilidade que surge a força, uma força eticamente destinada a fazer cumprir o justo jurídico.

O gênio romano conformou um instituto que encerra em sua ontologia essas características essenciais do conceito de Direito. Trata-se da *actio*. Na definição de CELSO: *"Nihil aliud est actio quam ius quod sibi debeatur, iudicio persenquendi"*[49]. A *actio* configura-se, destarte, como um instrumento de defesa da pretensão resistida, o direito a perseguir o devido em juízo. A ação, ou ao menos a exceção, surge como consectário da coerção jurídica e é inerente a qualquer direito subjetivo. A ação é a manifestação da justiça formal no momento da aplicação, ao direito foi impresso o caráter de coercibilidade vinculante, cumprindo-se o comando

---

[48] "À sua Majestade Imperial convém que não só esteja honrada com as armas, mas também fortalecida pelas leis, para que um e outro tempo, assim a guerra como a paz, possam ser bem governados, e o príncipe romano subsista vencedor não somente nos combates com os inimigos, mas também rechaçando por legítimos trâmites as iniquidades dos caluniadores, e chegue a ser tão religiosíssimo observador do Direito, como triunfador dos inimigos vencidos."

[49] Ação nada é além do que o direito de perseguir aquilo que lhe é devido em juízo. Dig. XLIV, 7, 51. O conceito é repetido ainda nas Institutas *"Superest, ut de actionibus loquamur, actio autem nihil aliud est, quam ius persequendi iudicio quod sibi debetur"* ("Resta que falemos das ações. Mas a ação não é outra coisa que o direito de perseguir em juízo aquilo que a alguém se deve") Inst. IV, §6. ULPIANO, no parágrafo 16 do Livro L do Digesto, dedicado ao significado das palavras, assim define: *"Actionis verbum et speciale est et generale nam omnis actio dicitur, sive in personam sive in rem sit petitio: sed plerumque 'actiones' personales solemus dicere 'petitiones' autem verbo in rem actiones significari videntur. 'persecutionis' verbo extraordinarias persecutiones puto contineri, ut puta fideicommissorum et si quae aliae sunt, quae non habent iuris ordinarii exsecutionem."* ("A palavra ação é especial e geral; porque se chama ação toda petição, já seja contra pessoa, já contra uma coisa; mas de ordinário soemos chamar ações às pessoais, e se considera que a palavra petição significa as ações reais; eu creio que com a palavra persecução se compreendem as persecuções extraordinárias, como as dos fideicomissos, e outras que haja, as quais não têm execução de direito ordinário.") Dig. L, 16, 178, 2.

independemente da oposição do devedor e com caráter de exclusividade, porque prevalece sobre qualquer outra norma.

Está-se diante de construção conceitual do Direito, capaz de agasalhar os caracteres do jurídico, servindo de termo médio para a efetivação da força encarcerada na norma abstrata e universal.

A *actio* avultou-se de tal maneira no contexto jurídico romano que o possuir ou não um direito expressava-se dizendo possuir ou não a faculdade de exercitar a *actio*. Essa postura é oriunda da formação do Direito nas mãos do pretor, que, ao introduzir inovações, não o fazia mediante normas, mas concedendo em seu *edicto* a *actio* adequada. O período em que floresceu o Direito Romano é, justamente, o chamado período do Direito Honorário, quando as relações jurídicas desenvolviam-se por meio da concessão pretoriana (*officium praetoris*) e de suas decisões (*officium iudicis*). Assim, muitos direitos de origem pretoriana não possuem sequer denominação própria, sendo expressos por sua ação[50], por exemplo, a *actio Publicana* ou a *actio Serviana*.

A já anunciada relação entre o Direito, a liberdade e a força é sintetizada, como lembra com maestria SALGADO, na ação do *interdictium de homine libero exhibendi*[51]. Surge um justo qualificado, suprassumido da realidade, delimitado por uma forma e garantido pela força. É, pois, que a ideia de justiça alcançou um novo patamar[52]: um justo jurídico.

---

[50] V. BONFANTE, Pedro. *Instituciones* ... p. 111. Portanto, parece-nos que o conceito de obrigação natural parece um tanto quanto estrambótico e destituído dessa juridicidade romana. Sua compreensão é mediatizada sempre pela alegação de não possuir *actio* correspondente e, quando muito, pelo surgimento da *solutio retentio* na ocasião do pagamento espontâneo. Não se nos afigura como pertencente ao campo privilegiado e protegido do Direito, mas sim um fóssil entre a moral e o jurídico.

[51] Trata-se da ação que fornece o substrato de nosso moderno *habeas corpus*; um *interdicto* que consistia em uma ordem do Magistrado, ditada ante o recurso da parte prejudicada, cuja aplicação soía ocorrer quando o interesse prejudicado tinha caráter quase público. O *paterfamilias* podia fazer valer esse seu direito diante de um terceiro que retivesse o *filiusfamilias* contra sua vontade. Inicialmente, tratava-se de uma *vindicatio*, e, posteriormente, o pretor introduziu a este efeito o *interdictus de liberis exhibendis*. *Cf.* BONFANTE. *Op. cit.* p. 135/164. Agora, o Romano superava a concepção de liberdade de Epíteto, jungindo consciência e corpo, reclamando sua liberdade de ir, vir e permanecer.

[52] Novamente aqui anunciamos que essa positividade da ideia de justiça não foi pacífica. Essa dissidência entre a justiça positiva e a justiça natural manifestou-se no seio da doutrina católica e deu origem ao jusnaturalismo de matriz teológica. A

Essa positividade conferida ao conceito de justiça por meio do seu relacionamento com a força e o poder havia sido questionada no mundo grego pelos pensadores que constituem, embora heterogeneamente, o conjunto dos jusnaturalistas cosmológicos. Dentre uma infinidade de textos, podemos destacar: α) os fragmentos morais de DEMÓCRITO, nos quais o querer é o motor do agir moral gerando responsabilidade: "O inimigo não é aquele que comete a injustiça, mas aquele que a quer"[53] e ainda "As leis não impediriam a cada um de viver segundo seu pendor, se as pessoas não se fizessem mal mutuamente. Pois a inveja é o começo da discórdia"[54]; β) ANTIFONTE: "Aquelas Leis que resultam de um acordo mútuo não são naturais, mas aquelas da natureza, que são naturais, não resultam de um acordo. Logo, aquele que transgride a lei, se o faz às escondidas daqueles que estabeleceram o acordo, escapa da vergonha e do castigo. Mas não, se ele não o faz às escondidas. Quanto às normas naturais da natureza se, indo além do possível, as violamos, mesmo se o fazemos às escondidas de todos os homens, o mal não é menor, e se todos os sabem, não é maior. Pois o prejuízo não vem da opinião, mas da verdade. O que explica esse problema é que as prescrições do justo segundo a lei estão, a maior parte do tempo, em conflito com a natureza."[55]; γ) SÓFOCLES, com Antígone, chamada por MARITAIN[56] de eterna heroína da lei natural:

---

separação da ordem das coisas humanas e da ordem divina foi cristalizada por JESUS DE NAZARÉ. Os discípulos dos fariseus, com malícia, perguntaram-lhe: "É lícito pagar tributo a César, ou não?" Ele os respondeu: "Por que me experimentais, hipócritas? Mostrai-me a moeda do tributo. Eles lhe apresentaram um denário. E ele lhes perguntou: De quem é esta efígie e inscrição? Responderam-lhe: De César. Então ele lhes disse: Daí a César o que é de César, e a Deus o que é de Deus" (Mt, 22: 15-22). De outra parte, PAULO afirma a existência de uma lei natural, fruto da natureza divina da criatura humana: "Quando os gentios, que não têm lei, fazem naturalmente as coisas que são da lei, não tendo eles lei, para si mesmos são lei. Eles mostram a obra da lei escrita em seus corações, testificando juntamente a sua consciência e os seus pensamentos, quer acusando-os, quer defendendo-os" (Rm, 2: 14-16).

[53] Máximas de Demócrates, 55: 68 B 89 DK. Utilizamos aqui a edição de DIELS, Herman; KRANZ, Walter. *Die Fragmente der Vorsokratiker In: Les Presocratiques*. Trad. Jean Paul-Dumont. Paris: Gallimard, 1988.

[54] Estobeu, Florilégio, III, XXXVII, 53: 68 B 245 DK.

[55] Papiro de Oxyrhyncos, XI, 1364: B44 DK, Fragmento A, 1-3.

[56] *Cf.* MARITAIN, Jacques. O Homem e o Estado. Trad. Alceu Amoroso Lima. Rio de Janeiro: Agir Editora, 1966. p. 87.

> "Não foi, com certeza, Zeus que as [leis que a condenaram à morte] proclamou,/ nem a justiça com o trono entre os deuses dos mortos/ as estabeleceu para os homens./Nem eu supunha que tuas ordens/ tivessem o poder de superar/ as leis não escritas, perenes dos deuses, visto que és mortal./ Pois elas não são de ontem nem de hoje, mas/ são sempre vivas, nem se sabe quando surgiram./ Por isso, não pretendo, por temor à sentença às decisões/ de algum homem, expor-me à sentença/ divina. Sei que vou morrer." [57]

Todavia, o embate entre o justo natural/racional e o justo positivo permaneceria. Exemplo claro encontramos no diálogo entre Sócrates e Trasímaco na República de Platão. Trasímaco oferece seu conceito de justiça: "a justiça não é outra coisa que o interesse do mais forte"[58] que é desqualificado por Sócrates, que, todavia, não consegue, nesse momento, expor seu conceito de justiça, configurando um diálogo aporético.

Norberto Bobbio ensina que "o ordenamento jurídico não nasce de um deserto"[59]. Se é certo que a ordem jurídica não desponta do vazio, não menos apropriada é a lição de Joaquim Carlos Salgado[60], para quem o Direito pode ser considerado um *maximum* ético. Explique-se: a conduta dos homens é pautada por diversas ordens normativas como a moral, a religião, os convencionalismo sociais, o Direito. Neste panorama das ciências do *ethos* exsurge o Direito como ponto de cumeada, como resultado do processo de desenvolvimento da Ética. Ainda que se nos pareça paradoxal[61], é em Roma que esse processo atinge sua plenitude. O gênio

---

[57] Cf. SÓFOCLES, *Antígone*. In: ALMEIDA, Guilherme. *A Antígone de Sófocles*. 2ed. Petrópolis: Vozes, 1968.

[58] 338c – essa notação refere-se à paginação da edição *in folio* de H. Stephanus, impressa em Paris, em 1578.

[59] BOBBIO, Norberto. *Teoria do Ordenamento Jurídico*. Trad. Maria Celeste Cordeiro Leite. 6. ed. Brasília: Ed. UnB, 1995, p. 41.

[60] SALGADO, Joaquim Carlos. *Op. cit.* p. 8 *et seq.*

[61] A noção de resultado não se pode conectar à linearidade do pensamento cartesiano. A razão não se manifesta na história na sucessão cronologicamente organizada dos fatos. Tampouco se trata de uma rapsódia de eventos. A Razão preside seu desenrolar concatenando momentos/figuras, os quais, ainda que temporalmente deslocados, sucedem-se logicamente. Neste passo, não é descabido ou desmesurado posicionarmos o Direito Romano no ápice do processo de desenvolvimento das ciências do *ethos*. Ressalva seja feita aos movimentos constitucionalistas pós-revolucionários, não obstante sejam movimentos que se projetam sobre um Direito já cristalizado e filho dileto de Roma.

romano foi capaz de desvencilhar o Direito da Moral, conformando uma ordem normativa própria e dialeticamente superior. Neste passo, apartam-se Moral e Direito e, sobre este último, assentou o Ocidente, sobre uma ideia de justiça que nascera em Roma.

Essa ideia de Direito que se funda em Roma preocupa-se, portanto: α) com a amplitude do aspecto racional (*virorum prudentum consultum*)[62], sua natureza intelectiva; β) com a generalidade abstrata da lei (*lex est commune praeceptum*[63] – *Iura non in singulas personas, sed generaliter constituuntur*[64]), isto é, sua universalidade; γ) com a perspectiva do consenso (*communis reipublicae sponsio*), ou seja, da legitimidade e, por derradeiro, δ) com a perspectiva existencial – a coerção, cuja maior expressão é a irresistibilidade (*coercitio*).

Não obstante, o direito (*ius*) não se confunde com as regras (*regulas*). O Direito é tratado como uma universalidade, que ainda é uma universalidade abstrata. O Direito somente concluirá sua faina, consagrando-se na perspectiva da universalidade concreta, quando da real efetivação dos direitos consagrados nas cartas políticas pós-revolucionárias. Mas é certo que já em Roma o Direito afasta-se da simples particularidade que é a regra. O Direito é muito mais amplo, inclui as *leges*, os plebiscitos, os *senatus consulta*, as decisões do imperador (*constitutiones principium*), os editos dos magistrados e, sobretudo, os *responsa prudentium*[65]. Nesse sentido, assim nos coloca Juliano:

> "*In his, quae contra rationem iuris constituta sunt, non possumus sequi regulam iuris*"[66]

Podemos, assim, concluir que o *ius* que nasce em Roma sempre é uma ponderação, o equilíbrio entre o dever e a faculdade de exigir. O *ius* é assim aquilo que é determinado pela razão, o que é efetivamente posto pela vontade e o que é exigido pelo titular do direito. É o conteúdo de

---

[62] "decreto de homens prudentes" Dig. 1, 3, 1.
[63] "A lei é um preceito comum" *Idem*.
[64] "Não se constituem as leis para cada pessoa em particular, mas para todas em geral." Dig. 1, 3, 8.
[65] Dig. I, 1, 7, 1.
[66] "Naquilo que está constituído contra a razão do Direito, não podemos seguir a regra do Direito." Dig. 1, 3, 15.

racionalidade que se busca ao regular o fato. Os grandes jurisconsultos romanos já anunciavam esta relação do Direito com a razão: CELSO[67], JULIANO[68], MARCELO[69], PAULO[70] e MODESTINO[71]. Essa relação também seria anunciada pelos imperadores CONSTANTINO e LICÍNIO em algumas de suas constituições[72].

Bibliografia

APPHUN, Charles. *Cicéron, De la Republique, Des Lois*. Paris: Garnier, 1932.
ARANGIO-RUIZ, Vincenzo; GUARINO, Antonio. *Breviarum iuris romani*. Milano: Giuffrè, 1951.
BOBBIO, Norberto. *Teoria do Ordenamento Jurídico*. Trad. Maria Celeste Cordeiro Leite. 6. ed. Brasília: Ed. UnB, 1995.
BONFANTE, Pedro. *Instituciones de Derecho Romano*. Trad. Luis Bacci e Andrés Larrosa. Madrid: Editorial Réus, 1929.
CASSIUS DIO. *Roman History*. Trad. Earnest Cary. Boston: Harvard University Press, 1914.
CICERON. *Oeuvres Completes de Cicerón*. Trad. M. Nisard. Paris: Dubochet, 1840.
CUSHING, Luther S. *An introduction to the study of Roman Law*. Boston: Little Brown and Company, 1854.
D' ORS, Álvaro. Aspectos objetivos y subjetivos de "ius". In: *Studi in Memoria di Emiliano Albertario*. Vol. II. Milano: Giuffrè Editore, 1953, p. 271 *usque* 299, p. 295/296.
DIELS, Herman; KRANZ, Walter. *Die Fragmente der Vorsokratiker In: Les Presocratiques*. Trad. Jean Paul-Dumont. Paris: Gallimard, 1988.
DIONÍSIO DE HALICARNASSO. *Rhōmaikē Archaiologia*. In: DYONISIUS OF HALICARNASSUS. *Roman Antiquities*. Trad. Earnest Cary. Boston: Harvard University Press, 1950.
DYONISIUS OF HALICARNASSUS. *Roman Antiquities*. Trad. Edward Spelman. Vol. I a IV. Londres: Booksellers of London and Westminster, 1758.

---

[67] Dig. 1, 3, 39.
[68] Dig. 1, 3, 15.
[69] Dig. 50, 17, 183.
[70] Dig. 1, 3, 14.
[71] Dig. 1, 3, 25.
[72] Cod. 3, 1.

FLOBERT, A. *Tite-Live. Histoire romaine*. Livres I à V. Traduction nouvelle. Garnier-Flammarion: Paris, 1995.

GALLO, Fillipo. *Interpretazione e formazione consuetudinaria del diritto romano*. Torino: Giappichelli, 1993.

GARCIA DEL CORRAL, Idelfonso. *Cuerpo del derecho civil romano*. Valladolid: Lex Nova, 2004.

GARCIA GALLO, Alfonso. *Curso de Historia del Derecho Español*. 5. ed. Madrid: Artes Graficas, 1950.

JUSTINIANO, Imperador. *Corpus Iuris Civilis*. Comp. Paulus Krueger e Theodor Mommsen. Berolini: Weidmannos, 1954.

KAUFMANN, Arthur. *Filosofia do Direito*. Trad. António Ulisses Cortes. Lisboa: Fund. Calouste Gulbenkian, 2004.

MARGADANT, Gillermo F. *La segunda vida del Derecho Romano*. Ciudad de Mexico: Ed. Porrua, 1986.

MARITAIN, Jacques. O Homem e o Estado. Trad. Alceu Amoroso Lima. Rio de Janeiro: Agir Editora, 1966.

MINGUIJON ADRIAN, Salvador. *Historia del Derecho Español*. 3. ed. Barcelona: Labor, 1943.

ORTOLAN, M. *Historie de la législacion Romaine*. 3ed. Paris: Videcoq Fils Ainé et Plon Frère, 1851.

REALE, Miguel. Bilateralidade Atributiva. In. *Enciclopédia Saraiva de Direito*. São Paulo: Saraiva, 1977, p. 332 *usque* 342.

SALGADO, Joaquim Carlos. *A ideia de Justiça no Mundo Contemporâneo:* fundamentação e aplicação do Direito como *maximum* ético. Belo Horizonte: Del Rey, 2006.

SÓFOCLES, *Antígone. In:* ALMEIDA, Guilherme. *A Antígone de Sófocles*. 2. ed. Petrópolis: Vozes, 1968.

SUMNER MAINE, Henry J. *Ancient Law*. New York: Cosimo Classics, 2005.

THOMAS, Ph. J. Alternative Paradigm for Roman Law. *Revue Internationale des Droits de l'Antiquitè*. 3e Série, Tome XLV, p. 647-657, 1998.

TITE LIVE. *Oeuvres de Tite-Live (Histoire romaine)*. Trad. M. Nisard. Tome I. Paris: 1864. s/e.

VINOGRADOFF, Paul. *Il Diritto Romano nell'Europa Medioevale*. Trad. S. Riccobono. Milano: Giuffrè, 1950.

JUSTIÇA DISTRIBUTIVA E TEORIA MORAL
UMA ABORDAGEM SOBRE AS VERTENTES UTILITARISTAS E DEONTOLÓGICAS DE PETER SINGER E DE JOHN RAWLS

Leonardo Alejandro Gomide Alcántara[*]

Sumário: 1. Introdução; 2. Matrizes do Conceito de Justiça: Algumas Considerações; 3. A Perspectiva de John Rawls: Justiça como Equidade; 4. A Perspectiva de Peter Singer: Miséria, Riqueza e Moralidade; 5. Considerações Finais; 6. Bibliografia.

1. Introdução

Os males ocasionados pelas desigualdades sociais ou aqueles que poderiam ser, de alguma forma, amenizados a partir de uma justiça distributiva dos bens da sociedade são uma realidade que ofusca qualquer ideia de desenvolvimento ou de progresso social que os desconsidere. É uma realidade que grita para ser ouvida, mas que a sociedade de uma forma geral insiste em tapar os ouvidos e os olhos para continuar o seu caminhar com o mínimo de interferência possível no sistema posto.

Contudo, essa realidade se impõe, se faz ouvir, muitas vezes de forma violenta e inconsciente, mas que torna inegável e, habitualmente, intolerável a sua presença. Percorrendo a história humana, as desigualdades, a pobreza, a fome, as moléstias etc. estiveram presentes e provavelmente sempre estarão em maior ou em menor grau. No entanto, mais do que para manter a integridade do sistema ou a coerência dos valores sociais, em grande parte dos contextos, é importante combatê-las.

---

[*] Possui graduação em Direito pela Universidade Federal de Juiz de Fora. Atualmente é doutorando do Programa de Pós-Graduação em Sociologia e Direito – PPGSD/UFF, Diretor Administrativo do Programa de Educação Ambiental – PREA, conselheiro do Conselho Municipal de Meio Ambiente de Juiz de Fora-MG – COMDEMA.

A sociedade global atual vive uma realidade *sui generis* no que se refere às desigualdades econômicas e aos males que dela decorrem. Seja pelo simples número de habitantes humanos do planeta, seja pelas discrepâncias absurdas a que chegam essas desigualdades entre os países ou entre os indivíduos, essa realidade vem se mostrando um ponto importante a ser considerado. Tanto o é que muitos estudos vêm apontando nessa direção, ainda que de maneira insuficiente, as mídias, as ações governamentais e não governamentais têm lhe dado relevância. O importante é que esse é um assunto tratado de muitas maneiras, algumas mais consistentes, outras visivelmente equivocadas, e algumas até mesmo com certo cinismo, pois visam amenizar as situações no intuito de mantê-las sob controle e não mudá-las efetivamente.

Dentre as muitas perspectivas, a filosofia moral e as construções éticas sempre se fizeram presentes. Embora pouco consideradas na prática da sociedade de consumo, as construções teóricas sobre justiça social apontam caminhos de grande pertinência para lidar com esses problemas. O presente estudo possui como objeto analisar, a partir de breves considerações sobre as matrizes dos conceitos de justiça, dois autores, John Rawls e Peter Singer, que, por meio de argumentos sólidos, enfrentam as questões relativas à justiça distributiva e propõem caminhos embasados em duas distintas perspectivas éticas.

2. Matrizes do Conceito de Justiça: Algumas Considerações

Ao perscrutar as diferentes construções sobre o que é a ética, o pensamento é inundado por uma série de questões que se fazem pertinentes desde os tempos mais remotos da filosofia. Questões que remetem a entendimentos sobre o que é o bem, o justo, a sociedade, o indivíduo, a igualdade etc. ainda permanecem recorrentes, sendo constantemente recobradas, sem, no entanto, atingir respostas e definições que encerrem o debate. Para adentrar o assunto, peço a escusa de não enfrentar as posições conceituais que distinguem ética e moral, adotando uma perspectiva de ética abstrata e racionalizada como ciência ou filosofia moral que estuda o comportamento e o ideal moral do homem enquanto ser social.

No presente estudo também não tenho a pretensão de dizer o que é a ética ou o que ela deixa de ser, nem tampouco encerrar questões sobre o que é o "bem", o "justo", a "igualdade", a "liberdade", a "sociedade", o "indivíduo" e as relações de prevalência, de antecedência ou de prioridade entre eles. Admito, obviamente, que são questões de suma importância para o estudo da moral, e que qualquer estudo sobre o tema exige, ainda que de maneira difusa, que tais questões sejam abordadas. Não me furto de evocá-las nas palavras de pensadores que se debruçaram sobre elas e defenderam suas posições. Aliás, o presente tópico se limita a expor algumas perspectivas sobre as matrizes do conceito de justiça no âmbito da filosofia moral que se fazem necessárias para uma breve compreensão do tema objeto deste estudo.

O assunto em questão exige que se tenha em mente algumas ideias que, embora não definam a ética, ou, conforme será visto, as várias perspectivas da ética, estão intimamente relacionadas com todas elas. Primeiro em relação à conduta, ou seja, à ação humana. A ética, de certa forma, impõe valores à ação, norteia a conduta, o que remete a uma segunda ideia: pode haver uma conduta "boa" ou "ruim", ou seja, a ética propõe de várias maneiras uma noção de certo e errado ou o que deve ser feito e, de alguma forma, implica decisão e juízo moral ou em um comportamento valorado, ainda que não necessariamente consciente.

Uma terceira ideia, que se apresenta de forma controversa, seria quanto à universalização dos preceitos éticos. Conforme atesta Amartya Sen, a plausibilidade do raciocínio ético requer a *"igual consideração elementar em algum nível visto como crítico"*[1], ou seja, as ações devem ser aceitas ou justificadas, sob o ponto de vista de terceiros (no caso, ao menos de participantes de um mesmo sistema social ou ético), o que pressupõe a consideração da igualdade em algum nível. Singer, na mesma direção, afirma que um princípio ético não pode ser justificado em relação a qualquer grupo parcial ou sectário[2]. Ou seja, a realização de um juízo ético requer que os interesses próprios não sejam contados mais do que os interesses dos outros. Isso implica a ideia de imparcialidade do emissor, de espectador imparcial ou observador ideal (o que na realidade enfrenta sérias dificuldades, mas não pretendo entrar no assunto neste momento).

---

[1] SEN, Amartya. **Desigualdade Reexaminada**. Trad. Ricardo Mendes. Rio de Janeiro: Record. 2001 p. 48.
[2] SINGER, Peter. *Vida Ética;* os melhores ensaios do mais polêmico filósofo da atualidade. Trad. Alice Xavier. Rio de Janeiro: Ediouro. 2002. p. 34.

Por conseguinte, não é difícil sustentar a ideia de que os preceitos éticos podem ser racionalizados dialeticamente e ponderados em suas várias perspectivas, como de fato o são.

Todas essas ideias e muitas outras que se ligam à ética são refletidas na dicotomia do ser e do dever ser, ou seja, como de fato as coisas são e como elas deveriam ser dentro de nossas acepções valorativas. A ética traduz um ideal que deve ser reproduzido nas ações humanas ou atingido por elas, conduzindo as sociedades e os indivíduos a uma perspectiva do "certo", que pode ser atingido por construções racionais e por vivências que de alguma forma se ligam ao "bom funcionamento" dos sistemas e das relações sociais. As perspectivas de conduta e da natureza dos valores morais são abordadas por concepções distintas de ética. Dessas concepções sustento o estudo sobre três matrizes principais: a ética teleológica, exemplificando por meio de uma breve análise da ética aristotélica; a ética deontológica, por meio de algumas ideias de seu expoente clássico Immanuel Kant; e, por fim, a ética consequencialista, na vertente utilitarista sob a perspectiva de Jeremy Bentham e John Stuart Mill. Essas perspectivas éticas não serão aprofundadas, apenas delineadas em seus preceitos lógicos principais e ilustradas com as ideias centrais de seus representantes clássicos.

A ética teleológica parte da concepção de que todas as coisas têm um *télos*, uma finalidade, um fim que traduz toda a sua natureza. Nesse sentido a ética teleológica se caracteriza fundamentalmente por enfatizar a noção de bem (que nos remete ao campo do sensível ou do experimentável). Ou seja, para a ética teleológica o "bem" é o fim específico de todas as atividades e práticas humanas, o bem é o fim que deve ser perseguido.

Aristóteles diz que *"para as coisas que fazemos existe um fim que desejamos por ele mesmo e tudo mais é desejado no interesse desse fim; e se é verdade que nem toda coisa desejamos com vista em outras (omissis), evidentemente tal fim será o bem, ou antes, o sumo bem"*[3]. Nesse sentido, o sumo bem é algo de absoluto e de autossuficiente, sendo aquilo que em si mesmo torna a vida desejável e carente de nada[4]. Esse bem maior é a felicidade, e é

---

[3] Aristóteles. **Ética a Nicômaco**. "Os Pensadores", trad. Vinzenco Cocco. São Paulo: Abril Cultural, 1979, p. 49.
[4] idem.

nesta que se encontra o fim último da ação, o "viver bem", "*a felicidade deve ser perseguida sempre como um bem em si mesmo*"[5].

Para que a felicidade seja realizada é necessário que se cultue a "virtude", que é o que faz do homem um humano, que propicia ao homem a capacidade de agir humanamente, sendo que as diversas virtudes são hierarquicamente elencadas, devendo ser cultuadas as melhores como a honestidade, a coragem, a amizade etc. A justiça atinge o patamar de virtude completa. Como a inteligibilidade do homem é indissociável da sociedade (*zoon politikon*), a justiça é uma virtude que promove a estabilidade da comunidade política, permitindo que o cidadão realize seu fim.

Quando o homem age virtuosamente, ele age entre o excesso e a falta, ou seja, o meio-termo, uma proporcionalidade relativa que exige um julgamento racional para a ação. É precisamente essa a base da ética aristotélica. Ela não impõe uma decisão para o agente, mas que o indivíduo saiba que a boa ação é ponderada não em razão de seu benefício próprio, mas em nome da humanidade, da sua condição de ser humano e ser social. Isso implica que o indivíduo deve ter capacidade de julgamento para agir de maneira correta – aspecto compreensivo ou autocompreensivo, uma vez que o indivíduo sabe circunstancialmente o que é o bem – e não ter deficiência de caráter, o que implicaria a incapacidade de contribuir para o bem comum.[6]

A ética deontológica (*deon* de dever), por sua vez, se caracteriza por enfatizar o "justo" prioritariamente ao "bem". Não obstante a difícil abstração do conceito de justo, algo que se aproxima de uma abstração, uma racionalização, uma métrica que se pode formular. O justo, geralmente, é dado por meio de uma regra ou conjunto de regras, máximas ou princípios que conduzem o agir do agente, ou seja, a moral é concebida imperativamente – um dever – a lei moral deve ser observada no agir do agente.

Para Kant – expressão clássica da ética deontológica – a noção de bem, vida boa, ou os fins da vida humana, ou qualquer outra concepção de bem particular não deve estar nas discussões das esferas públicas.

---

[5] CASTRO FARIAS, José Fernando. **Ética, Política e Direito**. Rio de Janeiro: Lumen Juris, 2004. p. 7.
[6] CASTRO FARIAS, José Fernando. **Ética, Política e Direito**. Rio de Janeiro: Lumen Juris, 2004.

O que deve governar a sociedade são princípios justos que antecedem qualquer uma dessas noções. Para ele a busca da felicidade só pode se dar pela experiência prática. A noção de bem e mal é condicionada a fatores empíricos, não podendo servir de base para a moralidade, sendo que o que define o que é bem e mal é a lei moral, e não o contrário. O agir moral não pode ser condicionado empiricamente por fatores que comprometam uma suposta neutralidade e consequentemente a pretensa universalização dos preceitos morais.

O agir moral não pode ser empiricamente condicionado, coagido por "imperativos hipotéticos"[7], mas desvinculados das circunstâncias empíricas e embasados em conceitos racionais que não podem ser dados pela experiência, mas, *a priori*, pela razão pura desvinculada completamente da experiência. Nesse sentido a obrigação universalista da moral se traduz num "imperativo categórico" em que Kant enuncia sua máxima, dizendo: "Age só, segundo uma máxima tal, que possas querer ao mesmo tempo que se torne lei universal", *i. e.*, a conduta é orientada de forma que atenda ao interesse não apenas do agente, mas o interesse de "todos".

Para Kant, assim como a noção de justo deve ser prioritária à de bem, o indivíduo também deve preceder os fins, ou seja, o sujeito é um fim em si mesmo, não um objeto à mercê de uma concepção de bem social, pois é dotado de vontade autônoma verdadeira. O sujeito dá a lei a si mesmo enquanto entidade racional que goza de livre-arbítrio, sendo que o dever é o limite da ação do sujeito em relação aos outros, e sua liberdade é dada sob leis morais transcendentais, frutos de sua racionalidade e personalidade moral. Como o livre-arbítrio se dá a partir do momento em que o ser se despe dos seus impulsos, experiências e sensações, o que determina a vinculação da ação do ser à obrigação moral não é o seu caráter, formado pelas circunstâncias, experiência, criação, desejos etc., mas a liberdade apartada do mundo empírico e mergulhada no transcendental. É isso que forma o sujeito ideal que, ao realizar determinada ação, a sua obrigação de fazê-la é incondicionada empiricamente, mas vinculada ao princípio universal que a razão objetiva imputa ao agente: o imperativo categórico.

---

[7] CASTRO FARIAS, José Fernando. **Ética, Política e Direito**. Rio de Janeiro: Lumen Juris, 2004. p. 14.

Por fim, a ética consequencialista, pode-se dizer, tem como ponto de partida determinados objetivos, uma ação é avaliada na medida em que contribui na realização desses objetivos, ou seja, o "certo" ou "errado" de uma conduta está ligado às consequências que essa conduta irá produzir – seus resultados. Não há uma linearidade conforme a ética teleológica que busca um fim específico e valora a ação conforme a própria ação. Também não há um ponto fixo que amarra a conduta, como na ética deontológica, em que a eticidade da ação é ditada por uma lei ou princípio. A ética consequencialista entende que o que motiva a ação não tem relação direta com sua moralidade[8], ou seja, se numa perspectiva ética uma regra enunciada seja *"não matarás"*, a conduta "matar" estaria moralmente errada; para uma ética consequencialista a conduta só estaria errada se os seus resultados se afastassem dos objetivos dela.

A mais conhecida das teorias consequencialista é o utilitarismo. A perspectiva clássica da ética utilitarista de Bentham é fundamentada no princípio da utilidade, segundo o qual *"entende-se aquele princípio que aprova ou desaprova qualquer ação, segundo a tendência que tem a aumentar ou diminuir a felicidade da pessoa cujo interesse está em jogo"*, o que não se refere apenas à ação de um indivíduo particular, mas também a qualquer ato ou medida de governo.[9] Nesse sentido, o indivíduo somente possui direitos na medida que conduz suas ações para o bem da sociedade como um todo; a comunidade é vista como a soma dos interesses dos indivíduos que a integram.

Na perspectiva de Bentham o interesse da comunidade em geral é compreendido como o resultado de um cálculo hedonístico, a soma dos prazeres e das dores dos indivíduos. Tal fato, de certa forma, ancora sua perspectiva ética a estados mentais conscientes (subjetivista) – dor e prazer. No entanto, estes são processos evolutivos de extrema importância para um organismo, ligados à preservação da integridade (dor) e à manifestação de comportamentos que levam à manutenção de sua homeostase (prazer)[10].

---

[8] CARVALHO, Maria C. M. **Correntes Fundamentais da Ética Contemporânea**. Org. Manfredo A. de Oliveira. Petrópolis: Vozes, 2001 p. 100.

[9] BENTHAM, Jeremy. Uma Introdução aos Princípios da Moral e da Legislação. "Os Pensadores", trad. Luiz João Baraúna. São Paulo, 1979. p. 4.

[10] DAMÁSIO, Antônio. **O Mistério da Consciência: Do corpo e das emoções ao conhecimento de si**. trad. Laura Teixeira Motta. São Paulo: Companhia das Letras, 2000. p. 107.

Não é fácil dimensionar a abrangência dessas manifestações intrincadas nos atos humanos. Por outro lado, ainda vinculado aos estados sensoriais do agente, J. S. Mill propõe certo escalonamento sobre os prazeres, pesando uns mais do que outros e relevando a virtude. De qualquer forma, para ambos era axiomático que nas decisões morais "cada um conte como um e nenhum conte como mais do que um"[11], ou seja, embora a maximização da utilidade fosse objetivo claro, não era o único, pois explicita o objetivo da igual consideração e respeito (princípio de justiça).

Conforme visto, as três perspectivas da ética possuem pontos em comum e também diferenças cruciais. Sem dúvida há uma distância significativa entre a perspectiva dos clássicos e as versões mais modernas das três concepções de ética estudadas. Elas sofreram modificações, adaptações, reestruturações etc. Porém, algumas características que as delimitam não se perdem. Dentre essas, algumas concepções merecem destaque, principalmente quanto às perspectivas de como é visto o ser humano e a sociedade dentro de cada uma delas.

A ética deontológica (principalmente a kantiana), além de não admitir a felicidade como critério para a moralidade, parte de uma concepção metafísica de ser humano, atribuindo um valor intrínseco a ele, derivado de sua racionalidade, e diz que esse não pode ser suplantado por qualquer outro fim. Afasta-se peremptoriamente de uma perspectiva mais empírica do ser humano atribuindo-lhe características mais próximas de uma divindade. Como esta concepção de ética tem fulcro em parâmetros rígidos (princípios, regras), parte de uma determinação do que é o justo e a universaliza, não esconde a fragilidade de que, em um lapso temporal mais amplo ou contraposto a distintas culturas, suas concepções sejam superadas. Apresenta um poder adaptativo baixo por se apoiar em uma realidade fundamentalmente criada pela razão (mesmo nas versões modernas em que os princípios são bastante complexos e possuem estratégias de solução de conflitos).

Na ética teleológica há uma inversão. A noção de bem, de bem-estar, de felicidade é posta como fim último do ser humano, partindo de algumas observações dele, como: ser essencialmente social, guia suas ações por objetivos etc., mas se sustenta essencialmente na abstração de que

---

[11] SINGER, Peter. *Vida Ética;* os melhores ensaios do mais polêmico filósofo da atualidade. Trad. Alice Xavier. Rio de Janeiro: Ediouro. 2002. p. 33.

as coisas possuem um fim. A sociedade ganha uma ênfase maior em relação aos indivíduos que a compõem – o que é bom para o indivíduo não pode se contrapor ao que é bom para a comunidade.[12] A decisão moral é dada circunstancialmente, empiricamente, busca-se superar a imparcialidade e uma pretensa universalidade ao focar o raciocínio moral como uma compreensão delimitada no espaço e no tempo. Como os fins não são dados por princípios (ou por alguma noção abstrata de justiça que os fixe), fica difícil enxergar garantias de que eles não serão dados de forma paternalista, sectária ou totalitária (de alguma forma parcial).

Na ética utilitarista clássica o risco de certo paternalismo também está presente, visto que o saldo líquido da felicidade de uma comunidade é um objeto a ser maximizado, ou seja, alguns indivíduos poderiam ter seus interesses violados em nome do bem da coletividade. Para superar esse problema o utilitarismo se aproxima da ética deontológica numa perspectiva mais universalista, calcada em princípios que devem ser considerados nas decisões éticas. Um ponto que as distingue nitidamente é que o utilitarismo tem maior flexibilidade em casos extremos, pois é guiado pela consequência do ato: não se apoia em uma direção finalística ou se fixa a um ponto, mas pode sopesar caminhos para atingir a decisão ética apontando na razão um papel importante nelas. O utilitarismo busca superar um "mundo de ficções" para um "mundo de fatos"[13] ao conceber o ser humano e delimitar o princípio de utilidade, buscando calcar a ética em algo indubitavelmente palpável, como a dor e o prazer. Isso acarretou um forte reducionismo que buscou ser superado dando um sentido mais lato para "dor e prazer", que devem ser compreendidos como interesses ou preferências (prazer, o que se deseja e dor, o contrário), buscando no cômputo das consequências das ações defender o interesse dos atingidos.

A partir dessa reflexão, considerando que o objetivo geral dos juízos éticos é orientar a prática e que qualquer teoria ética deve de alguma forma funcionar, independente de sua nobreza teórica, estabeleço o ponto de partida para uma análise mais específica, objeto do presente

---

[12] CASTRO FARIAS, José Fernando. **Ética, Política e Direito**. Rio de Janeiro: Lumen Juris, 2004. p. 52.
[13] BENTHAM, Jeremy. Uma Introdução aos Princípios da Moral e da Legislação. "Os Pensadores", trad. Luiz João Baraúna. São Paulo, 1979.

estudo. Passo então a trata das concepções de justiça distributiva e ética, centradas principalmente nas perspectivas de John Rawls (afim à ética deontológica) e Peter Singer (utilitarista), daí a função elucidativa do presente tópico na busca de uma análise crítica das propostas dos citados autores em enfrentar, pela ética, as questões relativas às desigualdades, à distribuição de recursos, à miséria e aos males que essas disfunções sociais acarretam.

3. A Perspectiva de John Rawls: Justiça como Equidade

Neste capítulo pretendo de forma sucinta abordar as ideias centrais de Rawls na busca de compreender como o autor enfrenta as questões de justiça distributiva. John Rawls foi um filósofo americano de suma importância para o debate ético e para a filosofia política contemporânea. Sua obra "Uma Teoria da Justiça", que utilizo para explanar a sua teoria logo abaixo, foi um marco na discussão sobre justiça na atualidade, trazendo à tona questões "sobre o que é exequível politicamente e o que é desejável"[14], retomando a racionalidade no julgamento dos valores.

O autor descreve o papel da justiça na cooperação social e na estrutura básica da sociedade por meio de uma teoria que generaliza e conduz a um nível mais alto de abstração o conceito de contrato social. Rawls parte da noção de que cada pessoa possui uma inviolabilidade fundada na justiça que nem mesmo o bem-estar da sociedade como um todo pode ignorar. Pressupõe que as liberdades decorrentes da cidadania igual são consideradas invioláveis, não estando sujeitas a negociação política ou a cálculos de interesses sociais.

Partindo da ideia de que, embora a sociedade seja um empreendimento cooperativo que visa vantagens mútuas, ela é marcada pelo conflito de interesses de pessoas que não são indiferentes no que tange à distribuição dos benefícios produzidos. Dessa forma é necessário um conjunto de princípios que determinem a ordenação social na distribuição dessas vantagens e atinja um acordo entre as partes distributivas adequadas, fornecendo o modo de atribuir direitos e deveres nas instituições básicas da sociedade, definindo a distribuição apropriada dos

---

[14] CASTRO FARIAS, José Fernando. **Ética, Política e Direito**. Rio de Janeiro: Lumen Juris, 2004.

benefícios e encargos da cooperação social. Esse é o objeto primário da justiça, sendo esta a virtude primeira das instituições sociais.

Para atingir os princípios dessa concepção de justiça (na sustentação teórica do autor), é necessário que os cidadãos partam de um consenso original: um acordo em que pessoas livres e racionais, na promoção de seus próprios interesses, aceitem, numa posição inicial de igualdade, definidora dos termos fundamentais de sua associação (ideia contratualista). A ideia de "posição original" é uma ideia hipotética de um *status quo* inicial que assegure que os consensos básicos estabelecidos sejam equitativos. Para que isso seja possível é lançada outra ideia, a do "véu de ignorância", ou seja, nessa situação hipotética os sujeitos não saberiam quais seriam suas situações ou posições na sociedade, nem como os atributos naturais e materiais seriam distribuídos. Dessa forma optariam racionalmente por princípios que atendessem a todos equitativamente, chegando a uma concepção de justiça unânime e de aplicação universal, que se aproximaria de um sistema voluntário em que os cidadãos reconhecem as obrigações que se autoimpuseram.

Por meio desse exercício de racionalidade abstrata, Rawls atinge seus princípios de justiça, que seriam os princípios que de fato garantiriam à estrutura básica da sociedade um senso moral com fulcro na justiça. Dessa forma, ordenaria as principais instituições da sociedade em esquema de cooperação. São estabelecidas duas categorias de princípios: para os indivíduos e para as instituições.

Os princípios para os indivíduos são:

1º – Princípio da equidade: cabe a cada pessoa fazer sua parte conforme definem as regras de uma instituição desde que ela observe duas condições: que a instituição seja equitativa (observe os princípios da justiça) e que a pessoa tenha voluntariamente aceitado os benefícios da organização.

2º – Princípio dos deveres naturais: estes deveres não têm ligação necessária com as instituições e práticas sociais, sendo aplicado às pessoas independente de suas relações institucionais, como o dever de ajudar o próximo em situação de perigo quando não há risco excessivo para quem ajuda, o dever de não causar sofrimento desnecessário, o dever da justiça.

Os princípios para os indivíduos estão ligados à exigência de apoio e de obediência às instituições, ou seja, o dever de cada um dentro do sistema social, de forma a garantir sua manutenção a partir da cooperação entre os sujeitos.

Os princípios para as instituições, que merecem maior destaque na teoria de Rawls, são:

1º – Cada pessoa deve ter o direito igual ao mais abrangente sistema de liberdades básicas que seja compatível com o sistema semelhante de liberdades para as outras (as liberdades mais importantes são as consagradas num estado democrático de direito).

2º - As desigualdades sociais e econômicas devem ser ordenadas de tal modo que sejam ao mesmo tempo: a) consideradas vantajosas para todos dentro dos limites do razoável; e b) vinculadas a posições e a cargos acessíveis a todos.[15]

A interpretação dos princípios da justiça se dá de maneira mais adequada num contexto de igualdade democrática – em contraposição a outras três interpretações possíveis que o autor elenca: "sistema de liberdade natural", "interpretação liberal" e "aristocracia natural" – expondo que uma desigualdade (por exemplo, obter vantagem por ter talentos especiais) só pode ser justificável *"se a diferença de expectativas for vantajosa para o homem representativo que está em piores condições"*. Encontra uma posição a partir da qual as desigualdades econômicas podem ser julgadas, sendo que estas devem ser ordenadas de modo a serem ao mesmo tempo para o maior benefício dos menos favorecidos e vinculadas a cargos e a posições abertos a todos em igualdade equitativa de oportunidades.

Nessa perspectiva o autor salienta como devem ser avaliadas as expectativas dos cidadãos expondo que, embora seja assegurado a todos igual liberdade para que qualquer plano de vida seja seguido, de acordo com o desejo de cada um, é necessário que isso não viole as exigências da justiça. Ou seja, é possível, na partilha dos bens primários, que alguns possam ter mais, desde que esses bens sejam adquiridos por modalidades que melhorem a situação daqueles que têm menos.

Outro ponto importante abordado pelo autor diz respeito às posições sociais relevantes. Na divisão dos benefícios da cooperação social alguns lugares são favorecidos em detrimento de outros na estrutura básica da sociedade. Essas desigualdades devem ser reguladas pelos dois

---

[15] RAWLS, John. **Uma Teoria da Justiça**. Trad. Almiro Pesetta e Lenita M. R. Esteves. São Paulo: Martins Fontes, 2000, p. 64.

princípios da justiça. O sistema social é visto a partir de uma posição de cidadania igual e dos vários níveis de renda e de riqueza. Se alguns são favorecidos na atribuição de direitos básicos, essa desigualdade só é justificada pelo princípio da diferença se trouxer vantagens para os menos favorecidos. Dessa forma as posições sociais relevantes especificam a forma como os dois princípios da justiça devem ser aplicados, levando em conta o interesse de todos como cidadãos iguais, com lugar na distribuição de renda e de riqueza.

Por sua vez, o princípio da diferença dá suporte a outro princípio: o da "reparação", em que as desigualdades, como os talentos, os dotes naturais, as desigualdades de nascimento etc. devem ser compensadas de forma a melhorar as expectativas dos menos favorecidos. O senso comum supõe que as coisas boas da vida deveriam ser distribuídas de acordo com o mérito moral. Para Ralws, um sistema justo rejeita essa ideia satisfazendo as expectativas legítimas das pessoas fundadas nas instituições sociais. No caso de maior remuneração obtida por talentos naturais, os preceitos da justiça dirigem a habilidade para onde ela favoreça da melhor forma o interesse comum (busca equalizar as diferenças); nesse sentido, afasta a possibilidade de recompensar o mérito ou a virtude (é contrário à meritocracia).

Partindo da ideia de que a justiça como equidade utiliza uma noção de justiça procedimental pura, Rawls sugere como deve ser estruturado o sistema social de modo que a distribuição resultante seja justa, o que requer situar o processo econômico e social dentro de um contexto de instituições políticas e jurídicas adequadas.

No estabelecimento dessas instituições básicas, o governo se divide em quatro setores encarregados da preservação de certas condições econômicas e sociais:

O primeiro, o setor de alocação, se encarrega de manter a competitividade do sistema de preços dentro do limite do factível e impede a formação de um poder sobre o mercado que não seja razoável. Para isso, utiliza-se de impostos e de subsídios, podendo rever o alcance e a definição do direito de propriedade.

O segundo, o setor de estabilização, tem como objetivo criar um plano de emprego razoável. Quem procura trabalho deve encontrá-lo com livre escolha de ocupação e por meio de uma demanda efetiva que assegure o desenvolvimento das finanças.

Esses dois setores em conjunto devem manter a eficiência da economia de mercado em termos gerais.

O terceiro setor, o de transferências, atribui a cada setor apenas as tarefas que são compatíveis entre si – o mercado não é adequado para atender às reivindicações da pobreza; portanto, estas devem ser atendidas por um organismo separado.

Por último e mais importante, o quarto setor, o setor de distribuição: esse setor preserva uma justiça aproximativa das partes a serem distribuídas por meio da taxação e nos ajustes no direito de propriedade que se fazem necessários. Possui dois aspectos diferenciados: 1º – fixa restrições ao direito de legar por meio de tributos e de normas – doações e herança – corrigindo gradualmente a distribuição da riqueza e impedindo concentrações do poder que prejudicam o valor equitativo da liberdade política e da igualdade equitativa de oportunidades; 2º – propõe um sistema de tributação que tem o intuito de arrecadar a receita exigida pela justiça, ou seja, o governo deve receber uma parte dos recursos da sociedade para que ele possa fornecer os bens públicos e fazer os pagamentos de transferências necessários para que o princípio da diferença seja satisfeito.

Cabe ressaltar como Rawls lida com o problema da justiça entre gerações. Primeiro este não está ligado ao princípio da diferença, mas a um princípio justo de poupança. A questão da justiça intergeracional se impõe no modo de como as instituições lidam com as limitações naturais e como são estruturadas para tirar vantagens das possibilidades históricas (preferência temporal pura). É necessário que as partes concordem com um princípio de poupança que assegure que cada geração ganhe da precedente o que lhe é devido (uma situação análoga à de um pai para filho e para neto).

Rawls, por meio de sua ética que prioriza o justo, tece algumas críticas ao utilitarismo, acusando-o de ser uma ética teleológica em que o bem se define independente do justo. Rawls aponta no utilitarismo uma consideração insatisfatória dos direitos e das liberdades dos cidadãos, enquanto livres e iguais, uma vez que as instituições são ordenadas a maximizar o princípio da utilidade ou a satisfação dos desejos de forma a contribuir para o bem-estar geral. Outro ponto de distinção é que, enquanto o utilitarista concebe a sociedade como o princípio de escolha racional feita por um indivíduo, Ralws parte de uma visão contratualista em que há um consenso original sobre os princípios que devem reger a justiça na sociedade.

4. A Perspectiva de Peter Singer: Miséria, Riqueza e Moralidade

O filósofo australiano Peter Singer é um importante e influente crítico das perspectivas morais ocidentais, sobretudo por contrariar frontalmente muitos dos preceitos judaico-cristãos e por depositar no sujeito a responsabilidade de uma postura positiva para lidar com as questões éticas. Singer vem sendo amplamente estudado, principalmente no seu entendimento sobre questões relativas aos animais, ao valor da vida humana e sobre as questões acerca da riqueza e da pobreza, defendendo suas perspectivas por meio de argumentos morais bem sustentados. Na presente abordagem me limito a tratar apenas do terceiro ponto, riqueza e pobreza, com uma breve explanação sobre a perspectiva ética de Singer, extraída do livro "Vida Ética" do autor.

Singer aproxima-se de um utilitarismo "negativo", deve-se buscar reduzir o sofrimento dos que são capazes de percebê-lo, mas também de um utilitarismo de "interesses" ou "preferências", mas mantém relações com as perspectivas hedonistas na sustentação de sua base ética. Contudo, guarda aspectos singulares em sua teoria que tornam essas classificações insatisfatoriamente precisas. Sua ética prática aponta na consciência do indivíduo que é o caminho para a ação ética e exige que esse a realize. Nesse sentido o aprendizado ganha importância. Na mesma linha das perspectivas de Piaget e de Kohlberg[16], o autor acredita ser possível construir racionalmente uma concepção moral universal, em que o correto seria definido pela decisão da consciência de acordo com princípios éticos sustentados na compreensão, na consistência e na coerência.

Ao sustentar suas propostas Singer apresenta suas ideias de forma bastante simples, e as ilustra empiricamente. Pode-se esboçar suas acepções partindo de quatro premissas básicas, que num sentido estrito são inteligíveis pelo senso comum, mas na reflexão de suas consequências redimensionam radicalmente as concepções morais ocidentais. São elas:

Primeiro, a noção de sofrimento e de fruição, em sentido amplo, como critério ético para os juízos morais. A dor, a aflição e outros tipos de sofrimento são vistos como algo ruim, independente de quem os esteja sentindo, podendo ser avaliada maior ou menor quantidade de sofrimento,

---

[16] CASTRO FARIAS, José Fernando. **Ética, Política e Direito**. Rio de Janeiro: Lumen Juris, 2004.

ainda que essa métrica não se dê com precisão absoluta. O sofrimento também não é a única coisa ruim, mas ontologicamente atinge uma boa base de universalização. Infligir sofrimento também não é sempre ruim (como ir ao dentista ou prender um criminoso), mas essa ação só se justifica quando relacionada a uma redução do sofrimento no futuro. A métrica é voltada ao sofrimento. Embora o prazer e a felicidade sejam considerados coisas boas, esses não podem ser buscados em detrimento de terceiros.

Em segundo lugar, a capacidade de sofrimento não é exclusividade humana, o que implica a extensão dos valores morais para além dos sujeitos humanos, ao menos para todos os seres conscientes, pois possuem um interesse genuíno de não sofrer. O princípio da igualdade não requer tratamento igual ou idêntico, mas igual consideração dos interesses. É injustificável do ponto de vista moral obter benefícios próprios às custas do sofrimento alheio, assim como o sexismo e o racismo configuram discriminações arbitrárias; subjugar o interesse de outras espécies pelo simples fato de serem "outras espécies" e de serem mais fracas também é uma discriminação arbitrária. A capacidade de sofrimento também poder ser medida de acordo com a natureza do ser (por exemplo, um ser humano pode se frustrar por ter um projeto futuro inviabilizado – comprar um carro – outros seres não "possuem" essas expectativas futuras).

Terceiro, o ato de se tirar uma vida não pode ser avaliado levando em conta a raça, o sexo ou a espécie à qual pertence o indivíduo, mas as características do ser individual, ou seja, o tipo de vida que é capaz de viver, seu desejo de viver etc. Nesse sentido, Singer analisa casos extremos como o dos doentes terminais em quem remédios não fazem mais efeitos e vivem uma vida de sofrimento, acidentados graves que vivem sustentados por aparelhos com irreversibilidade da consciência ou não, anencéfalos, morte cerebral, entre outras situações que fragilizam drasticamente o teor sagrado da vida humana.

Por último, a responsabilidade dos nossos atos é compreendida num sentido mais amplo. Somos responsáveis não só pelo que fazemos, mas também pelo que poderíamos ter impedido se fizéssemos algo nesse sentido. A consequência do que fazemos deve ser pensada na mesma proporção das consequências daquilo que decidimos não fazer. Este princípio e o primeiro conjugados são a base para compreendermos a proposta de Singer para lidar com os problemas relativos à pobreza, à riqueza e à moralidade em seu texto "*Famine, Affuence, and morality – Philosophy and Public Affairs*".

A abordagem de Singer inicia-se relatando fatos acerca de alguns problemas que países em situações miseráveis enfrentam, ou mesmo no interior de países que não são miseráveis. Esses problemas podem decorrer de inúmeras causas: guerra civil, fatores naturais, desigualdades sociais, exploração etc., sendo que a ênfase é dada no fato de que diariamente milhares de pessoas estão morrendo por causas perfeitamente contornáveis como a fome, as doenças simples, a subnutrição etc. e que decisões partidas de seres humanos poderiam transformar essa realidade. No entanto essas decisões não são tomadas nem no nível individual e nem no nível governamental de forma satisfatória.

Singer ilustra o quanto as nações mais abastadas despendem em doações às nações carentes comparado a obras corriqueiras que são realizadas no interior dessas nações (praças, rodovias, prédios etc.), ou quanto os indivíduos doam para instituições de combate à miséria comparados aos seus gastos com trivialidades (roupa, carro, festas). Devemos entender doação aqui num sentido mais amplo, de toda ação que contribua de forma efetiva para minorar o sofrimento daqueles que estão extremamente necessitados, o que pode incluir protestos, manifestações, debates etc. Mas, de qualquer maneira é a doação monetária que pode de maneira mais imediata aliviar o sofrimento de muitas pessoas que estão entre a vida e a morte e que a espera de um dia faz toda a diferença. Falar em educação ou em possibilidade de trabalho para quem, se nada for feito, vai morrer amanhã, não faz sentido, o que não exclui a necessidade de também proporcionar trabalho e educação, o que também não é realizado.

Num primeiro momento, essa perspectiva se assemelha mais a versões de assistencialismo, de paternalismo ou de caridade do que a uma visão ética mais sustentada. No entanto, traz questões morais que demandam uma revisão dos modos de vida e das perspectivas de "moralmente correto" nas sociedades ocidentais. Partindo do pressuposto de que o sofrimento e a morte decorrente de falta de comida, de abrigo ou de assistência médica são relevantes eticamente (são maus), é anunciado um princípio: "*estando em nosso poder evitar algo de mau, sem com isso sacrificar nada que tenha importância moral comparável, nós devemos, moralmente fazê-lo*", desse princípio extraímos duas assertivas: ele só exige que se evite o que é mau (não exige que promova o bom), e sem sacrificar ou fazer nada que do ponto de vista moral seja comparavelmente mau. Há a possibilidade de uma interpretação mais restritiva, substituindo o "*algo de importância moral comparável*" por "*algo moralmente relevante*"; dessa forma torna-se o princípio mais ameno.

Para a aplicação desse princípio Singer cria uma situação hipotética: "se vou passando junto a um espelho d'água e vejo que uma criança está se afogando ali, devo entrar na água e retirar a criança. A ação significará sujar a minha roupa, mas isso é irrelevante, ao passo que a morte de uma criança seria supostamente uma coisa má". Embora a aplicação desse princípio dê a ideia de algo incontestável do ponto de vista do senso comum, essa ideia não é verdadeira, pois sua aplicação alteraria fundamentalmente nossa sociedade: primeiro, em razão de que o princípio não menciona a proximidade ou a distância do sujeito da ação em relação ao paciente da ação, ou seja, não há diferença moral se a pessoa que necessita de ajuda está a um metro ou a mil quilômetros de distância. Segundo, não há distinção entre casos em que há uma pessoa capacitada a realizar a ação ou milhões de pessoas na mesma posição. No primeiro caso, se forem aceitos quaisquer princípios, de igualdade, de imparcialidade ou de universalidade, não se pode discriminar alguém pelo simples fato de estar distante. No segundo, a capacitação para ação não se dá pela oportunidade locacional e nem o fato de haver um ou um milhão de capacitados a fazer a ação exclui o dever individual de cada um, que deve agir independentemente dos outros. Num mundo globalizado em que a velocidade de comunicação é instantânea e de transporte muito rápida, existindo diversas organizações sérias de ajuda humanitária especializadas em combater problemas relacionados a fome, a saúde etc. para salvar uma ou várias vidas de pessoas tão necessitadas quanto a mencionada criança que vai se afogar, pode só ser necessário fazer doações (um telefonema, um depósito etc.). Essa ação tem o mesmo significado moral da atitude de salvar a criança se afogando e não realizar a ação também.

Esse argumento possui como consequência subverter as categorias morais tradicionais, pois nas concepções tradicionais não há como traçar uma linha divisória entre o dever e a caridade. Quando uma pessoa doa seu dinheiro ela é considerada moralmente generosa, as instituições que recolhem o dinheiro são reconhecidas como de "caridade" até por si mesmas. Dessa forma, não é considerado errado moralmente o ato de não doar. O argumento diz que, ao invés de gastarmos nosso dinheiro com coisas supérfluas, deveríamos doá-lo. Essa ação não é nem caridosa nem generosa, tampouco seria um ato supererrogatório – algo que seria bom fazer, mas não seria errado não fazer – ao contrário, o dinheiro deve ser doado, o errado é não doar.

Sob essa perspectiva, o cidadão tradicionalmente respeitado na nossa sociedade – que recebe um bom salário e ostenta carros luxuosos, propriedades, frequenta restaurantes chiques – o "homem bom da sociedade", na realidade, deve ser repelido moralmente. A sociedade deve preconizar que ninguém tenha mais do que o suficiente enquanto outros têm menos que o necessário para sobreviver, ou seja, do ponto de vista moral, evitar que morram por causas simples milhões de pessoas alheias à nossa sociedade deve ser considerado no mínimo tão premente quanto apoiar as normas de propriedade vigentes no interior de nossa sociedade. Essa perspectiva conduz a uma revisão no direito de propriedade e, a longo prazo, na sociedade de consumo, que entraria em recessão e sucumbiria, uma vez que a economia não poderia ser priorizada em detrimento das necessidades básicas das pessoas.

Toda essa situação remete a outro problema: qual seria a quantia adequada que o indivíduo deve doar? Ou, no caso de uma nação, quanto do seu PIB deve ser doado? Retomemos o caso hipotético: suponha-se que para salvar a criança no espelho d'água perderíamos objetos de extremo valor econômico ou sentimental. Deveríamos ainda assim salvar a criança? Suponhamos agora que para atingir a criança e salvá-la deveremos passar por obstáculos que resultariam em danos físicos para nós. Até quanto deveríamos nos submeter? Singer aponta que não há razões para não se adotar a perspectiva mais radical de seu princípio – "sem com isso sacrificar nada moralmente comparável". Contudo a dificuldade de que isso aconteça de fato na realidade social tornaria mais viável buscar a perspectiva mais moderada – "sem sacrificar nada moralmente relevante". Nesse sentido, ao longo do tempo, haveria um equilíbrio entre indivíduos e nações na medida em que o supérfluo deveria ser repassado aos mais necessitados.

Conquanto Singer salienta a dificuldade, ou mesmo impossibilidade, de todos agirem eticamente – ou seja, que as pessoas deem mais valor a uma vida humana do que aos seus bens materiais – é satisfatoriamente apontado um caminho em que todo tipo de atitude positiva é computado a favor – debate filosófico, acadêmico, manifestações etc. Porém não são suficientes para se dizer que aqueles que estão realizando essas ações estão agindo plenamente de acordo com a ética.

5. Considerações Finais

A partir das duas exposições pretendo, ainda que de forma incipiente, inter-relacionar as perspectivas de ambos os autores no intuito de apontar algumas divergências e convergências em suas proposições e seus pressupostos teóricos, ousando algumas especulações em termos de aplicabilidade e resultado, sem, no entanto, ter a pretensão de estabelecer uma hierarquia entre elas ou de apresentar outras soluções.

Primeiro cabe destacar que ambos partem de concepções distintas de ética, conforme observado no primeiro tópico. Essas concepções levam a caminhos distintos e a prioridades distintas, mas não necessariamente buscam ideais distintos. Também não devemos nos ater a definições estanques, pois em Rawls podemos extrair fortes elementos consequencialistas, quando a teoria do autor se preocupa com um estado de coisas desejáveis que devem ser buscadas por meio da ação política. Já em Singer são explicitadas noções de justiça como a preocupação com a igualdade de respeito e consideração dos interesses.

Cabe salientar para ambos as diferentes perspectivas em lidar com a questão da justiça distributiva: Rawls tem como enfoque principal a justiça das instituições básicas da sociedade. Ele apresenta uma teoria robusta de justiça que busca dar conta de toda a estrutura de um Estado organizado (sociedade bem ordenada), de maneira que sua teoria de justiça se adaptaria a essa estrutura, corrigindo suas falhas de justiça. Busca um equilíbrio entre valores políticos como igualdade, liberdade, solidariedade, eficiência etc., abrangendo uma gama de situações em que as ideias igualitárias perpassam, ou impõem reflexão na distribuição dos bens da sociedade. Não apenas as instituições, mas os indivíduos também possuem um papel na execução de sua perspectiva ética, pois precisam estar de acordo com os princípios instituídos de forma a agir numa sociedade com base na cooperação (apesar de ser um papel reduzido – respeitar as regras das instituições). Por ser uma perspectiva normativa e contratualista, a observação dos princípios de justiça é indispensável tanto para os cidadãos quanto para as instituições. A ação seria condicionada por esses princípios (aproximando da perspectiva kantiana).

Singer parte de uma perspectiva distinta: não propõe uma teoria de sociedade justa, portanto, não abrange as bases sobre as quais a igualdade deve ser discutida. Foca-se substancialmente nas consequências que as desigualdades acarretam dentro de uma mesma sociedade e em sociedades distintas, principalmente no sofrimento causado por esses fatores ou por outros, mas que poderiam ser resolvidos por meio de uma perspectiva de distribuição de bens. Há uma sobrecarga no indivíduo no dever de agir eticamente a partir da consequência de seus atos, e também uma subversão das nossas concepções de dever e de caridade que, pela simples coerência, aplicar preceitos já consagrados implicaria mudanças revolucionárias na sociedade mundial.

Embora ocorram inúmeras diferenças entre as perspectivas dos dois autores, alguns caminhos apontam em direções convergentes. Esses caminhos deveriam ser observados na nossa realidade cotidiana, considerados não apenas nas ciências políticas e econômicas, mas, principalmente, nas instituições jurídicas e nas bases morais de nossa sociedade.

Primeiro, quando Rawls enuncia as instituições básicas da justiça distributiva, dentro da interpretação de justiça procedimental (em que os resultados são justos quando seguem o procedimento), abre-se uma hipótese de estrutura governamental, na minha perspectiva, com grandes possibilidades de ser implementada ou ao menos considerada, em uma reforma de nossa estrutura estatal sobre a ótica da justiça, o que de certa maneira vem sendo experimentado na realidade brasileira, com algumas ações afirmativas do Estado, como política de quotas, bolsa-família etc. Os quatro setores – alocação, estabilização, transferências e distribuição – permitem mudanças no quadro de direitos, principalmente no que se refere aos direitos de propriedade, legatários e tributários que seriam conduzidos para promover a justiça distributiva e a eficiência; e, por sua vez, também permitem que esses direitos sejam efetivados fornecendo a estrutura própria para isso.

O objetivo de se garantir "bens primários" para todos os membros do "contrato social" (os recursos básicos tais como renda, riqueza, oportunidades, autoestima etc.) por meio de um pacote comum desses bens para todos os indivíduos, enfrenta, conforme Sen, certa dificuldade na real diversidade humana. Um mesmo pacote fornecido para um pode ter significado e utilidade muito diferente para outro; p. ex., os recursos que uma pessoa sã consome podem ser inferiores aos de uma pessoa que necessita de remédios caros ou de cuidados especiais. Deve-se compreender nos sujeitos suas *"diferentes liberdades para buscar suas respectivas concepções de bem"*[17]. Ao considerar fatores como idade, sexo, situação de classe, características herdadas etc. a atribuição de um mesmo "pacote de bens primários" para um pode ser insuficiente, mas, para outro, pode ser mais do que suficiente. Talvez o caminho seja um "pacote equitativo de bens primários" que considerasse as necessidades variadas dos indivíduos.

Outro ponto na perspectiva de Rawls é que essa somente abrangeria os membros de determinada sociedade "bem ordenada"; aqueles alheios a essa sociedade não são satisfatoriamente considerados nos seus parâmetros da justiça. Também há excesso de credibilidade na estrutura democrática formal (que é a democracia constitucional) relegando o papel do indivíduo a um segundo plano. A partir do momento em que as instituições são justas e a sociedade se organiza com base num contrato de aceitação mútua entre os indivíduos é que o indivíduo deve fazer sua parte conforme definem as regras das instituições. Seria como se o indivíduo já "encontrasse" uma democracia "pronta e acabada" a partir da "posição original", e tudo o que fez para construí-la foi um acordo. Sabemos que os processos democráticos são de construção ininterrupta e jamais atingidos plenamente.

A proposta de Singer, embora caminhe, também, na direção de se garantir o mínimo básico para todos, tem como ênfase a métrica de que ninguém deveria possuir mais do que o básico enquanto todos não detivessem isso. A teoria aponta para um sentido fundamentalmente global ao atribuir a responsabilidade dos países mais abastados para com os países necessitados, e da mesma forma com relação aos indivíduos. Ou seja, todos são responsáveis – independente de possuírem relações diretas ou não, de estarem distantes ou não – por aqueles que estão em situações cujo sofrimento pode ser evitado.

Doar o excedente que não é necessário para sobreviver não é caridade, é dever ético. Mas o que é o necessário para viver dentro da variedade humana e das perspectivas subjetivas? Singer aponta a necessidade

---

[17] SEN, Amartya. **Desigualdade Reexaminada**. Trad. Ricardo Mendes. Rio de Janeiro: Record. 2001, p. 38.

de se abdicar dos benefícios que a sociedade de consumo traz em razão da ética. Toda a sociedade precisa ser modificada na maneira como enxerga o valor moral das coisas: não é ético ostentar um padrão de vida, como fazem os países desenvolvidos, enquanto milhões não possuem o necessário para sobreviver. Menos ético ainda, talvez, seja propagar esse padrão de vida, sabendo que os recursos naturais existentes, com a tecnologia existente, não possibilitam a uma imensa maioria se aproximar dessa realidade[18]. Singer não responde a questão, mas aponta caminhos.

A questão é que, por essa perspectiva, a ética torna-se muito complexa de ser exercida, deposita-se uma credibilidade muito grande no agir consciente, na "racionalidade" e na coerência, e, sem um sistema coercitivo, torna a proposta fragilizada. Por outro lado, o caminho apontado é de suma importância de ser considerado: de um lado, enquanto nos preocupamos em gastar com trivialidades, ostentamos marcas, cultuamos um paladar requintado, entre outras futilidades; do outro lado, muitos estão morrendo por "causas perfeitamente contornáveis", como não ter nem o que comer. O que Singer apresenta é uma profunda contradição no campo do direito e da moral, em que o "direito à vida" está num patamar inferior ao dos "direitos de propriedade". Essa contradição não pode ser enfrentada, a menos que se defenda uma posição que, de alguma forma, nos isente absolutamente da responsabilidade para com os outros. E de fato esse é o local em que o modelo liberal e a exaltação dos direitos individuais culminou, num individualismo solepcista e no afastamento das responsabilidades para com os outros, tanto do Estado, quanto dos indivíduos.

As duas perspectivas trazem reflexões interessantes e caminham no sentido de propor uma revisão dos direitos de propriedade para atender às exigências de uma sociedade justa. Ambas as teorias possuem como base a concepção de que os direitos de propriedade não poderiam se situar num patamar superior em relação: a) aos direitos que asseguram que as necessidades básicas dos indivíduos devem ser supridas; e b) aos direitos que asseguram que a vida humana seja valorizada de forma suficiente para se evitar mortes por causas frívolas que ações políticas simples contornariam. Essa questão enseja uma mudança significativa no

---

[18] GLOBAL ENVIRONMENT OUTLOOK 3: Past, Present and future perspective. UNEP – ERTHSCAN. London, 2002.

modelo de desenvolvimento da sociedade atual, e diz apenas que a vida humana deveria ter ao menos valor igual ao que atribuímos às nossas propriedades.

6. Bibliografia

Aristóteles. **Ética a Nicômaco**. "Os Pensadores", trad. Vinzenco Cocco. São Paulo: Abril Cultural, 1979.

BENTHAM, Jeremy. **Uma Introdução aos Princípios da Moral e da Legislação**. "Os Pensadores", trad. Luiz João Baraúna. São Paulo, 1979.

CASTRO FARIAS, José Fernando. **Ética, Política e Direito**. Rio de Janeiro: Lumen Juris, 2004.

CARVALHO, Maria C. M. **Correntes Fundamentais da Ética Contemporânea**. Org. Manfredo A. de Oliveira. Petrópolis: Vozes, 2001.

DAMÁSIO, Antônio. **O Mistério da Consciência: Do corpo e das emoções ao conhecimento de si** . trad. Laura Teixeira Motta. São Paulo: Comphania das Letras, 2000.

RAWLS, John. **Uma Teoria da Justiça**. Trad. Almiro Pesetta e Lenita M. R. Esteves. São Paulo: Martins Fontes, 2000.

SEN, Amartya. **Desigualdade Reexaminada**. Trad. Ricardo Mendes. Rio de Janeiro: Record. 2001.

SINGER, Peter. *Vida Ética;* os melhores ensaios do mais polêmico filósofo da atualidade. Trad. Alice Xavier. Rio de Janeiro: Ediouro. 2002.

GLOBAL ENVIRONMENT OUTLOOK 3: Past, Present and future perspective. UNEP – ERTHSCAN. London, 2002.

JUSTIÇA DISTRIBUTIVA, CAPACIDADE CONTRIBUTIVA E A INCOMPATIBILIDADE COM O ESTADO LIBERAL

Hélio Daniel de Favare Baptista[*]

Sumário: 1. Introdução; 2. Justiça Distributiva; 3. Da Capacidade Contributiva; 4. O Princípio da Capacidade Contributiva como Instrumento de Materialização da Justiça Distributiva; 5. Do Antagonismo do Objetivo do Estado Liberal e a Capacidade Contributiva; 6. Conclusão; 7. Bibliografia.

1. Introdução

A busca pela aplicação de fato de uma justiça que dê a cada um o que é seu é o grande desafio dos intelectuais de todas as áreas do conhecimento, sobretudo dos juristas.

A concretização da justiça, numa acepção material, encontra obstáculos em ideologias, em interesses e na vontade dos detentores do poder.

A fórmula para se ter uma sociedade justa remonta a Aristóteles, ou seja, sabe-se o que fazer, só não se põe em prática. Nessa linha de raciocínio é a reflexão de Serge-Christophe Kolm: "A justiça é simples, mas o mundo é complicado; por isso, a aplicação da justiça no mundo encerra algumas dificuldades." (Teorias Modernas da Justiça, p. 37)

Nessa perspectiva analisaremos uma dessas soluções, qual seja, o princípio da capacidade contributiva como meio de aplicação material da justiça distributiva.

No entanto, não podemos ocultar que a filosofia liberal em nossa política é um entrave à realização da justiça distributiva.

---

[*] Mestre em Direito pelo Univem, Advogado. Possui graduação em Direito pela Faculdade de Direito da Alta Paulista (2000). Professor na Faculdade de Direito e Coordenador do Núcleo de Prática Jurídica da Associação Vilhenense de Educação e Cultura, AVEC. Foi professor na Faculdade de Direito da Faculdade de Ciências Gerenciais de Dracena, CESD.

2. Justiça Distributiva

A maioria dos conflitos existentes em nossa sociedade tem origem econômica, origem essa que faz com que uma sociedade seja justa na medida em que melhor regular a alocação dos diversos bens, sejam eles de produção ou de consumo.

A justiça distributiva é aquela que tem por escopo dar a cada um o que é seu, tratar igual os iguais e os desiguais desigualmente na medida se suas desigualdades.

Nesse sentido a visão Aristóteles (*apud* Estoicismo e o Direito – Olney Queiroz de Assis – pág. 325): "A justiça particular, que realiza e respeita a igualdade, é promovida de duas maneiras. Uma maneira é a que se manifesta na igualdade que consiste na distribuição proporcional geométrica (igualar o desigual) de bens e outras vantagens entre os cidadãos da *polis*, a esta se dá o nome de justiça distributiva."

Continua Aristóteles:

> "E justiça é aquilo em razão de que se diz que o homem justo pratica, por escolha própria, o que é justo, e quando se trata de distribuir, quer entre si mesmo ou outra pessoa, quer entre duas outras pessoas, não dá mais do que convém a si mesmo e menos do que convém ao seu próximo (e de maneira análoga no que diz respeito ao que não convém), e sim dá o que é igual de acordo com a proporção, agindo da mesma forma quando se trata de distribuir entre duas outras pessoas. Por outro lado, a injustiça guarda uma relação semelhante para com o injusto, que é excesso e deficiência, contrários à proporção, do útil ou do nocivo. Por esta razão a injustiça é excesso e falta, no sentido em que conduz ao excesso e à falta (no caso da própria pessoa, excesso do que é útil por natureza, e falta do que é nocivo; no caso de outras pessoas, embora o resultado seja equiparável de maneira geral ao caso anterior, a proporção pode ser violada em uma e na outra direção. Na ação injusta, ter muito pouco é ser vítima de injustiça, e ter demais é agir injustamente." (Aristóteles, p. 115)

É claro que ainda temos muito a aperfeiçoar para atingirmos a ideal distribuição da justiça.

Na realidade em que vivemos, sob os ditames do neoliberalismo, a justiça distributiva resume-se apenas à retribuição (remuneração) pela dedicação ao trabalho, ou seja, cada um só terá direito àquilo que merecer pelo seu esforço individual. Isso retrata uma aceitação pacífica à ética capitalista, na medida em que só é recompensado aquele que se dedica totalmente ao trabalho para produzir e para consumir. Essa ética acentua as diferenças sociais, uma vez que justifica as diferenças existentes na sociedade, atribuindo a riqueza aos que trabalham e a pobreza aos preguiçosos.

Nas palavras de Kolm, "Isso é meu porque eu fiz, porque o comprei com dinheiro merecidamente ganho, ou porque me foi dado". (ob. cit., p. 79)

Continua o autor:

> "A existência da ineficiência pode ser explicada pelo fato de que outro sistema de redistribuição, que deixasse todos em melhor situação financeira, deixaria de ter sentido em termos de uma ética da distribuição, exigiria novas informações (isto, porém, pode ser parte das restrições) e introduziria uma reforma tributária que perturbaria o compreensível acordo social existente." (ob. cit., p. 163)

Esse acordo social existente é o neoliberalismo, em que reina a ética capitalista que prega que devemos trabalhar sem cessar porque só o trabalho dignifica o homem. Ocorre que esse acordo é injusto na medida em que enriquece uma minoria e empobrece a maioria.

Sobre a injustiça desse pacto, escreveu Ronald Dworkin:

> "A instituição requer um ato de fé por parte das minorias, porque o alcance de seus direitos será controverso sempre que forem direitos importantes, e porque os representantes da maioria agirão de acordo com suas próprias noções do que realmente são esses direitos. Sem dúvida, esse representantes irão discordar de muitas reivindicações apresentadas pelas minorias. Isto torna ainda mais importante que eles tomem suas decisões com seriedade. Devem demonstrar que sabem o que são direitos e não devem trapacear quando examinam o conjunto das implicações da doutrina correspondente. O governo não irá restabelecer o respeito pelo direito se não conferir à lei alguma possibilidade de ser respeitada. Não será capaz de fazê-lo se negligenciar a única característica que distingue o direito da brutalidade organizada. Se o governo não levar os direitos a sério, é evidente que também não levará a lei a sério." (Levando os Direitos a Sério, p. 314)

Do contrário, tão logo a sociedade se conscientize das arbitrariedades e dos desrespeitos praticados pelo governo, em defesa do interesse da minoria, contra os direitos fundamentais da pessoa humana começaram a descumprir as leis que firam seus interesses e não corresponde à justiça, gerando um anarquia generalizada.

Para se evitar tal catástrofe é necessário que se faça uma legislação que respeite os direitos fundamentais, bem como que contribua para o progresso da nação.

Assim já lecionava Ronald Dworkin:

> "Em uma democracia, ou pelo menos em uma democracia que em princípio respeita os direitos individuais, todo o cidadão tem um dever moral geral de obedecer às leis, mesmo que ele queira que algumas delas sejam modificadas. Ele tem esse dever para com seus concidadãos que, para seu benefício, acatam leis de que não gostam. Mas este dever geral não pode ser um dever absoluto, porque mesmo uma sociedade em princípio justa pode produzir leis e políticas injustas, e um homem tem outros deveres além daqueles para com o Estado. (ob. cit., p. 287)

Esse "espírito" capitalista continua orientando as regras das sociedades a ponto de encontramos em nosso ordenamento jurídico duas espécies de justiça: a da espada e a da balança.

Na justiça da espada reputa-se reparado o dano causado com a punição no próprio corpo (castigos corporais, penas privativas de liberdade).

Na justiça da balança reputa-se reparado o dano com o ressarcimento pecuniário à vítima.

Assim, conforme a condição social de quem comete a infração, aplica-se um tipo de justiça.

Sobre esse tema leciona Olney Queiroz de Assis:

> "Na mão esquerda de Diké, filha de Zeus e Themis, está a balança com os dois pratos, sem o fiel no meio; na mão direita a deusa segura uma espada (...)
>
> Tanto num aspecto quanto n'outro, o direito aparece como um símbolo de retidão e equilíbrio. O símbolo sugere um modelo jurídico como características nitidamente horizontais, posto que os pratos em equilíbrio apontam para situações igualitárias e simétricas. Essas situações correspondem a relações de reciprocidade, que permitem às partes negociar a reposição, a indenização ou compensação. Diké e Iustitia repõem o equilíbrio e a igualdade quando violados.
>
> Contudo, é possível também vislumbrar características de um modelo vertical com suas relações hierárquicas, posto que a espada na mão de Diké sugere, além da necessidade da força para impor o direito, um poder

(Diké e Iustitia) que antecede e diz o que é o direito e está acima das partes para executá-lo. Vale dizer, a justiça é igualdade (pratos em equilíbrio), mas também é retribuição, vingança e castigo (espada na mão)" (ob. cit., p. 77 e 78)

Ora, se a sociedade busca a justiça, não pode se conformar com a aplicação dela vinculada a uma condição pessoal do infrator.

Saliente-se, por outro lado, que uma distribuição justa dos bens de produção e de consumo para a formação de uma sociedade equânime não deve se resumir apenas na igualdade econômica dos indivíduos, mas também no acesso a oportunidades iguais a bens como educação, informação, cultura e lazer, acesso esse que corroboraria com os objetivos da justiça social.

3. Da Capacidade Contributiva

A capacidade contributiva, grosso modo, é o princípio constitucional tributário que tem como objetivo tributar cada indivíduo segundo a sua possibilidade de contribuir. Como já disse Celso Ribeiro Bastos:

"a capacidade contributiva é a possibilidade econômica de pagar tributos (*ability to pay*). É subjetiva, quando leva em conta a pessoa (capacidade econômica real). É objetiva, quando toma em consideração manifestações objetivas da pessoa (ter casa, carro do ano, sítio numa área valorizada etc.). Aí temos 'signos presuntivos de capacidade contributiva'". (Curso de Direito Financeiro e de Direito Tributário, p. 123)

Esse princípio surgiu pela primeira vez no Sistema Constitucional Tributário Brasileiro em 1934. Em 1967 foi revogado por ser considerado de difícil exequibilidade, e ressurgiu na Constituição de 1988.

A tributação segundo a capacidade contributiva ainda é um ideal a ser atingido. A sua aplicação esbarra no interesse dos detentores do poder econômico e na cultura dos povos.

No primeiro, porque a implantação real do princípio significaria maior carga tributária para eles.

No segundo porque uma sociedade em que a maioria de seus integrantes são de boa cultura luta-se para assegurar a aplicação dos direitos a eles inerentes. Já dizia Michel Foucault: "conhecimento é poder", ao passo que, no sentido inverso, uma sociedade sem cultura tende a aceitar arbitrariedades do Poder pacificamente.

Nesse sentido já admoestou Hugo de Brito Machado:

> "A eficácia do princípio da capacidade contributiva, como eficácia de qualquer princípio jurídico, depende do grau de desenvolvimento cultural do povo, que define o grau de disposição das pessoas para defenderem os seus direitos." (Princípios Jurídicos da Tributação na Constituição de 1988 – p. 51)

Entretanto, dificuldades à parte, o princípio da capacidade contributiva em sua essência é um dos vetores da Justiça Distributiva, na medida em que visa distribuir os encargos tributários a cada um segundo a sua capacidade econômica de contribuir.

Essa capacidade não deve se resumir apenas aos bens patrimoniais do indivíduo, mas deve levar também em consideração as suas condições pessoais, tais como o estado civil, a saúde, os encargos de família, inclusive a origem das rendas para efeitos de imposições diferenciadas, conforme resulte apenas do trabalho, do emprego de capitais ou da combinação de ambos.

4. O Princípio da Capacidade Contributiva como Instrumento de Materialização da Justiça Distributiva

O princípio em questão busca concretizar o principal objetivo da justiça distributiva, qual seja, o da proporcionalidade.

Vejamos.

O princípio em questão respeita a proporcionalidade de tributar cada um na medida de suas possibilidades. Tratar iguais os iguais e desigualmente os desiguais na medida de sua desigualdades.

Tributando cada um na medida de suas possibilidades, o princípio respeita a igualdade tão sonhada e perseguida. O valor arrecadado justamente retorna para a sociedade sob a forma de investimentos para aqueles que são mais necessitados.

A fixação do tributo na exata medida de sua capacidade econômica significa tributar sem excessos, o que quer dizer aplicar alíquotas que não sejam baixas demais para que os contribuintes não se beneficiem dessa injustiça e nem altas demais, o que significaria confisco ilegal, representando uma imensa injustiça para quem contribui.

Matrizes dos Conceitos de Justiça | • 113 •

Um sistema justo aumentaria a arrecadação tributária, uma vez que se teria menos sonegação fiscal e menos empresas na informalidade. Assim não se teria que aumentar indiscriminadamente a quantidade de impostos ou suas alíquotas (revoltando os contribuintes) para se conseguir pagar as contas públicas.

Com uma arrecadação na medida ideal e uma política sincera, esse valor poderia voltar para a sociedade sob a forma de investimento na educação, na cultura, na informação das pessoas e na melhora da vida delas, redistribuindo e alocando devidamente os bens disponíveis na sociedade.

A alocação correta dos bens de produção e de consumo daria aos indivíduos componentes de nossa sociedade os subsídios necessários para que haja igualdade de condições materiais (bens de produção e de consumo) e imateriais (acesso à cultura, à educação e ao lazer).

Deste modo a aplicação de fato do princípio constitucional da capacidade contributiva imediatamente traria igualdade na acepção econômica, porém, posteriormente, ao permitir que as pessoas tivessem acesso a outros bens como educação, cultura e informação, se atingiriam outros tipos de igualdade rumo à justiça social.

Além do mais, esse princípio é um direito fundamental que traz em sua essência a persecução do ideal da dignidade humana.

A norma que dispõe sobre um direito fundamental não precisa exatamente estar positivada no rol dos direitos e das garantias individuais, pode estar codificada fora dele, dentro da própria Constituição ou fora dela.

Isso nós podemos vislumbrar, por exemplo, do parágrafo segundo do artigo quinto da Constituição Federativa do Brasil.

Neste sentido é a lição de Robert Alexy:

> *"Las normas de derecho fundamental puedem, por ello, dividirse en dos grupos: en las normas de derecho fundamental directamente estatuidas por la Constitución y las normas de derecho fundamental a ellas adscriptas."* (Teoria de los derechos fundamentales, p. 70)

Para Fr. Muller:

> *"Los derechos fundamentales son garantías de protecíon objetivamente acuñadas, de determinados complejos individuales y sociales concretos de accíon, organizacíon y de materias. Estos 'ámbitos materiales'son constituidos en 'ambitos normativos' por el reconocimiento y garantia de la libertad constitucionales*

> *dentro del marco de regulacíon normativa, del 'programa normativo' iusfundamental."* (apud ob. cit., p. 75)

No nosso ordenamento jurídico o princípio da capacidade contributiva é expressamente previsto na nossa Lei Magna, no artigo 145, § 1º.

Sua fundamentalidade deriva do direito que cada indivíduo tem de pagar tributos na medida de sua possibilidade econômica, ainda mais na nossa sociedade em que a maioria é pobre e sofre com um sistema tributário injusto que tributa igualmente ricos e pobres, dando lucros aos que têm poder aquisitivo e confiscando bens daqueles que não têm poder econômico.

O princípio é fundamental porque tem por escopo proteger o direito que cada indivíduo tem de pagar tributos na proporção de sua capacidade econômica, direito esse que é de toda a humanidade, quer nas nações do norte, quer do sul, do oeste ou do leste. A fundamentalidade do princípio pressupõe sua universalidade.

Cabe à nossa sociedade, na medida em que se desenvolve culturalmente, lutar pela eficácia de um sistema tributário pautado no princípio em questão.

Esse objetivo pode parecer utópico, mas a persecução desse ideal, no mínimo, serve para que haja uma evolução constante e consequentemente uma melhora no convívio social.

Cabe-nos salientar que a real aplicação do princípio da capacidade contributiva é incompatível com a ética capitalista, já que esta apregoa que a condição financeira é a "bênção" que decorre do trabalho. Assim, em tese, quem mais trabalha melhor capacidade econômica teria. Ocorre que não é essa a nossa realidade, uma vez que, se compararmos duas pessoas com diferentes estruturas educacionais e culturais, mesmo que trabalhassem o mesmo número de horas por dia, suas capacidades financeiras seriam bem diferentes.

Conclui-se que a ética que deverá conduzir a sociedade moderna para que se aplique adequadamente os preceitos da justiça distributiva tem que ser diferente, sobretudo para a aplicação de fato do princípio da capacidade contributiva.

A nova ética deverá trazer como objetivos o investimento no acesso à informação e na estrutura interna dos indivíduos para que esses tenham condições isonômicas para competir nos campos de trabalho.

No entanto, em que pesem as dificuldades da real implantação do princípio, a luta pela sua aplicação é medida de rigor rumo à concretização de uma justiça que distribua os bens proporcionalmente, na nossa sociedade.

5. Do Antagonismo do Objetivo do Estado Liberal e a Justiça Distributiva

A filosofia do liberalismo prega a valorização máxima do indivíduo e de suas qualidades, devendo o Estado somente interferir na vida dos indivíduos componentes da sociedade para assegurar as chamadas liberdades negativas.

Como conceitua Ortega y Gasset: "uma ideia radical sobre a vida; é crer que cada ser humano deve ser livre para prever seu individual e intransferível destino". (*apud* Liberalismo e Justiça Social, p. 21)

O Liberalismo político pressupõe total liberdade aos indivíduos para que progridam somente pelas suas virtudes pessoais, sem a intervenção estatal.

Como já dizia Ubiratan B. Macedo, "É aquela visão de uma sociedade constituída de indivíduos livres que se regem pela regra da liberdade para alcançar a liberdade". (Liberalismo e Justiça Social, p. 23)

Sendo assim o Estado Democrático é o ideal para o progresso do Capitalismo. Por isso, tudo no fundo se resume ao interesse econômico.

Nas palavras de Bobbio,

> "O Liberalismo é uma doutrina só parcialmente igualitária: entre as liberdades protegidas inclui-se também em geral, a liberdade de possuir e de acumular, sem limites e a título privado, bens econômicos, assim como a liberdade de empreender operações econômicas (a chamada liberdade de iniciativa econômica), liberdades das quais se originam e continuam a se originar as grandes desigualdades sociais nas sociedades capitalistas mais avançadas e entre as sociedades economicamente mais desenvolvidas e as do terceiro mundo." (Igualdade e Liberdade, p. 41)

Significa dizer que aquilo que é economicamente viável é implantado e respeitado e, pelo contrário, o que não é economicamente viável não é implantado e nem executado.

Nas palavras de Ubiratan Borges de Macedo,

> "[...] correções de desigualdades devem ser feitas por medidas políticas, se a economia comportar, mas fora dos contexto do mercado para permitir seu bom funcionamento." (ob. cit., p. 61)

Até mesmo o Estado utiliza de todos os seus recursos para se tornar economicamente evoluído e competitivo em relação aos demais países.

Assim, havendo preponderância de um pensamento individualista, não há espaço para a realização da redistribuição dos recursos auferidos com a alocação dos bens. Significa dizer que não é possível realizar a justiça distributiva.

Os recursos que são destinados à infraestrutura do Estado provenientes de tributos são gastos para o pagamento da dívida pública, incentivos aos grandes investidores e outras "prioridades" para o progresso econômico.

Nesse contexto não verificamos nenhuma preocupação com a justiça social, entendendo-se no sentido aristotélico de dar a cada um o que é seu.

Para os liberais a justiça social resume-se à igualdade de oportunidades. Porém sabemos que a maioria das pessoas não tem condições e estrutura para aproveitar dignamente essas oportunidades. Por isso o mito da neutralidade da lei, na medida em que ela é aplicada ao forte e ao fraco com "igualdade".

O individualismo liberal está tão arraigado nas pessoas que, quando se fala em justiça social, contenta-se com o seus sucesso econômico e pessoal.

Como leciona Macedo,

> "Para o indivíduo, a justiça social consiste na observância das regras éticas gerais da atividade econômica, das da profissão e no respeito às leis tributárias. A observância, pelo indivíduo, da justiça social, legitima suas aquisições e rendimentos." (ob. cit., p. 75)

Saliente-se que, modernamente, somente se pode falar em sincronia entre a Democracia e o Liberalismo porque essa filosofia apropriou-se das características de sua forma indireta (democracia indireta) para dar aspecto de neutralidade à dominação econômica. Nesse sentido a nossa democracia não é mais do que um amontoado de indivíduos que só pensam em si.

Nas palavras de Noberto Bobbio:

> "O contratualismo moderno representa uma verdadeira reviravolta na história do pensamento político dominado pelo organicismo na medida em que, subvertendo as relações entre o indivíduo e a sociedade, faz da sociedade não mais um fato natural, a existir independentemente da vontade dos indivíduos, mas um corpo artificial, criado pelos indivíduos à sua imagem e semelhança e para a satisfação de seus interesses e carências e o mais amplo exercício de seus direitos." (Democracia e Liberalismo, p. 16)

É importante destacar que o só fato de um dispositivo legal ser social, de participação ou de distribuição não significa que isso será de fato implantado e realizado.

Como já disse Bobbio:

> "[...] na democracia liberal a atribuição ao povo do direito de participar direta ou indiretamente das decisões políticas não procede no mesmo passo de uma equânime distribuição do poder econômico e, portanto, faz do direito de voto uma mera aparência [...]" (ob. cit, p. 83)

E, nas poucas vezes em que vemos a tentativa de aplicação de um dispositivo que busca implantar a justiça social e a redistribuição de renda, estes não passam de mera aparência para tornar a massa dócil e doméstica para a manipulação do poder.

Nesse raciocínio, encontramos a explicação mais plausível para a não aplicação do princípio constitucional-tributário da tributação segundo a capacidade contributiva. E o motivo da inefetividade desse princípio é um só: ele é incompatível com a filosofia do Estado Liberal.

Até nossa mais renomada doutrina tributária ensina que não devemos lutar pela implantação "a qualquer preço" do princípio da capacidade contributiva para não inibir a iniciativa econômica dos detentores do poder econômico.

Como leciona Aliomar Baleeiro,

> "E por sobre essa aglomeração de percalços, como a abóbada que a encerra, estende-se a complexidade das correlações econômicas. As receitas públicas dependem fundamentalmente da capacidade, volume, valor e ritmo da produção do povo ao qual são exigidas – ninguém de bom senso o ignora. Mas nem sempre o homem da rua demorou a meditar em que

a produção, o consumo, a circulação, a ocupação, o desenvolvimento e outros quadros econômicos, por sua vez, são influenciados decisivamente pelas despesas, receitas e empréstimos do Estado.

Essa reciprocidade de ação e reação das finanças governamentais e da economia abre margem à experiência de direção destas por aquelas, desde que se possam conhecer, prever e dosar os estímulos e, ao mesmo tempo, as travas do aparelho fiscal sobre a estrutura econômica. Ainda para os que sintam repugnância pelo dirigismo estatal, permanece o problema, já que, desejadas ou mesmo repelidas, aquelas influências recíprocas se processarão em seu inexorável determinismo.

Muitas das afirmações correntes em nossos dias, sob a responsabilidade de economistas ou financistas de prol, fariam tremer os ossos dos grandes mestres clássicos nos sete palmos de terra que os agasalham. A fecundidade de orçamentos desequilibrados à base de *deficit* sistemático, ou do incremento de despesas públicas em obras, até suntuárias, nas fases de penúria geral, o encorajamento das emissões... Que diriam Adam Smith, Ricardo, J. B. Say ou Paul Leroy-Beaulieu se lograssem enviar o pensamento lá das sombras da eternidade? Como acolheriam, por exemplo, o estudo da possibilidade prática de substituição dos impostos, em geral, pela "inflação dirigida", proposta em 1950 por um engenheiro belga?

Quais consequências econômicas imediatas e a longo termo duma política perseverante e generalizada de preferência e expansão dos impostos pessoais graduados pela sua capacidade econômica?

Ou, por outras palavras mais particularizadas:

– Como se comportará a produção segundo padrões pessoais e escalas progressivas? Desaparecerão os estímulos ao investimento e à economia? Haverá êxodo da riqueza material ou o dos homens capazes de criá-la? Que efeitos, em resumo, terá o primado dos impostos pessoais e graduados sobre os preços, os salários, o bem-estar, a ocupação, a capitalização, enfim, a conjuntura e o desenvolvimento econômico, como reflexo da saúde econômica de país como o Brasil?

Afinal, ninguém deseja justiça fiscal obtida a todo custo, ainda que ao preço da ruína econômica do país, como se fora ânsia mística de perfeição mais do céu que da terra". (Limitações Constitucionais ao Poder de Tributar. p. 700)

Tributar cada um segundo a sua capacidade de contribuir é tirar do que tem para dar ao que não tem.

É por isso que não vemos sucesso para a real implantação do imposto sobre grandes fortunas. Não vislumbramos maior fiscalização sobre a declaração de imposto de renda dos grandes empresários, os quais declaram rendas irrisórias para burlar o Fisco.

A justiça social, entendendo no sentido igualitário, não é viável porque não estimula o progresso individual e também por não trazer lucratividade. Afinal para que se preocupar com os *"homo sacers"*[1]?

Outra sorte não cabe à justiça distributiva que mitiga a liberdade econômica.

É nesse sentido que entendemos o desrespeito ao princípio da capacidade contributiva e por consequência a realização da justiça social pela redistribuição dos bens de consumo e de produção alocados.

Estes institutos só poderão ser de fato aplicados quando a filosofia social começar a ganhar espaço nos nossos Estados.

6. Conclusão

Assim, percebemos que a capacidade contributiva é um dos meios da concretização da justiça distributiva e da justiça social na medida em que busca concretizar o principal objetivo da justiça distributiva, qual seja, a proporcionalidade.

Vejamos.

O princípio em questão respeita a proporcionalidade de tributar cada um da medida de suas possibilidades. Tratar iguais os iguais e desigualmente os desiguais na medida de sua desigualdades.

Essa redistribuição dos bens de produção e consumo alocados é incompatível com a filosofia liberal individualista e o império do capitalismo, já que desestimula o desenvolvimento das virtudes individuais, igualizando os indivíduos, e mitiga a liberdade econômica porque não traz lucros para o Estado, só despesas.

Deste modo, os dispositivos sociais já existentes em nosso meio só poderão ser implantados e gerar efeitos quando a filosofia do Estado se tornar mais socialista e igualitária.

7. Bibliografia

ALEXY, Robert. Teoria de los Derechos Fundamentales. Madrid. Centro de Estudios Constitucionales, 1993.

---

[1] Conceito utilizado por Giorgio Agamben para designar a massa de homens matáveis ao bel prazer do soberano.

ARISTÓTELES. Ética a Nicômaco. São Paulo: Martin Claret, 2004.

ASSIS, Olney Queiroz. O Estoicismo e o Direito: Justiça, liberdade e poder. São Paulo: Lúmen Editora, 2002.

BALEEIRO. Aliomar. Limitações ao Poder de Tributar. 7. ed. Rio de Janeiro: Forense, 1998.

BASTOS, Celso Ribeiro. Curso de Direito Financeiro e de Direito Tributário. 6. ed. São Paulo: Saraiva, 1998.

BOBBIO, Norberto. Liberalismo e Democracia. Trad. Marco Aurélio Nogueira. 6. ed. São Paulo: Brasiliense, 1997.

_____. Igualdade e Liberdade. Trad. Carlos Nelson Coutinho. 2. ed. Rio de Janeiro: Ediouro, 1997.

DWORKIN, Ronald. Levando os Direitos a Sério. São Paulo. Martins Fontes, 2002.

FOUCAULT, Michel. A Verdade e as Formas Jurídicas. trad. Roberto Cabral de Melo Machado. Superv. final do texto Lea Porto de Abreu Novaes. Rio de Janeiro: Nau, 1999.

MACEDO, Ubiratan Borges de. Liberalismo e Justiça Social. São Paulo: Ibrasa, 1995.

MACHADO, Hugo de Brito. Princípios Jurídicos da Tributação na Constituição de 1988. São Paulo: Malheiros, 1989.

WEBER, MAX. Economia y Sociedad. Trad. José Medina Echavarría, Juan Roura Parella, Eugenio Ímaz, Eduardo García Máynez y José Ferrater Mora. 11ed. México: Fondo de Cultura Económica, 1997.

WOLKMER, Antônio Carlos. Ideologia, Estado e Direito. 2. ed. São Paulo: Revista dos Tribunais, 1995.

KOLM. Serge-Christophe. Teorias Modernas da Justiça. São Paulo: Martins Fontes, 2000.

O CONCEITO DE JUSTIÇA PARA DERRIDA E PARA LÉVINAS

*Bruno Meneses Lorenzetto**
*Katya Kozicki***

Sumário: 1. Introdução; 2. Justiça e Desconstrução para Derrida; 3. Subjetividade e Justiça no Pensamento de Emmanuel Lévinas; 3.1 – Subjetividade; 3.2 – Justiça; 4. Bibliografia.

1. Introdução

O que se pretende demonstrar é que somente por meio de um compromisso ético com a justiça e do reconhecimento de uma infinita responsabilidade para com o outro será possível administrar a contingência e a diferenciação típicas de nossos tempos, sem que o reconhecimento delas implique em negligência ética ou indiferença moral. Por meio de

---

[*] Mestrando em Direito das Relações Sociais pela UFPR, graduado em Direito pela Pontifícia Universidade Católica do Paraná. Bolsista pela Capes. Foi monitor em Direito Constitucional Positivo I e em Hermenêutica Jurídica pela PUCPR. Tem experiência na área de Direito, com ênfase em Teoria do Direito e Filosofia do Direito.

[**] Possui graduação em Direito pela Universidade Federal do Paraná (1986) e graduação em Ciências Econômicas pela Faculdade Católica de Administração e Economia (1988). Mestrado em Filosofia e Teoria do Direito pela Universidade Federal de Santa Catarina (1993) e doutorado em Direito, Política e Sociedade pela Universidade Federal de Santa Catarina (2000). Visiting Researcher Associate no Centre for the Study of Democracy, University of Westminster, Londres, 1998-1999. Atualmente é professora titular da Pontifícia Universidade Católica do Paraná e professora adjunta da Universidade Federal do Paraná. Tem experiência na área de Direito, com ênfase em Direitos Humanos, atuando principalmente nos seguintes temas: direitos humanos e democracia, filosofia do direito, filosofia política e hermenêutica jurídica. É pesquisadora (bolsista de produtividade em pesquisa) do CNPq, nível 2. Integra o Comitê de Avaliação da área de Direito da CAPES (triênio 2008-10).

um verdadeiro compromisso com o outro e de uma verdadeira busca pela justiça faz-se possível criar sentido num universo sem sentidos.

A partir desses pressupostos, busca-se intercalar os conceitos de justiça para Jacques Derrida e para Emmanuel Lévinas. Para Derrida a justiça se apresenta como aporia, o que possibilita compreender o caráter aberto, até certo ponto intangível e abstrato da justiça enquanto conteúdo das decisões judiciais. Tal constatação não significa – e não obsta – que a justiça deixe de ser tomada sempre como valor de referência na construção dessas decisões. Para Lévinas, a justiça se coloca em questão a partir da chegada do outro, com a infinita responsabilidade para com o outro e o seu reconhecimento pleno. Adverte-se que Lévinas e Derrida possuem divergências quanto ao significado de justiça e quanto ao caráter autoritativo da força que reveste o direito; contudo, este último se apropria de algumas categorias daquele para a explicação da sua perspectiva da justiça como aporia.

2. Justiça e Desconstrução para Derrida

Nos termos de Derrida: "Uma aporia é um não caminho. A justiça será, deste ponto de vista, a experiência daquilo que nós não podemos experimentar... eu acredito que não exista justiça sem essa experiência, tão impossível quanto ela seja, de uma aporia. A justiça é a experiência do impossível. Uma vontade, um desejo, uma exigência de justiça cuja estrutura não seja a experiência de uma aporia não terá a chance de ser o que ela é, notadamente, um chamado por justiça.[1]".

A separação entre direito e justiça pode ser observada da seguinte forma: "O direito não é justiça. O direito é um elemento de cálculo e é justo que exista o direito, mas a justiça é o incalculável, ela requer que nós calculemos o incalculável; e as experiências aporéticas são experiências, tão improváveis quanto necessárias, da justiça, quer dizer, de momentos em que a decisão entre o justo e o injusto não é jamais assegurada por uma regra.[2]".

---

[1] (Tradução livre). DERRIDA, J. "Force of law: the 'mystical foundation of authority'". In: *Deconstruction and the Possibility of Justice*. Cardozo Law Review, v. 11, n. 5-6; 919-1046, 1990. p. 946.
[2] (Tradução livre). DERRIDA, J. Force of law... p. 946.

A diferença que Derrida antepõe nesta relação é a desconstrutibilidade do direito enquanto a justiça seria indesconstrutível – ela própria seria um meio de desconstrução. A desconstrução agiria, mais especificamente, sob a possibilidade que o direito pretende em fazer justiça. A premissa inicial para a desconstrução do direito é a de uma decisão que se ajusta aos moldes do direito, pois uma decisão *justa* se definiria por sua não arbitrariedade. Por isso, ainda em um primeiro plano, o direito seria o meio pelo qual a justiça seria possível, pois, apenas uma decisão que se justifica/assegura com razões pode almejar a justiça. A questão é que a *justiça* de uma decisão, em sentido contrário, não pode ser apenas deduzida das razões que são apresentadas nela; nenhuma razão pode, segundo Derrida, garantir a justiça, e é por esta razão que a tentativa de tornar a justiça por meio do direito na verdade leva à outra face de Janus, à sua impossibilidade.

Para Derrida, a justiça se caracteriza por ser infinita, incalculável, avessa à simetria, enquanto o direito existe no âmbito da legalidade, estável e estatutária, como um sistema regulador e normativo. Uma das mais difíceis tarefas para a reconciliação do direito com a justiça é equacionar a generalidade daquele com a necessária singularidade desta. Essa é a questão que está por detrás de toda a aplicação do direito pelos tribunais: "como nós podemos conciliar o ato da justiça que sempre é concernente à singularidade, a indivíduos, insubstituíveis grupos e vidas, com o outro ou eu mesmo como outro, em uma situação única, com a regra, a norma, o valor ou o imperativo de justiça, o qual, necessariamente, tem uma forma genérica, ainda que esta generalidade prescreva uma aplicação singular em cada caso?[3]".

Ou seja, interpretar e aplicar o direito obriga sempre a um balanceamento entre o geral e o singular, entre o texto passado da norma e a exigência presente da justiça. Atender ao chamado da justiça exige a recriação da norma contida no texto legal, não somente no sentido de que toda leitura/interpretação implica a construção de um sentido novo, mas também no sentido de que a interpretação jurídica deve atender à singularidade de cada caso, por meio dos padrões gerais contidos na norma. Como fazer isso sem violar a generalidade da regra, sem abandonar

---

[3] (Tradução livre). DERRIDA, J. Force of law... p. 948.

mesmo essa regra ou, ainda, sem tornar seu conteúdo, inscrito no texto passado, tão fluido que ele já não sirva mais como um instrumento de mediação e de estabilização, funções caracterizadoras do direito?

Na resposta a essa questão é possível perceber a importância da desconstrução para o direito – e sua interpretação – e para a democracia, pois tal resposta revela: a) a adequação entre o passado, o presente e o futuro – no sentido de que a construção do sentido da norma se dá na sua interpretação e a aplicação dela implica uma busca incessante pela justiça; b) essa busca incessante pela justiça, por meio de um compromisso ético dos tribunais para com ela pode levar à transformação do direito e à sua melhor adequação a uma sociedade democrática; c) o direito, servindo como elemento de estabilização das relações e efetivamente comprometido com a realização da justiça, pode levar à consolidação dos princípios políticos constitutivos da sociedade política (liberdade e igualdade, basicamente), fortalecendo os laços de solidariedade social; e, por fim, d) de um tipo de interpretação do direito que reconheça a sua indeterminação de sentido e que reconheça a contingência e a fragmentação do social estaria melhor preparada para fazer frente ao crescente grau de complexidade e ao incremento do número de conflitos, típicos das sociedades contemporâneas.

O caminho teórico para buscar a resposta a essa questão implica um compromisso ético com a obtenção da justiça e a visualização desta como aporia, ou seja, como algo impossível de ser experimentado, mas cuja experiência é imprescindível. Em primeiro lugar, o que se coloca é uma responsabilidade sem limites perante a memória, no sentido de se recuperarem as direções e os limites contidos nas concepções de direito e justiça historicamente construídos em cada sociedade. A desconstrução pode significar um clamor infinito pela justiça e por um incremento incalculável de responsabilidade. É no intervalo entre o direito e a justiça que a desconstrução encontra seu lugar privilegiado; desconstruindo-o, desestabilizando o tradicional do direito, a justiça pode encontrar caminhos para a sua expressão.

Partindo da obra de Lévinas, Derrida considera ser a ética a primeira filosofia, em termos de ética como uma relação entre pessoas. A ética, tal como Lévinas a concebe[4], coloca em questão minha liberdade e espontaneidade,

---

[4] Cf. CRITCHLEY, S. *The ethics of deconstruction*: Derrida and Levinas. Oxford: Blackwell, 1992.

minha subjetividade e o outro. Para Lévinas[5], a justiça define e é definida por uma relação ética com o outro, em resposta ao sofrimento do outro, para com o qual o sujeito tem uma infinita responsabilidade. Mas esta concepção ética de justiça também se coaduna com uma noção política de justiça, no sentido de que toda relação ética é sempre situada em um determinado contexto sociopolítico, o qual implica diferentes concepções éticas, levando à necessidade da escolha entre estas, ou de uma decisão. Na realidade, a concepção de Lévinas é também uma concepção política, no sentido de que envolve a ideia de transformação política, a abertura para o futuro que pode trazer mudanças. A ideia de justiça como a experiência daquilo que não pode ser decidido é o que leva o sujeito à política (e pode-se dizer que ao direito, também), dada a necessidade da decisão. Do indecidível para a decisão, esse é o momento do julgamento, a passagem de uma experiência ética da justiça para a ação política. De que forma isso pode ser feito, ou quais são os conteúdos dessa ação política? A resposta, em Derrida, jamais se encontra no presente, ou em alguma forma específica de ação política; a justiça deve servir de guia, de elemento crítico, mas ela jamais poderá ser tornada presente. Assim: "Um aporte desconstrutivista da política, baseado na separação radical entre justiça e direito e na não presença da primeira dentro do último, leva-nos ao que se pode chamar de descorporificação da justiça, onde nenhum Estado, comunidade ou território pode ser tido como expressão da justiça. Alguém pode dizer que a 'experiência' da justiça é a de uma absoluta alteridade ou transcendência, a qual guia a política sem estar completamente no reino público.[6]".

A forma política que melhor poderia conduzir a essa experiência da justiça seria a democracia. Não uma democracia realizada aqui e agora, mas a democracia entendida como possibilidade, como abertura para o futuro. Outrossim, justiça e democracia se entrelaçam como representações que escapam ao aqui e agora, escapam ao presente, representando algo que está sempre por acontecer. Algo que não se realiza no presente, mas também não no futuro, ela deve ter um por-vir, um *to-come*, o qual

---

[5] LEVINAS, Emmanuel. *Totalidad e infinito. Ensayo sobre la exterioridad*. 2ª ed. Salamanca: Ediciones Sígueme, 1987.
[6] (Tradução livre). CRITCHLEY, S. "Derrida: private ironist or public liberal?" In: MOUFFE, C. (org). *Deconstruction and pragmatism*. Londres: Routledge, 1997. p. 36.

eu rigorosamente distingo do futuro que pode sempre reproduzir o presente. Talvez por esse motivo que, pelo fato de a justiça não ser somente um conceito jurídico ou político, ela possa se abrir para um por-vir da transformação, a reformulação ou a refundação do direito e da política.

Nesse sentido, se a justiça representa o encontro com o outro, a infinita responsabilidade que o outro demanda, a verdadeira experiência da alteridade, ela é algo que nunca se apresenta. Ainda assim, ela pode significar a possibilidade da transformação do direito e da política, enquanto percebida como uma responsabilidade inafastável e inadiável. E por isso se torna importante ressaltar, com o autor, a separação das ideias de futuro e o que ele chama de *l'avenir/to come*: o futuro pode significar a mera reprodução do presente ou, quando muito, a seu evolução. Ao contrário, a ideia de algo que está por acontecer representa a possibilidade da transformação, um recriar, repensar, reformular. Talvez seja essa a principal conclusão que se pode retirar da percepção de justiça como aporia, neste autor: a de que o fato de a justiça exceder as fronteiras do jurídico e do político e o fato de que ela não é um elemento de cálculo não pode servir como álibi para alguém negar a responsabilidade na busca da transformação das instituições que compõem a sociedade. Essa ideia está diretamente ligada ao ideal de emancipação, que Derrida afirma jamais ter sido realizado e o qual deve sempre ser perseguido.

Por isso, uma das consequências práticas da desconstrutibilidade de todos os sistemas legais emerge na questão de que o direito não pode – de maneira absoluta – fechar suas portas para aqueles que vêm a desafiá-lo e coibir qualquer forma de transformação que possa vir a ocorrer em seu cerne. A desconstrutibilidade do direito é aquilo que permite a possibilidade de sua transformação, sua abertura deveria ser interpretada como uma forma de "humildade institucional", perante os apelos à justiça.

3. Subjetividade e Justiça no Pensamento de Emmanuel Lévinas

Ante a complexidade apresentada pelo conceito de alteridade, principalmente no que diz respeito à sua inicial construção, realizada por Emmanuel Lévinas, trata-se da temática de modo não exauriente, o que vem a ser a alteridade e a possibilidade de se estabelecer uma relação entre esta a justiça no pensamento de Lévinas, em continuidade e em aprofundamento das reflexões formuladas na filosofia de Derrida.

Necessário o prévio estabelecimento no sentido de que o pensamento de Emmanuel Lévinas, apesar de derivado de dois grandes referenciais, a fenomenologia de Husserl e a ontologia de Heidegger[7], é original em suas proposições, pois, ao constituir suas categorias, rompe com a filosofia ocidental e busca, nas raízes desta, criticar a primazia do conceito do *ser*. Para tanto, Lévinas propõe a anterioridade ética da *responsabilidade pelo outro*, percebida no *face a face*, como o alicerce da filosofia, a ética como filosofia primeira, que não se baseia no *ser (ser enquanto ser)*, mas referente à subjetividade como *sensibilidade*.

A originalidade do pensamento levinasiano também pode ser considerada a partir das influências de sua vida pessoal. Natural de Kovno, na Lituânia, judeu, dominava o russo, o alemão e o francês, além do hebraico. Foi o precursor da fenomenologia na França, e sua tese de doutorado *La théorie de l´intuition dans la phénoménologie de Husserl*, assim como suas traduções influenciaram (indiretamente) pensadores como Sartre e Merleau-Ponty. Promoveu leituras talmúdicas, e constituiu uma hermenêutica própria, a qual influenciou Derrida em sua produção filosófica. Foi preso em um campo de concentração e perdeu muitos familiares durante a 2ª Guerra Mundial[8].

---

[7] LÉVINAS, Emmanuel. *Descobrindo a existência com Husserl e Heidegger*. Lisboa: Instituto Piaget, 1997; obra que apresenta a análise de Lévinas ao pensamento de Husserl e Heidegger. Em outra obra, "A consciência não intencional", expõe que: "É Husserl, sem dúvida, que está na origem dos meus escritos. É a ele que devo o conceito de intencionalidade que anima a consciência e, sobretudo, a ideia dos *horizontes* de *sentido* que esbatem, quando o pensamento é absorvido no *pensado*, o qual sempre tem a significação do ser. *Horizontes de sentido* que a análise, dita intencional, reencontra, quando se inclina sobre o *pensamento* que "esqueceu", na reflexão, e faz reviver estes horizontes do *ente* e do *ser*. Devo antes de tudo a Husserl – mas também a Heidegger – os princípios de tais análises, os exemplos e os modelos que me ensinaram como reencontrar estes horizontes e como é preciso procurá-los. É aí que está, para mim, a contribuição essencial da fenomenologia, à qual se acresce o grande princípio do qual tudo depende: o pensado – objeto, tema, sentido – faz apelo ao pensamento que o pensa, mas determina também a articulação subjetiva do seu aparecer: o ser determina seus fenômenos." LÉVINAS, Emmanuel. *Entre nós. Ensaios sobre a alteridade*. 2ª ed. Petrópolis: Vozes, 2005. p. 165.

[8] "A presente sociedade "globalizada" é fruto do sonho moderno de emancipação que buscava uma sociedade "justa, fraterna, igualitária". Este foi o refrão da Revolução Francesa, que acabou se espalhando para todo o mundo e de uma forma direta ou indireta teve uma imensa importância e influência no conjunto das concepções

Consta na biografia de Lévinas[9] que ele passou cinco anos em um campo de concentração, estada que considerou *paradoxal*, pois ao mesmo tempo em que era *protegido*, permanecendo distante da guerra, estava *preso*, longe de seus familiares, oprimido em sua condição judaica. No campo de concentração, notou a presença de um cachorro que passeava entre judeus e nazistas. Isso lhe inspirou em suas teses, pois, o cachorro observava os judeus do campo de concentração como humanos, enquanto seus vizinhos alemães da cidade próxima ao campo de Stammlager provavelmente os percebiam como subumanos, contaminados, inferiores[10]. Durante essa época, escreveu "Da existência ao existente"[11], obra em que se percebe grandes mudanças no seu pensamento do filósofo.

3.1 – Subjetividade

Lévinas deriva sua filosofia não da preservação, autossuficiência de um *eu*, autorreferente, mas antes da necessidade de determinação deste *eu*, enquanto relação e resposta ao *outro*. A relação com o *outro*, com a alteridade, se estabelece pelo *rosto*, na infinita condição do ser, para além das determinações ontológicas; em outro sentido, a relação com os *entes* implica a totalidade neutra de sentido, a compreensão e a significação destes (ontologia).

---

ocidentais de sociedade e, por extensão de convivência humana. Passaram-se anos, mesmo séculos, e não nos foi possível ver esse ideal efetivamente concretizado. Ao invés, podemos infelizmente ver tal proposta ser completamente aniquilada no anos 40, por exemplo, com o horror da II Guerra Mundial e com os campos de concentração e extermínio, a força brutal e violenta com que as pessoas eram eliminadas em nome de uma "raça pura". Justamente neste contexto de violência e de arbitrariedade praticadas com (conta) o Outro é que Emmanuel Levinas pensa em dar um sentido diferente para a radicalidade da relação Eu-Outro." GODOY, Maristela. *A constituição da subjetividade e a ação ética no pensamento de Emmanuel Levinas*. Dissertação (Mestrado). São Leopoldo: UNISINOS, 2004. pp. 7-8.

[9] Biografia consultada em COSTA, Márcio Luis. *Lévinas: uma introdução*. Petrópolis: Vozes, 2000.

[10] Nas palavras de Lévinas: "Nesse rincão da Alemanha, onde ao atravessar o povoado éramos vistos pelos moradores como judeus, esse cachorrinho evidentemente nos considerava como humanos." LÉVINAS, Emmanuel. In: POIRÉ, Fraçois. *Emmanuel Lévinas*. Apud COSTA, Márcio Luis. *Lévinas: uma introdução*. p. 40.

[11] LÉVINAS, Emmanuel. *De l'existence à l'existant*. Paris: Fontaine, 1958. LÉVINAS, Emmanuel. *Da existência ao existente*. Campinas: Papirus, 1998.

A relação com o *outro* não pode ser uma relação de dominação, de poder; isso implicaria o *extermínio* da alteridade, deve ser, por outro lado, de respeito, de *deixar ser*, de ver no *outro* a infinitude ética, "... uma relação anterior ao entendimento de uma vocação, relação que precede o entendimento e o desvelamento, precede a verdade.[12]"

O pensar levinasiano, quando trata da subjetividade, implica a percepção da consolidação de um *humanismo* filosófico centrado no *outro*. Um humanismo do *outro*, diferente do humanismo que considera todas as pessoas iguais, não as percebendo em sua unicidade e na sua temporalidade, reduzindo-as a conceitos, negando a alteridade destas[13].

O *eu* racional-cartesiano pode pensar sobre si, sobre sua própria existência e se questionar acerca dela; isso constitui um dos primeiros sinais da tomada de consciência sobre a própria existência. A partir da *razão* o ser pode buscar respostas para suas angústias existenciais, e pode descobrir a *verdade*. O *eu* criticado por Lévinas é aquele visto como forma de *eu puro*[14], como autoconsciência, o princípio de si mesmo, o que possui a *verdade* como poder.

A relação do *eu* levinasiano com as coisas é, a princípio, totalizante, o *eu* permanece o mesmo quando em contato com as coisas no mundo (entes) ao compreendê-las desde si mesmo. O conhecimento do *eu* é a representação, a conglobação das coisas em seu pensamento; inexiste, portanto, transcendência no *eu sou eu*, muito embora essa afirmação não implique em uma tautologia, o *eu* constitui-se de minhas próprias relações com o meio, o *eu* está fechado em si, diante do meio.

---

[12] LÉVINAS, Emmanuel. *Humanismo do outro homem*. Petrópolis: Vozes. 1993. p. 98.

[13] "A crise do humanismo em nossa época tem, sem dúvida, sua fonte na experiência da ineficácia humana posta em acusação pela própria abundância de nossos meios de agir e pela extensão de nossas ambições. No mundo, em que as coisas estão em seu lugar (...) em toda esta realidade "correta", o contrassenso dos vastos empreendimentos frustrados – em que política e técnica resultam na negação dos projetos que os norteiam – mostra a inconsistência do homem, joguete de suas obras." LÉVINAS, Emmanuel. *Humanismo do outro homem*... p. 71.

[14] Conceito de Husserl, em que "... o sujeito da redução, ou o *Eu* puro, é evidente a si próprio com uma evidência apodítica, o que significa que o fluxo das vivências que o constitui enquanto parece a si mesmo não pode ser posto em questão nem na sua essência, nem na sua existência." GILES, Thomas Ransom. *História do existencialismo e da fenomenologia*. São Paulo: EPU, 1989. p. 76.

A identidade[15] constitui-se a partir do *eu*, é o *ser* em que o existir consiste em se identificar, no reencontro de tudo que chega ao *ser* com o *eu*. Em outro sentido, não se deve reduzir o *outro* ao *eu*, ou seja, o *outro* não deve ser visto a partir do *meu* conceito, não devo totalizar o outro, conceituá-lo[16]. O *outro* levinasiano me interpela e me faz ser ético. O *eu* é relação, mas não é uma relação fechada em si, pois, ao relacionar-se, o ser se abre para o *outro*.

Lévinas pensa a questão da identidade a partir do *outro*, da alteridade, o que leva à ruptura com o pensamento ontológico de Heidegger[17], pois, a existência não se completa no *consigo mesmo*, mas no outro, no diferente de *si*. A compreensão levinasiana do *ser* toma a *ética* como anterioridade[18], o que difere drasticamente do *pensar e ser*, a sensibilidade

---

[15] Segundo Lévinas: " Ser yo es, fuera de toda individuación a partir de un sistema de referencias, tener la identidad como contenido. El yo, no es un ser que permanece siempre el mismo, sino el ser cuyo existir consiste en identificarse, en recobrar su identidad a través de todo lo que le acontece. Es la identidad por excelencia, la obra original de la identificación." LEVINAS, Emmanuel. *Totalidad e infinito*... p. 60. Para Heidegger, a *identidade* surge, pela história do pensamento ocidental por meio do caráter da unidade, a cada identidade forma-se a relação *com*, uma ligação, uma união que se corrobora na *unidade*. Defende que "... de cada ente enquanto tal faz parte a identidade, a unidade consigo mesmo (...) Pensar e ser têm seu lugar no mesmo e a partir deste mesmo formam uma unidade". HEIDEGGER, Martin. *O princípio da identidade*. In: Os pensadores. São Paulo: Editora Nova Cultural Ltda., 2000. pp. 174-175.

[16] "Para Lévinas, a "doação de sentido" não virá primordialmente das estruturas intencionais do *ego cogito*, mas a partir da experiência primeira e mais humana – já no nível do desejo superando a necessidade – que é a relação social com outrem como Rosto – aquele que desfaz a todo instante a fixação da imagem que dele posso inferir no fenômeno. Rosto que é completamente outro, inadequado àquela racionalidade." PELIZZOLI, Marcelo Luiz. *A relação ao outro em Husserl e Levinas*. Porto Alegre: EDIPUCRS, 1994. p. 58.

[17] HEIDEGGER, Martin. *Ser y tiempo*. Madrid: Trotta, 2006.

[18] A *anterioridade da ética*, para Lévinas, está ligada a diversas questões, pois, a consciência, a existência e a objetividade não são as únicas formas em que o ser humano pode se manifestar, a existência humana se expressa em um âmbito anterior à linguagem e à própria compreensão. A anterioridade da ética coloca-se, para o pensador, em relação à ontologia fundamental existencial e a toda e qualquer filosofia. A anterioridade expõe-se em uma racionalidade ética *pré-originária*, fundada na relação *face a face* entre os seres humanos, e antecede qualquer manifestação destes, pois, a *inteligibilidade* e a *compreensão* podem suprimir a exterioridade do *outro* pela *representação* que cada um tem do mundo e pela própria ontologia absolutizante, que nega a alteridade.

e a responsabilidade para com o outro desvinculam o pensar e o existir como apresentados por Heidegger. Antes de pensar, o *sentir* humano, representado no *face a face*[19], anterior a qualquer pretensão ontológica, anterior a qualquer compreensão ou *apreensão* do *outro* em *si*[20].

O *eu* encontra sua identidade na medida em que sai de si e se relaciona com o *outro*; nesse sentido, o respeito pelo outro como *outro* não deve passar pela vontade de possuí-lo. "A verdadeira vida está ausente[21]" pois ainda nos referimos a um *eu-mim-mesmo*, à dissolução que o outro sofre no *mesmo*. Assim, o outro é *sem posse*, não é possível exercer sobre ele nenhum poder.

Para Lévinas, o infinito está na alteridade, na impossibilidade de *dominação*, de *compreensão absoluta* do *outro* em sua diferença[22]. A razão não pode se pretender universal justamente pela impossibilidade implicada no fato de que, ao trazer o *outro* para si, o *outro* é desrespeitado em sua diferença; esse movimento ontológico exprime a opressão do *outro*, a redução do diferente ao *mesmo*.

---

[19] "O *face a face* é a experiência ética por excelência no pensamento de Lévinas e funda no aparecer do *rosto* do outro a possibilidade de universalização da razão. Isto põe em questão a pretensão de universalidade da razão ontológica que se funda no desvelamento da estreita quididade do ente à luz do ser." COSTA, Márcio Luis. *Lévinas: uma introdução*. p. 23.

[20] A perspectiva levinasiana: "Ser eu, para além de qualquer individuação a partir de algum sistema de referências, é ter a identidade como conteúdo. O eu não é um ser que permanece sempre o mesmo, mas o ser cujo existir consiste em identificar-se, em recobrar a própria identidade através de tudo o que lhe acontece. É a identidade por excelência, a obra original da identificação. O Eu é idêntico até em suas alterações." LÉVINAS. 1961a. In: COSTA, Márcio Luis. *Lévinas: uma introdução*. p. 113; difere, portanto, da heideggeriana por antepor à compreensão, ao pensar – e todas suas implicações, dominar, igualar a *si,* oprimir – a sensibilidade, a ética – como filosofia primeira – e a responsabilidade pelo *outro*. Assim, apesar de sua filosofia partir da ontologia, não contemporiza com o pensar de Heidegger, para quem: "O homem é manifestamente um ente. Como tal, faz parte da totalidade do ser, como a pedra, a árvore e a águia. Pertencer significa aqui ainda: inserido no ser. Mas o elemento distintivo do homem consiste no fato de que ele, enquanto ser pensante, aberto para o ser, está posto em face dele, permanece relacionado com o ser e assim lhe corresponde. O homem é propriamente esta relação de correspondência, e é somente isto. "Somente" não significa limitação, mas uma plenitude." HEIDEGGER, Martin. *O princípio da identidade*... p. 177.

[21] "La verdadera vida está ausente." LEVINAS, Emmanuel. *Totalidad e infinito*... p. 57.

[22] "... lo Infinito del Otro que mi pensamiento no contiene." LEVINAS, Emmanuel. *Totalidad e infinito*... p. 121.

A ontologia proposta por Lévinas lida com a categoria do *há*, ou *il y a*. O *há* (*il y a*) é o momento em que o ser passa a perceber sua existência. É um processo necessário, para que o sujeito *evolua*, ele precisa vivenciar esse momento para *sair-de-si*. O *há*, não é o *nada* heideggeriano; é o ser envolvido com a *ausência*, é o *vazio*, não é um sentimento de angústia, mas de *horror*. Nesse sentido Lévinas[23]: "Há é o fenômeno do ser impessoal: (*il y a*). A minha reflexão sobre este tema parte de lembranças da infância. Dorme-se sozinho, as pessoas adultas continuam a vida; a criança sente o silêncio de seu quarto de dormir como sussurrante. Algo que se parece com aquilo que se ouve ao aproximar-nos do ouvido uma concha vazia, como se o silêncio fosse um barulho. Algo que se pode experimentar também quando se pensa que, ainda se nada existe, o fato de que **há** não se poderia negar. Não que haja isto ou aquilo; mas a própria cena do ser estava aberta: há.".

Como a insônia, não se sabe o que é o *há*, não se tem *consciência objetiva* sobre isso. O sujeito não pode se perder no *il y a* para conseguir existir. Para tanto, é por meio da *relação* (com o outro) que o ser se liberta do *há*; é o ser responsável pelo outro *ser-para-o-outro*.

Para Lévinas, *ser* significa que *se é* ou que *il y a* (há). A relação com o mundo não é sinônimo da existência, pois, esta é anterior ao mundo (dos entes), a existência é a relação primeira que nos liga ao *ser*. O existir é anterior a *tudo* que se designa como *mundo* e a todas as relações com o mundo[24].

O *il y a* – há –, o ser em geral se recusa a tomar uma forma específica, é uma forma impessoal, e a experiência existencial deste *há* é trágica, pois lida com a existência, com o fato nu e cru do ser, é o horror dos sobreviventes à morte. Contudo, Lévinas acredita na existência de uma saída para o ser, uma forma de se *evadir do peso da existência* enquanto confronto com o fato nu e cru do ser, e não se trata do *nada* (para o pensamento levinasiano o nada é como um *intervalo* no ser), a negação do próprio ser, mas na suspensão da consciência, no sono, no *cansaço*, na

---

[23] LÉVINAS, Emmanuel. *Ética e infinito: diálogos com Philippe Nemo*. Lisboa: Edições 70, 2000. pp. 39-40.
[24] "A existência é o imediato e originário confronto com o nu e cru "fato de ser". A existência aponta para o existente que "existe-já-existindo". O existente aparece como um "há" aderido ao "há", como um "é" aderido ao "é", como um existente aderido à existência." COSTA, Márcio Luis. *Lévinas: uma introdução...* p. 72.

qual a metáfora da insônia demonstra como a existência inevitável (há) conflita com o ser. Sob esse prisma, o *existir* é um estado de *vigília*, enquanto o *sono* é o *refúgio*, a *saída do ser* do *si mesmo*. Assim: "A consciência parece contrastar com o há por sua impossibilidade de esquecê-lo e de suspendê-lo, por sua possibilidade de dormir[25]."

A saída da consciência se dá por meio da inconsciência, aparelho que a consciência utiliza *contra* si mesma. A *suspensão* do ser se realiza no sono, em que o projeto de existência, do saber da consciência são rompidos. Nesse processo, o ser não é negado, fica apenas suspenso.

A *saída* do ser para Lévinas não pode se realizar pela *negação do ser*, é imperioso que se *saia do ser*, contudo, sem negá-lo. A anulação de todos os entes em sua redução ontológica ao *nada* não pode negar o *ser*, pois, antes do *nada* subsiste o *há* (il y a) do *não há*.

A saída de *si* (do *ser*), para Lévinas, está na *responsabilidade pelo outro*, antes de se estabelecer as preocupações consigo mesmo. Para o pensador, a responsabilidade pelo outro é o *bem*, é o conteúdo ético primeiro, como se expõe: "Sair de si é ocupar-se com o outro, com o sofrimento e com a morte dele, em vez ocupar-se com sua própria morte (...) Penso que é o descobrimento do fundo de nossa humanidade, o próprio descobrimento do bem no encontro com o outro, não tenho medo da palavra bem: a responsabilidade pelo outro é o bem.[26]".

A *relação* com o mundo é o que Lévinas chama de *gozo*[27]. Sobre essa temática, trata do *alimento* como satisfação inicial[28], o meio de vida, o alimento materno e a presença sensível da mãe que constituem relações *sensíveis*, não necessariamente de cognitivas. Sobre o gozo Lévinas[29] expõe

---

[25] LÉVINAS. 1947a, P. 110-115. In: COSTA, Márcio Luis. *Lévinas: uma introdução...* p. 80.
[26] LÉVINAS, Emmanuel. In: POIRÉ, Fraçois. *Emmanuel Lévinas*. Apud. COSTA, Márcio Luis. *Lévinas: uma introdução...* pp. 44-45.
[27] "El gozo – satisfacción y egoísmo del yo – es un acabamiento com relación al cual los seres tomam o pierden su significación de médios, según se coloquen em su camino o se desvíen de él." LEVINAS, Emmanuel. *Totalidad e infinito...* p. 117.
[28] "O ato de alimentar-se é o primeiro ato moral. A pessoa que se alimenta recebe da bondade do outro o alimento; por exemplo, na relação entre recém-nascido e mãe, com a família e mais tade num âmbito social mais abrangente, a sociedade na qual a pessoa vive." SIDEKUM, Antonio. "Liturgia da alteridade en Emmanuel Levinas." In: *Utopía e Praxis Latinoamericana*. Maracaibo. Ano 10, N. 31. Pp. 115-123, Ouctubre-Diciembre, 2005. pp. 121-122.
[29] LÉVINAS, Emmanuel. *Ética e infinito...* p. 98.

que: "A relação da vida com as próprias condições da sua vida torna-se alimento e conteúdo dessa vida. A vida é amor da vida, relação com conteúdos que não são a meu ver, mas mais caros que o meu ser: pensar, comer, dormir, ler, trabalhar, aquecer-se ao sol.".

O gozo apresenta-se enquanto simples fato de poder se saciar, de modo que a existência compõe-se tanto de dores como de alegrias. O gozo é uma abertura maior do *eu*, com o gozo o ser vai se moldando, se individualiza e forma sua psique.

Contudo, o ser passa a perceber que, sozinho (em sua descoberta recém-realizada pelo gozo), ele está sujeito a contingências; surge, assim, a necessidade de se prevenir ante o amanhã, do desconhecido. O ser constitui outra *relação* com o mundo. Na *casa* do ser é que ele vai constituir sua morada, seu local de proteção e referência. O ser que vive para si é interioridade, se recolhe em um abrigo de intempéries, de inimigos e de infortúnios[30].

Quando o *eu* se depara com o *outro*, percebe a necessidade de estabelecer uma relação com este; constitui-se, assim, um *convite* para *sair-de-si* e se deixar *interpelar* pelo outro. O tempo nessa relação não é sincrônico, mas diacrônico, cada ser na relação, no *face-a-face*, possui seu tempo.

Na saída do *eu* para o mundo este se relaciona com o *outro*, no momento da relação, faz-se necessária a ética[31], e este é um momento de transcendência[32].

---

30 "Deve ficar claro que a crítica à estrutura e à atividade da identidade do Mesmo pressuporá ainda este Mesmo; ela não visa à destruição de sua identidade, mas sim à constituição de uma individualidade e interioridade concreta, aquém da tautologia da representação, aquém do eu puro, aquém do eu imerso na "ingenuidade apodítica" da razão participativa." PELIZZOLI, Marcelo Luiz. *A relação ao outro...* p. 70.

31 "A relação entre os entes humanos não é ontológica, mas ética. A ética, mais que relação, é experiência: experimentar na transcendência a vergonha e a culpabilidade de uma ingênua liberdade individual e egoísta que tudo pretende agarrar, objetivar e fazer seu para explorar; experimentar em mim a ideia do infinito que é o Outro como limite do eu posso poder e como primeira aproximação ou Outro; experimentar o desejo metafísico pelo Outro a quem ainda não se acedeu; experimentar o encontro sem mediações com o rosto do Outro estando face-a-face com ele." COSTA, Márcio Luis. *Lévinas: uma introdução...* p. 139.

32 "O movimento do encontro não se acrescenta ao rosto imóvel; está no próprio rosto. O rosto é, por si mesmo, visitação e transcendência." LÉVINAS, Emmanuel. *Humanismo do outro homem...* p. 67.

A transcendência se manifesta na *epifania* do rosto[33], o ser exterior que se apresenta para além de sua representação em mim. A alteridade é assim, uma saída do *Um*, abandono de si, expulsão do si mesmo de sua própria casa. O rosto para Lévinas é a parte mais nua, mais exposta às violências.

O *rosto* é a recusa ao conteúdo, não pode ser compreendido, englobado, o *rosto* é fenômeno não compreendido para a razão, é um apelo da *exteriorização*, ante a requisição humanitária da presença do outro[34].

O outro enquanto outro escapa da fenomenologia do *olhar*. A aparição do rosto desnudo no mundo do *eu* é a revelação do outro que exige respeito e acolhida em sua exterioridade[35], implica uma exigência levinasiana pela ética: *Não matarás!* A morte é a negação da infinitude do outro, reduzindo-o a um mero *ente* no mundo, significando-o a partir da totalidade. Nesse sentido diz Lévinas[36]: "O tu não matarás é a primeira palavra do rosto. Ora é uma ordem, há no aparecer do rosto um mandamento, como se algum senhor me falasse. Apesar de tudo, ao mesmo tempo o rosto de outrem está nu; é o pobre por quem posso tudo e a quem tudo devo. E eu, que sou eu, mas enquanto primeira pessoa, sou aquele que encontra processos para responder ao apelo.".

O desejo[37] se manifesta a partir do rosto do *outro*, rosto como alteridade, revelação da interioridade do *outro*, outro que me interpela e me

---

[33] "O rosto é, pois, o próprio sentido, o qual não se determina pelo crivo das mediações lógico-semânticas e referenciais, ou pelas condições e possibilidades de um *cogito*. Incontido, infinito, será inteligível em outro âmbito que o da adequação à visão – "o rosto fala", leva-nos a transcender o ser como correlativo de um saber." PELIZZOLI, Marcelo Luiz. *A relação ao outro...* p. 86.

[34] "O eu nunca terá domínio conceitual ou mesmo físico sobre o outrem na concepção de Levinas, porque a própria grandeza da alteridade e sua forma de apresentação requer uma vazão do ser e do egoísmo." GODOY, Maristela. *A constituição da subjetividade...* pp. 23-24.

[35] "... a proposição da exterioridade será feita em duas frentes – a primeira, uma exterioridade mais "fraca" e a segunda uma exterioridade "forte" (irredutível). A primeira é o mundo como *anterior* ao tempo da consciência, uma base concreta para o tempo da representação e para a identidade do eu como Mesmo, no "para-mim" do mundo. Ou seja, o mundo como condição material da consciência e exterior a ela (...) A segunda é a exterioridade do outro como Rosto, motivada pelo Desejo." PELIZZOLI, Marcelo Luiz. *A relação ao outro...* p. 70.

[36] LÉVINAS, Emmanuel. *Ética e infinito...* p. 80.

[37] "No Desejo, o Eu (*Moi*) põe-se em movimento para o Outro, de maneira a comprometer a soberana identificação do Eu (*Moi*) consigo mesmo (...) O Desejável não

convida à responsabilidade[38]. O rosto é presença, não se vincula a qualquer representação simbólica, a qualquer realidade ou temporalidade, é o convite para que o *eu* estabeleça a responsabilidade pelo *outro*. A *epifania* do rosto é a linguagem ética, o rosto que *me fala*, é comunicação, está aberto para uma relação. Sobre o rosto, pode-se dizer ainda que este não é desvelamento, não é possível tematizar o rosto.

O pensamento levinasiano parte do pressuposto da negação da alteridade[39], ou seja, que não somos vistos em nossas individualidades, nem mesmo com o respeito que merecemos enquanto subjetividade. Assim, na apresentação do rosto nu[40], do indigente, da viúva, do órfão e do estrangeiro[41], isto é, daqueles que são relegados ao mesmo, é um olhar de denúncia e de apelo, é algo simbólico que esconde na dimensão carnal

---

preenche meu Desejo, mas aprofunda-o, almientando-me, de alguma forma, de novas fomes. O Desejo revela-se bondade. Há em Crime e Castigo, de Dostoievsky, uma cena em que, a propósito de Sônia Marmeladova que olha para Raskolnikov no seu desespero, Dostoievsky fala de "insaciável compaixão". É como se a compaixão que vai de Sônia a Raskolnikov fossa uma fome que a presença deste último alimentasse para além de toda saturação, aumentando, ao infinito, esta mesma fome." LÉVINAS, Emmanuel. *Humanismo do outro homem...* p. 49.

[38] "... para além dos motivos certos de exceção humana como dignidade da pessoa, *conatus* e preocupação de ser em um ser consciente de sua morte – à impossibilidade de rescindir a responsabilidade pelo outro, à impossibilidade mais impossível de deixar sua pele, ao dever imprescritível que ultrapassa as *forças de ser*. Dever que não pediu consentimento, que veio em mim traumaticamente, de aquém de todo presente memorável, anarquicamente, sem começar." LÉVINAS, Emmanuel. *Humanismo do outro homem...* p. 16.

[39] "Corremos os risco de não perceber a vida que está aí diante de nós, e que precisa da nossa resposta. Corremos o risco de não perceber o rosto do outro que se encontra caído pelas ruas, o outro que em muitas situações está com sua dignidade ameaçada." GODOY, Maristela. *A constituição da subjetividade...* pp. 117-118.

[40] "La desnude zes rostro. La desnudez del rostro no es lo que se ofrece a mi par que lo devele y que, por esto, me sería ofrecido, a mis poderes, a mis ojos, a mis percepciones em una luz exterior a él. El rostro se ha vuelto hacia mí y es esa su misma desnudez. Es por sí mismo y no com referencia a un sistema." LEVINAS, Emmanuel. *Totalidad e infinito...* p. 98.

[41] "A quatríade é a seguinte: "o pobre" (que não tem recursos econômicos), "a viúva" (que não tem marido que a sustente), "o órfão" (que não tem abrigo que o recolha), "o estrangeiro" (que não tem pátria onde pisar). Em síntese, são "os condenados da terra", que hoje chamamos de excluídos. Pois bem, para Lévinas, a única ideia que lhes cabe é a "idéia do infinito"!" CINTRA, Benedito Eliseu. "Emmanuel Lévinas e a ideia do infinito." In: *Margem*. São Paulo, N. 16, pp. 107-117, Dez. 2002. pp. 114-115.

e fenomenológica a transcendência do seu mundo, da sua dor e de sua história.

3.2 – Justiça

Lévinas busca uma justiça vinculada aos indivíduos concretos, a justiça provém dessa concretude, não inspirada por um ideal, mas pela *palavra concreta*, pelo discurso[42] do Outro, o *terceiro* que surge de modo discreto no rosto do Outro, que está ali, a todo o momento presente, no *olhar* que também me olha.

O discurso do Outro carrega a fala de toda a humanidade. A justiça, assim, não pode estar distante da relação do *face-a-face*, do contrário transformar-se-á em tirania. Tanto a *justiça* como a *política* devem estar permeadas pela concretude da *fala* do Outro.

Lévinas entende que é a própria *responsabilidade* ou o *Dizer* que exige a manifestação, porque exige a justiça. O argumento que justifica a passagem do *Dizer* ao *Dito* ou do outramente que ser ao ser é o célebre *ingresso* do *terceiro*[43] na proximidade: a subjetividade não é responsável por apenas *um outro*, o próximo, mas também pelo terceiro que é o *próximo do outro* ou o outro próximo, e assim por todos os outros, próximos e distantes que, *todos*, me dizem respeito e me convidam desde seus rostos.

Isto introduz uma questão, pois, na imediatez da *proximidade*, que é o problema da *justiça*, porque a *responsabilidade pelo próximo* não resolve as *responsabilidades por todos* os outros[44]. Surge então a questão do que devo fazer com a justiça, um problema da consciência, eis que a *procura*

---

[42] "El discurso no es simplemente una modificación de la intuición (o del pensamiento), sino una relación original con el ser exterior. (...) Es la producción de sentido. El sentido no se produce como uma esencia ideal: es dicho y enseñado por la presencia, y la enseñanza no se reduce a la intuición sensible o intelectual, que es el pensamiento del Mismo." LEVINAS, Emmanuel. *Totalidad e infinito*... p. 98.

[43] "O terceiro é o ser livre contra o qual posso cometer injustiça, violentando-lhe a liberdade. A totalidade se constitui graças a outrem como terceiro." LÉVINAS, Emmanuel. *Entre nós*... p. 52.

[44] "Eu tenho dito: é em nome da responsabilidade por outrem, da misericórdia, da bondade às quais apela o rosto do outro homem que todo o discurso da justiça se põe em movimento, sejam quais foram as limitações e os rigores da *dura lex* que ele terá trazido à infinita benevolência para com outrem." LÉVINAS, Emmanuel. *Entre nós*... p. 294.

da justa medida da responsabilidade por todos, ou da *justiça para todos*. O terceiro faz surgir a ordem do ser em que o Outro e o terceiro podem *ser* juntos, ao mesmo tempo, iguais – esta é situação do nascimento da justiça.

A justiça apresentar-se-á como um árbitro sempre disposto a ouvir. A universalidade da lei não pode fazer desaparecer as diferentes falas e suas *exigências*, por isso nem sempre a democracia surgirá como justa. A tirania da maioria pode levar a sistemas autoritários e ditatoriais, como o stalinismo, o nazismo e o fascismo.

Lévinas reitera que a justiça fundamenta a *verdade*, que a *consciência* da minha *indignidade* moral, da *arbitrariedade* da liberdade *injustificada* apenas torna possível a verdade do ser. Contudo, é-nos dito também que a verdade é a *justiça*[45], que é o mesmo movimento metafísico da resposta do Eu, do dizer ou do testemunho do Eu.

A paz que deve proporcionar a justiça não representa necessariamente o fim dos combates, em que se percebe a vitória de uns em nome da derrota de outros. Este é o retrato de nossa história, sempre pronta a servir seus vitoriosos, em nome de uma ordem, em que o progresso só beneficiou a poucos. As *vítimas*, os excluídos da história, hoje exigem uma *justiça* que deve ser balizada pela ética, pela *responsabilidade pelo outro*[46].

Pela razão é possível assegurar os *discursos*, garantindo um *acordo*, que não deve implicar uma unidade vazia, mas o *respeito às diferenças*.

No *rosto* levinasiano se encontra uma ordem constante, um chamamento à *justiça* e um profundo apelo que vem dos oprimidos, daqueles *expulsos de sua própria condição humana*[47].

---

[45] "A condição da verdade da proposição não reside no desvelamento de um ente ou do ser de um ente, mas na expressão do interlocutor a quem eu *digo* tanto o ente que ele é como o ser de seu ente." LÉVINAS, Emmanuel. *Entre nós...* p. 61.

[46] "... na concretude de uma responsabilidade por outrem: responsabilidade que lhe incumbiria imediatamente na própria percepção de outrem, mas como se nesta representação, nesta presença, ela já precedesse esta percepção, como se ela já estivesse aí, mais velha que o presente, e, por isso, responsabilidade indeclinável, duma ordem estranha ao saber; como se, de toda a eternidade, o eu fosse o primeiro chamado a esta responsabilidade; impermutável e assim único, assim eu, refém eleito, o eleito. Ética do encontro, socialidade." LÉVINAS, Emmanuel. *Entre nós...* p. 291.

[47] "É esta presença para mim de um ser idêntico a si, que eu chamo presença do rosto. O rosto é a própria identidade de um ser. Ele se manifesta aí a partir dele mesmo, sem conceito. A presença sensível deste casto pedaço de pele, com testa, nariz,

É nessa *ferida aberta*, trazida nas marcas destes rostos, que Lévinas encontra o verdadeiro sentido do humano. Na fragilidade do existir surge a voz de um mestre[48] que me ensina esse sentido. Assim, parece haver uma preferência à *injustiça sofrida à injustiça cometida*. A justiça deve, a partir desta lógica, rever-se constantemente, pôr-se também em questão.

O problema é: quem colocará a justiça em questão? Parece que se faria necessária uma *instância superior* capaz de *exigir justiça* da própria *justiça*. Nesse sentido, se percebe que para Lévinas há um rearranjo das ordens sociais, em que a *hierarquia* só poderá ser legitimada se for capaz de *traduzir as vozes* do *povos*[49].

Qualquer cidadão, desse modo, é capaz e legítimo para inquirir a justiça e exigir que ela esteja a serviço de um *compromisso ético*. Dentro da sociedade, a própria justiça deverá atualizar e prolongar a responsabilidade pelo Outro. A política deve orientar-se pela Ética, senão se perde na teoria de princípios que não consegue cumprir, ou seja, a justiça exercida pelas instituições deve buscar inspiração na relação do face a face que é sempre original.

A entrada do terceiro provoca no Eu a consciência dos limites de sua bondade, pois este não pode prestar atenção somente no Outro, mas em todos aqueles que estão à sua volta.

Deve-se ir em busca de um Estado orientado para a *justiça* e não na busca de uma justiça que surja para assegurar a subsistência do Estado. Lévinas destaca que o *Estado Moderno* representou na verdade a possibilidade de concretização de seus desejos, o começo da história de seres livres[50].

---

olhos, boca, não é signo que permita remontar ao significado, nem máscara que o dissimula. A presença sensível, aqui, se dessensibiliza para deixar surgir diretamente aquele que não se refere senão a si, o idêntico." LÉVINAS, Emmanuel. *Entre nós...* p. 59.

[48] "La verdad se conecta a la relación social que es justicia. La justicia consiste em reconocer em outro a mi maestro. La igualdad entre personas no significa nada por sí mesma." LEVINAS, Emmanuel. *Totalidad e infinito...* p. 95.

[49] "O interlocutor aparece como que sem história fora do sistema. Não lhe posso fazer nem injustiça nem justiça, ele permanece transcendente na expressão." LÉVINAS, Emmanuel. *Entre nós...* p. 61.

[50] Nesse sentido a análise de Lévinas sobre a Declaração dos direitos fundamentais do homem.

A *justiça* como um dito necessário, uma resposta concreta à *fome do Outro* que não pode esperar não pode esquecer sua inspiração, ou seja, a significação primeira, o *dizer* presente no rosto. O *dito* é a resposta possível, sempre insuficiente para responder ao *dizer* que nos remete a um além, mas que possui sua significação no *rosto*. A justiça representa a urgência do presente, enquanto o *rosto* é a expressão de um além e um aquém (futuro e passado) de si mesmo. Assim, a justiça não pode se contentar com suas conquistas, devendo sempre ser revista. A Ética[51] é então o movimento possível da justiça. A justiça é, desse modo, a responsabilidade pela vida, a impossibilidade de omissão diante da negação da alteridade.

4. Bibliografia

BREADSWORTH, R. *Derrida and the political*. Londres: Routledge, 1996.

CINTRA, Benedito Eliseu. "Emmanuel Lévinas e a ideia do infinito." In: Margem. São Paulo, N. 16, Pgs. 107-117, Dez. 2002.

CORNELL, D. "The violence of the Masquerade: law dressed up as justice". In: *Deconstruction and the Possibility of Justice*. Cardozo Law Review, v. 11, n. 5-6; 1047-1064, 1990.

COSTA, Márcio Luis. *Lévinas: uma introdução*. Petrópolis: Vozes, 2000.

CRITCHLEY, S. *The ethics of deconstruction*: Derrida and Levinas. Oxford: Blackwell, 1992.

_____. "Derrida: private ironist or public liberal?" In: MOUFFE, C. (org). *Deconstruction and pragmatism*. Londres: Routledge, 1997.

DERRIDA, J. "Force of law: the 'mystical foundation of authority'". In: *Deconstruction and the Possibility of Justice*. Cardozo Law Review, v. 11, n. 5-6; 919-1046, 1990.

_____. "Remarks on deconstruction and pragmatism". In: MOUFFE, C. (org). *Deconstruction and pragmatism*. Londres: Routledge, 1997.

FABRI, Marcelo. *Desencantando a ontologia: subjetividade e sentido ético em Levinas*. Porto Alegre: EDIPUCRS, 1997.

---

[51] "La relación ética, opuesta a la filosofia primera de la identificación de la libertad y del poder, no está contra la verdad, va hacia el ser em su exterioridad absoluta y lleva a cabo la intención misma que anima la marcha hacia la verdad." *Totalidad e infinito...* p. 71.

GILES, Thomas Ransom. *História do existencialismo e da fenomenologia*. São Paulo: EPU, 1989.

GODOY, Maristela. *A constituição da subjetividade e a ação ética no pensamento de Emmanuel Levinas*. Dissertação (Mestrado). São Leopoldo: UNISINOS, 2004.

HEIDEGGER, Martin. *Ser y tiempo*. Madrid: Trotta, 2006.

KORELC, Martina. *O problema do ser na obra de E. Levinas*. Tese (Doutorado). Porto Alegre: PUCRS, 2006.

LÉVINAS, Emmanuel. *Descobrindo a existência com Husserl e Heidegger*. Lisboa: Instituto Piaget, 1997.

_____. *Da existência ao existente*. Campinas: Papirus, 1998.

_____. *De l´existence à l´existant*. Paris: Fontaine, 1958.

_____. *Entre nós. Ensaios sobre a alteridade*. 2ª ed. Petrópolis: Vozes, 2005.

_____. *Ética e infinito: diálogos com Philippe Nemo*. Lisboa: Edições 70, 2000.

_____. *Humanismo do outro homem*. Petrópolis: Vozes. 1993.

_____. *Más allá del versículo*. 1ª ed. Buenos Aires: Lilmod, 2006.

_____. *Totalidad e infinito. Ensayo sobre la exterioridad*. 2ª ed. Salamanca: Ediciones Sígueme, 1987.

MENEZES, Magali Mendes. *O Dizer – Um ensaio desde E. Lévinas e J. Derrida sobre linguagem estrangeira do Outro, da Palavra e do Corpo*. Tese (Doutorado). Porto Alegre: PUCRS, 2004.

PELIZZOLI, Marcelo Luiz. *A relação ao outro em Husserl e Levinas*. Porto Alegre: EDIPUCRS, 1994.

SIDEKUM, Antonio. "Liturgia da alteridade en Emmanuel Levinas." In: *Utopía e Praxis Latinoamericana*. Maracaibo. Ano 10, N. 31. Pgs. 115-123, Ouctubre-Diciembre, 2005.

SUCASAS, Alberto. *Levinas: lectura de um palimpesto*. 1ª ed. Buenos Aires: Lilmod, 2006.

O CONCEITO DE JUSTIÇA PARA OS ANTIGOS: SOFISTAS, SÓCRATES, PLATÃO E ARISTÓTELES

*Kendra Corrêa Barão**

Sumário: 1. Introdução; 2. Filosofia do Direito para os Gregos; 3. A Contribuição dos Sofistas; 4. A Contribuição de Sócrates; 5. A Contribuição de Platão; 6. A Contribuição de Aristóteles; 7. Conclusão; 8. Bibliografia.

1. Introdução

As Cidades-Estados antigas culminaram como o horizonte ético do homem grego, a ponto de os cidadãos chegarem a sentir os fins da sociedade como os seus próprios fins, quais sejam: o Direito, a justiça, a felicidade e a virtude. Até o início do século VI a. C., os gregos viveram um período essencialmente mitológico e religioso. Pelo fato de os gregos se preocuparem, no início, exclusivamente com a natureza física, a mente helênica não se viu voltada para os problemas éticos, nem tampouco jurídicos. Assim, a escola Jônica, uma das mais antigas, se preocupou em explicar os fenômenos do mundo sensível e foram representantes desta Tales, Anaximandro e Heráclito, dentre outros.

---

* Possui graduação em Direito pelo Centro Universitário de Maringá (colação de grau em 15/02/2007). Concluiu em 2007, as Pós-Graduações: Escola da Magistratura de Maringá e Direito e Processo do Trabalho pela OAB. Atualmente, é mestranda pela Universidade Estadual de Londrina. É inscrita na Ordem dos Advogados do Brasil (Paraná), sob nº 44367. Desenvolveu, entre os anos de 2006/2008, assistência jurídica no gabinete da 5ª Vara Cível do Fórum de Maringá. Tem experiência na área de Direito, com ênfase em Introdução ao Estudo do Direito, Direito Constitucional, Direito Civil (geral, obrigações, contratos, coisas, família e sucessões) e Processo Civil.

Por volta das últimas décadas do século VI, os gregos criam o gênero literário chamado tragédia.[1] Tal gênero vem exprimir as contradições do homem grego na pólis democrática, já tão modificada, com novas leis, em relação à antiga pólis. Esse conflito entre o antigo e o novo levará o poeta trágico a usufruir sobretudo da linguagem jurídica, já que, mais do que nenhuma outra linguagem, a do Direito se prestava a exprimir os conflitos existentes na cidade, norteando a própria realidade então vivida na pólis democrática e desenvolvida.

As novas leis e esse novo vocabulário jurídico (lei *nomos*, justiça *dikes*, direito *to dikaion*) ainda não haviam penetrado totalmente no espírito grego, de modo que se desvinculavam demasiadamente das antigas tradições e das antigas leis.

A filosofia não é puro *logos*, pura razão: é sim uma procura amorosa da verdade.

O ponto de partida da Filosofia é a confiança no pensamento ou no homem como um ser racional, capaz de conhecer-se a si mesmo e, portanto, capaz de reflexão. Ela se volta para as questões humanas no plano da ação, dos comportamentos, das ideias, das crenças e dos valores a ponto de buscar uma aproximação nas definições das virtudes morais e das virtudes políticas, já que estas constantemente norteiam os seres humanos. Cabe a essa ciência buscar um conceito para além das opiniões, a fim de atingir uma verdade invisível, imutável, universal e necessária.[2]

A Filosofia do Direito nada mais é que o resultado de uma reflexão, uma vez que a realidade modifica-se continuamente em relação às condições de cada povo e de cada época. O ponto de partida da Filosofia do Direito é o pensamento grego. Seria então útil a sua pesquisa histórica? Seu conjunto de informações teria algo a informar na atualidade? O *homo juridicus* que adota uma postura mais radical diria que não. Entretanto, apesar de o Direito ser móvel, este possui elementos invariáveis, comuns aos povos na diversidade do tempo e do espaço.[3]

Além disso, todo o tipo de investigação histórica é mister para que se obtenha uma compreensão da cultura contemporânea, ainda mais quando o assunto referencial for filosofia. Direito, justiça e lei são palavras que os

---

[1] BORGES, Arnaldo. Origens da Filosofia do Direito: Sergio Antonio Fabris Editor, p. 33.
[2] CHAUÍ, Marilena. Convite à Filosofia: Editora Ática, 12ª edição, 2007, p. 34-39.
[3] NADER, Paulo. Filosofia do Direito: Editora Forense, 6ª ed., p. 100.

modernos já encontraram no meio do caminho e, apesar de as ciências estarem mirando sempre o futuro, a ciência filosófica é essencialmente retrospectiva.[4]

Segundo Del Vecchio (grande jurisfilósofo, italiano), "(...) o presente, sem o passado, carece de sentido; e o passado revive no presente"[5]. Eis a importância de um estudo voltado para os antigos, já que seria extremamente trágico limitar a história a uma exposição de opiniões.[6] A sabedoria humana é uma soma de experiências de sucessivas gerações, sendo que a sede pelo saber foi constante, embora de tempos em tempos o processo fosse sendo realizado mais lenta ou mais rapidamente.

2. Filosofia do Direito para os Gregos

A generalidade dos gregos levou-os a ver uma ordem, uma unidade, uma harmonia por detrás da multiplicidade caótica das coisas e dos acontecimentos.[7] Platão dizia que "é necessário ir até onde nos leva a Filosofia e o espírito".[8] Assim como a religião envolvia toda a esfera social da vida do grego, o direito consequentemente também passou a fazer parte desta atmosfera. O Direito provinha da divindade, dispondo da ordem e da harmonia. O rei recebia Themis e cetro (entidades que personificam o direito) de Zeus e, segundo a tradição consuetudinária, criava-se as normas que deveriam ser aplicadas.[9]

---

[4] BORGES, Arnaldo. Origens da Filosofia do Direito: Sergio Antonio Fabris Editor, p. 9-13.
[5] NADER, Paulo. Filosofia do Direito. Rio de Janeiro: Editora Forense. 2002, 6ª ed. p. p. 100.
[6] Introdução à História da Filosofia, 3ª ed., Armênio Amado Editor, Sucessor, Coimbra, 1974, p. 50.
[7] TELES, Antônio Xavier Teles. Introdução ao Estudo de Filosofia: Editora Ática. 33ª ed., São Paulo, 1999, p. 22.
[8] PLATÃO. A República. Tradução de Albertino Pinheiro. 6ª Ed. São Paulo: Atena, Biblioteca Clássica, 1956, Capítulo III, p. 394.
[9] BORGES, Arnaldo. Origens da Filosofia do Direito: Sergio Antonio Fabris Editor, p. 21-25. Mas o abuso tanto da parte do rei como dos nobres ao criar tais leis, trouxe a necessidade de leis escritas. Dike (justiça) aspirava o sentido de igualdade de todos perante a lei e ajudou para que uma nova consciência social fosse formada. A busca de um direito igualitário era de grande desafio para os tempos antigos. Eles buscavam "uma medida justa" para a atribuição do direito. A própria

A mais alta meta para os tempos antigos era a busca de um direito igualitário. Seria então neste momento que surgiria o problema em relação ao peso e à medida para o intercâmbio de mercadorias. Procurava-se uma medida "justa" para a atribuição do direito, e foi na exigência da igualdade, implícita no conceito de *dike* (sentido de igualdade perante a lei) que se encontrou tal medida. Trata-se aqui da própria factilidade daquilo que é o meu e o teu numa disputa, numa relação.[10] Tudo acontece numa certa igualdade que orienta o juiz na busca do justo.

Uma nova consciência do direito trouxe a palavra genérica *dikaiosyne*, que se traduz por justiça. Esta palavra chegara a Platão e a Aristóteles como a mais alta das virtudes, que significava a perfeição do homem. Instaurava-se também a exigência de uma igualdade de todos perante a lei. A lei, para os gregos, não era algo imposto pelo Estado, como para nós, modernos, parece ser. A lei para eles provinha de uma tradição oral e consuetudinária. Desta forma, era uma regra nascida no seio da pólis, naturalmente.

3. A Contribuição dos Sofistas

O movimento sofístico aparece na Grécia no século V. Estes possuíam características particulares, tais como: eram professores ambulantes que iam de cidade em cidade ensinando os jovens, ensinavam por dinheiro, conquistavam grande êxito social devido ao estilo oratório e retórico, mas fundamentalmente pedagogo. Tinham pretensões de que sabiam tudo e de que tudo ensinavam.

---

factilidade entre aquilo que é meu e teu numa disputa, revelava que a preocupação do justo já não mais envolvia um direito abstrato. O juiz era orientado para a busca da medida mais justa. A leis escrita, neste momento, se torna uma realidade na cidade. Porém, a lei (nomos), para os gregos, não era algo imposto pelo Estado, como estamos acostumados a pensar. A lei nada mais era que um conjunto da tradição oral e consuetudinária. A lei não era algo forçoso, mas era sim uma regra nascida naturalmente no seio da pólis. Ela reinava na cidade, com um significado que já não podemos perceber, pois o seu significado é muito mais para o costume do que qualquer ideia que façamos da lei em nossos dias. Antes mesmo que surgissem os primeiros filósofos pelo século VI, um vocabulário filosófico-jurídico já existia e felizmente alcançaria o mundo moderno.

[10] BORGES, Arnaldo. Origens da Filosofia do Direito. Sergio Antonio Fabris Editor, p. 23.

A pólis vive um período muito conturbado neste momento, em que a ciência envolvia quase todos os campos de investigação. A vida econômica está mudada em face do alargamento das atividades produtivas e do incremento das relações exteriores. A educação tradicional, à base de música, rítmica e ginástica, tornara-se insuficiente para preparar aqueles que desejavam intervir de maneira eficaz na arena política.

A palavra sofista deriva da mesma raiz *Sofia*, sabedoria. A sofística põe o problema do ser e do não-ser, mas o propósito de si mesma e, portanto, do homem. Ela tinha um caráter público, de modo que fosse dirigida aos cidadãos. Os sofistas de maior importância foram Hípias, Pródico, Eutidemo, Protágoras e Górgias.

O uso da palavra "sofista" é empregado em sentido elogioso pelos escritores do século V. Mas a partir da guerra de Peloponeso (431-404 a. C.) o termo adquire um sentido pejorativo e desfavorável, já que suscitou reações opostas dos tradicionalistas. Aristóteles qualifica-os de "traficantes de sabedoria aparente, mas não real." (Soph. El, I 165 a 21). Platão realça a sua vaidade como "caçadores interessados de gente rica, vendedores caros de ciência não real, mas aparente." (Mênon 91c; Sofista 231d; Crátilo 403).

O aparecimento da Sofística, no século V a. C., não se registrou por acaso, mas em decorrência do fato histórico da democratização de Atenas que, à época de Péricles, renunciara ao regime aristocrático. As necessidades às quais os Sofistas procuravam atender eram de todas as cidades gregas democráticas, onde agora todo e qualquer cidadão podia participar da vida na pólis. Péricles abria frente agora para uma virtude política que não mais dependeria da tradição, da família ou do sangue, mas sim de uma nova pedagogia, cujo pressuposto é a igualdade e a liberdade de todos os cidadãos.

Foi um período de culto às grandes personalidades, e, pela necessidade de se educar o jovem cidadão nas mais diversas artes com uma formação mais ampla, acompanhada de um domínio exato da língua e da flexibilidade e agudeza dialética necessárias para derrotar o adversário, nada melhor que os sofistas que sabiam falar sobre tudo para preparar tais jovens para assumir a direção do governo da pólis.

Um fato que motivava os sofistas e valorizava as suas orientações era a circunstância de que, na Ágora (reunião dos cidadãos no centro da cidade como um debate para discutir os problemas da pólis), os cidadãos expunham oralmente, diante dos juízes, as suas próprias causas.¹¹ Embora defendessem, algumas vezes, teses absurdas, provocando reações, não tinham o hábito de fundar seus argumentos em princípios religiosos, daí Hans Welzel ter realçado que o aparecimento dos sofistas trouxe para o espírito grego o advento da Ilustração.¹²

Na Filosofia a sofística representa uma crise, na qual a ciência correu o perigo de petrificar-se, convertendo-se em utilitarismo e em retórica vazia. Tanto que os sofistas possuíam certo relativismo na medida em que fixavam-se na impermanência e na pluralidade, e eram subjetivistas ao ponto de apreciar cada coisa como lhes parecesse. Eram céticos e indiferentes quanto a aspectos morais e religiosos. Abusavam de uma frivolidade intelectual em que podiam confiar ilimitadamente no poder da palavra.

Os sofistas conseguiram trazer um giro copernicano na filosofia grega, que abandonou suas investigações cosmológicas pela fase da antropologia. Pelo fato de não terem deixado escritos, suas ideias são conhecidas pelas obras de seus adversários, especialmente pelos diálogos platônicos. Não chegaram a formar uma escola, pois não adotaram uma linha única de pensamento, sendo comum uma divergência de ideias; entretanto, convergiam seu estudo num idêntico alvo: o homem e seus problemas psicológicos, morais e sociais. Eles ensinavam que cada homem possui seu modo próprio de ver e de conhecer as coisas.

Neste sentido, o direito, para eles, é algo relativo, opinião mutável, expressão do arbítrio e da força: "justo é aquilo que favorece ao mais forte". Assim, Trasímaco pergunta se a justiça é um bem ou um mal, e responde: "A justiça é na realidade um bem de outrem; é uma vantagem para quem manda, é um dano para quem obedece."¹³

Em geral, os sofistas eram céticos em moral e mais negadores e destruidores do que construtivos e afirmativos. Pode-se dizer que eles suscitaram a grande filosofia idealistas grega, da qual nenhum outro povo orgulhou-se de pertencer. Eles são uma consequência natural daquele momento, de forma que foram eles pela primeira vez que fizeram as

---

[11] NADER, Paulo. Filosofia do Direito. Rio de Janeiro: Editora Forense. 2002. 6ª ed. p. 104.
[12] WELZEL, Hans. Introducción a la Filosofia del Derecho, 2ª ed. espanhola, Aguilar, Madrid, 1971, p. 6.
[13] VECCHIO, Giorgio Del. Lições de Filosofia do Direito. Coleção Studium, 5ª ed., 34-35.

perguntas pelo fundamento da lei, pela sua validade, pela definição do direito e da justiça.

Acreditavam que as leis variam de cidade-Estado para cidade-Estado e que, para ser cidadão de uma pólis, este deveria obedecer às suas leis. Surge então certo relativismo, já que as leis estão em um aberto confronto com a natureza, com a ordem natural do mundo físico.[14]

A proposição fundamental de Protágoras foi o axioma: "O homem é a medida de todas as coisas, dos que são pelo que são, e das que não são pelo que não são." Tal expressão foi considerada a magna carta do relativismo ocidental e trouxe à tona exatamente o indivíduo singular.[15] Deste modo, o sofista tinha o intuito de preparar todo e qualquer aluno para os conflitos de pensamento ou de ação da vida social, isto é, tratava-se de ensinar a criticar e a discutir, organizando um torneio de razões e de contrarrazões.[16]

"Algum estudioso tentou interpretar o princípio protagoriano sustentando que o homem do qual ele fala não é o homem individual, mas a espécie homem, fazendo assim de Protágoras um precursor de Kant; mas todas as nossas fontes antigas excluem decididamente a possibilidade desta exegese."[17]

Segundo Diógenes Laércio, Protágoras afirmava que "em torno de cada coisa existem dois raciocínios que se contrapõem entre si", isto é, que sobre cada coisa é possível dizer e contradizer, aduzir razões que reciprocamente se anulam. Deste modo, o objetivo de Protágoras seria ensinar como é possível sustentar o argumento mais frágil, o que certamente não significa que ele ensinasse a injustiça e a iniquidade contra a justiça e a retidão, mas simplesmente que ele ensinava os modos com os quais era possível sustentar e levar à vitória o argumento (qualquer que fosse o conteúdo) que, na discussão, em determinadas circunstâncias, podia resultar o mais frágil.[18]

---

[14] BORGES, Arnaldo. Origens da Filosofia do Direito. Sergio Antonio Fabris Editor. p. 38-39.
[15] GIOVANNI, Reale. História da Filosofia Grega antiga: tradução Marcelo Perine. São Paulo: Loyola, 1993, p. 200.
[16] ROBIN, Storia del pensiero greco, p. 179.
[17] REALE, Giovanni. História da Filosofia Antiga. Tradução de Marcelo Perine. São Paulo: Loyola, 1993, p. 200-201.
[18] REALE, Giovanni. História da Filosofia Antiga. Tradução Marcelo Perine. São Paulo: Loyola, 1993, p. 202.

Adotaram um convencionalismo jurídico acentuando a contraposição entre lei e natureza. Não acreditavam em leis imutáveis e eram convencidos de que estas não passavam de convenções dos homens para poder viver em sociedade. A única lei que o homem poderia ter era a "natural" de seus instintos. Como não havia nada justo nem injusto em si, acreditavam num oportunismo político, em que todos os meios são bons para conseguir o fim a que cada qual se propõe. Disto temos "o fim justifica os meios".

Em vez de o ideal ser o homem bem constituído e dotado, o bom guerreiro, por exemplo, passa a ser o sábio, o homem que tem o *noûs* (mente, inteligência), ou seja, o homem que sabe como proceder e como falar, o bom cidadão. Quando isto se generaliza na Grécia, como cada homem tem *noûs*, o resultado é uma democracia. O principal escopo da sofística era a arte do convencimento.

Pode-se dizer que a Filosofia do Direito nasce com os sofistas. Eles representavam a nova consciência contestadora da ordem jurídica vigente, e a grande questão que será trazida à Filosofia do Direito será a oposição entre *physis e nomos*[19]. O que é grave é que os sofistas proclamaram a inconsistência das coisas e abandonaram o ponto de vista do ser e da verdade, que mais tarde tratariam Sócrates e Platão de recuperar.

A oposição entre natureza e lei não aparece nos grandes sofistas, exceto em Hípias e Antifonte. Hípias deve ter sido muito famoso (Platão lhe dedicará dois diálogos)[20] e, além disso, condividia a concepção do fim do ensinamento (educação política). Entre as disciplinas que o seu enciclopedismo didático propunha, as matemáticas e as ciências naturais tinham grande relevo.

Esta oposição radical quebra toda a tradição do pensamento grego até a época dos sofistas. Hípias defendia um conhecimento enciclopédico e costumava dizer: "Homens aqui presentes, eu vos considero consanguíneos, parentes e concidadãos por natureza, não por lei de fato. O semelhante é por natureza parente do semelhante, enquanto lei, que é tirânica dos homens, amiúde de força muitas coisas contra a natureza." (Platão, Protágoras 337).

---

[19] BORGES, Arnaldo. Origens da Filosofia do Direito: Sergio Antonio Fabris Editor, p. 38-39.
[20] O Hípias maior (sobre o belo) e o Hípias menor (sobre a mentira, uma demonstração por absurdo da tese socrática de que ninguém peca voluntariamente).

Neste sentido, a natureza passa a ser apresentada não como o que une os homens e a lei, ao invés, como o que os divide. A natureza, para os helênicos, é um cosmo que deve ser justificado, ou melhor, é certa ordem em si mesma, possuindo uma harmonia que lhe é dada por um deus.[21] A partir deste momento nasce a distinção entre o Direito natural e o Direito Positivo, em que as leis humanas serão passadas por uma dessacralização e serão tidas como convenções ou arbítrios. A ideia a que chegamos aqui é a de que os gregos não estavam preocupados com a lei, mas sim com o fazer justiça.

A lei natural passa a ser a verdade, e a lei positiva se torna pura opinião (*doxa*). Deste modo, permitir-se-ia a transgressão de qualquer das leis dos homens se o motivo fosse seguir e respeitar as leis da natureza. Hípias lançava as bases de um cosmopolitismo, querendo atingir as bases de um direito universal, ideologia que até então não tinha aparecido.

Com a distinção entre Direito Natural (lei de natureza) e um Direito Positivo (lei posta pelos homens), nasce a ideia de que apenas o primeiro é válido e eterno, enquanto o segundo é contingente, e, no fundo, não válido. E assim são lançadas as premissas que levarão a uma total dessacralização das leis humanas, que serão consideradas frutos de pura convenção e de arbítrio, e, portanto, frutos indignos do respeito do qual sempre estiveram circundadas.[22]

Hípias tira desta distinção mais consequências positivas do que negativas, posto que a natureza dos homens é igual, não tendo sentido as distinções que dividem os cidadãos de uma cidade dos de outra, nem as distinções que no interior das cidades possam ulteriormente dividir os cidadãos: nascia assim um ideal cosmopolita e igualitário, que, para a grecidade, era não só novíssimo, mas revolucionário.

Muito mais radical, Antifonte defendia com maior veemência as concepções igualitárias e cosmopolitas propostas por Hípias. Esse entende por natureza a natureza sensível, isto é, a natureza pela qual o bem é o útil e o prazer, o mal é o prejudicial e o doloroso, sendo a natureza espontânea e tendo uma liberdade instintiva, motivo este pelo qual a lei

---

[21] BORGES, Arnaldo. Origens da Filosofia do Direito: Sergio Antonio Fabris Editor, p. 28.
[22] REALE, Giovanni. História da Filosofia. Tradução Marcelo Perine. São Paulo: Loyola, 1993, p. 230.

era vista como não natural, na medida em que passava a constringir, a refrear, a pôr obstáculos ou dores à espontaneidade.

Antifonte chegou a radicalizar o dissídio entre natureza e lei ao limite da ruptura, afirmando, em termos eleáticos, que a natureza é a "verdade", enquanto a lei positiva é pura "opinião" e, portanto, que uma está quase sempre em antítese com a outra e, por consequência, deve-se transgredir a lei dos homens, quando se puder fazê-lo impunemente, para seguir a lei da natureza.

As concepções igualitárias e cosmopolitas do homem propostas por Antifonte também são mais radicais. O iluminismo sofístico dissolveu aqui não só os velhos preconceitos de casta da aristocracia e o tradicional fechamento da pólis, mas também o mais radical preconceito, comum a todos os gregos, quanto à própria superioridade sobre os outros povos, de modo que qualquer cidade é igual à outra, qualquer classe social é igual à outra e qualquer povo é igual a outro, pois todo homem é por natureza igual ao outro.

Deste modo, o homem passa a ser igual independentemente de qualquer circunstância: os homens são, assim, iguais por natureza, quer sejam gregos ou bárbaros.[23] Tal igualdade defendida pelos sofistas seria uma ruptura da ordem da pólis, onde tanto ricos como pobres a ela se submeteriam. Tudo isto é consequência direta da distorção por eles operada no conceito da natureza.

Alguns dos méritos dos sofistas foram que na Política ampliaram o conceito de lei, muito estreito e particularista até então. Elaboraram o conceito de justiça, além de pôr a diversidade e o relativismo das leis civis, próprias de cada cidade, sublinhando a contraposição entre natureza, lei e pacto, nas quais baseiam-se, respectivamente, o direito natural, o legal e o convencional. Seu conceito de natureza comum a todos os homens serviu para dar à lei um caráter mais universalista.

Na Educação introduziram um ideal pedagógico mais amplo e completo que o tradicional. Na retórica formaram um sistema cultural enciclopédico, preparando os jovens para intervir com êxito nos debates políticos e no governo do Estado. Na gramática trouxeram a importância concedida à palavra que contribuiu para o aperfeiçoamento do uso da língua e da

---

[23] BORGES, Arnaldo. Origens da Filosofia do Direito: Sergio Antonio Fabris Editor, p. 40-41.

oratória, e na filosofia romperam com o exclusivo interesse dos filósofos acerca dos problemas da Natureza, refletindo, em vez, sobre os problemas humanos, e finalmente aperfeiçoaram a dialética.

Apesar de toda contribuição positiva, esta não foi demasiado importante comparada com o avanço gigantesco que poucos anos mais tarde iria dar a Filosofia por obra dos três grandes gênios: Sócrates, Platão e Aristóteles.

4. A Contribuição de Sócrates

Ele defende que a pesquisa filosófica não podia ser levada adiante ou continuada depois dele por um escrito. Achava que nenhum escrito poderia suscitar e dirigir o filosofar. Redireciona a filosofia para os caminhos do ser e da verdade, para a prática do bem, da justiça, enciclopédia, acreditava que com a política haveria o bem da pólis, acreditava em leis estáveis, normas universais verdadeiras, busca da verdade, incitando seus discípulos a descobri-la.

Apenas é conhecido por depoimentos que não coincidem uns com os outros. Seus testemunhos são contraditórios, mas há dois testemunhos concordantes, os de Platão (*A Apologia de Sócrates*) e Xenofonte (*As Memoráveis*), e um discordante, o de Aristófanes. É muito mais provável que sua figura e seu pensamento correspondam ao protagonista dos diálogos platônicos que ao grotesco personagem de *As Nuvens*.[24]

A maior oposição de Sócrates foi manifestada contra os sofistas, que se utiliza de um máximo esforço para provar a inanidade de pressupostas ciência daqueles. Fiel à democracia, seu maior paradoxo foi o de nada ter escrito e muito já ter-se escrito sobre ele, sendo que cada uma dessas obras junta uma condição de dose pessoal de imaginação ou de fascínio.

Nasceu em Atenas, onde terminou seus estudos, adquirindo seu estilo de vida e pensamento nesta cidade. Somente havia saído dela para cumprir as obrigações militares. Dessa forma, mostrava certo tipo de sedentarismo por Atenas, que era o centro de um vasto império político e sobretudo o centro de toda a vida. A primeira característica de Sócrates

---

[24] CORBISIER. Roland. Introdução à Filosofia. 2ª ed. Editora Civilização Brasileira, RJ, 1967, p. 104-105.

era a de ser ateniense. Mas tal Atenas, cujo regimento político e brilho cultural todo o Ocidente louvava, não perdia a sua base tradicionalista e pouco tolerante. A sabedoria da cidade se utilizava de uma moral pragmática, penetrante de um ideal utilitário. Dizer que Sócrates inventa em Filosofia a ética quer dizer que pela primeira vez ele pensa como ateniense, como as armas da Grécia.[25]

Quanto ao Direito, não formulou nenhum sistema sobre, deixando considerações esparsas sobre o problema da lei e da justiça. O grande sábio identificou a justiça com a lei: "Eu digo que o que é legal é justo"; "quem obedece às leis do Estado obra justamente, que as desobedece, injustamente." Orientava, assim, na plena obediência à lei, proclamando ser um ato de injustiça a sua violação, implicando o desrespeito em quebra de um pacto (concepção contratualista).

Encontram-se também manifestações de natureza jusnaturalista, pois, no diálogo com Hípias, o sábio aborda sobre *leis não escritas de caráter universal e que seriam de origem divina*.[26] Acreditava que as leis do Estado haveriam de guardar sintonia com as leis da natureza, em consonância com a vontade dos deuses e da lei. Por isso, em hipótese alguma, os cidadãos deveriam cometer injustiça, mesmo quem a tivesse recebido anteriormente.

Sócrates confessa reconhecer, possuir uma ciência, a ciência própria do homem, e é aí que ele inicia a sua missão: reencontrando o velho preceito "conhece-te a ti mesmo" (*Nosce te ipsum*). Desta tomada de atitude de consciência surge um ensinamento, um método, uma atitude, e isso nos faz concluir que os valores são perfeitamente independentes de todo o conhecimento constituído. Não será a instrução que formará o juízo nem os professores, as virtudes. Cada um tem seu domínio e se apoia em seus títulos.

A reação anti-intelectualista se volta facilmente para Sócrates. Múltiplos motivos justificaram pois o processo. O processo se iniciou diante de um júri popular sorteado: 501 juízes. O trio de acusadores fala primeiro. Sócrates fala, não cedendo às pressões de seus amigos e recusando-se a

---

[25] WOLF, Francis. Sócrates. Editora Brasiliense. 1ª ed., São Paulo: Discurso Editorial, 1987, p. 07-93.
[26] NADER, Paulo. Filosofia do Direito. Rio de Janeiro: Editora Forense. 2002 6ª ed. p. 105-106.

preparar sua defesa ou a mandar compô-la por um advogado profissional. Sócrates desconfia até o fim da escrita. No momento que se esperava que ele suplicasse ao júri a clemência, eis que se recusava a se abaixar.

É por 281 votos contra 220 que Sócrates é declarado culpado, ao invés de propor sua boa vontade ao sugerir pelo menos uma pesada multa. Antes de morrer, ainda se dá o trabalho de agradecer aos 140 juízes que o absolveram e de lamentar os outros por seu erro. Apesar de muitos acharem que ele provocou a sua própria morte, não podemos chamá-la de suicídio, pois o suicídio supõe uma fuga, ou ao menos uma ruptura. Mas Sócrates não rompe com nada.

Ao negar a sua fuga aos amigos, disse-lhes que "era preciso que os homens bons cumprissem as leis más, para que os homens maus respeitassem as leis sábias."[27]

5. A Contribuição de Platão

O retrato que a história da Filosofia possui de Sócrates foi traçado por seu mais importante aluno e discípulo, o filósofo ateniense, Platão. Foi Sócrates quem abriu caminho a toda a especulação filosófica, mas não nos legou o sistema completo, de modo que seu discípulo teria a convicta função de aperfeiçoar e, sem dúvida, Platão aperfeiçoa a maiêutica de Sócrates e a transforma no que ele chama de dialética.

A dialética platônica conserva a ideia de que o método filosófico é uma contraposição. Entende a ideia de que é preciso partir de uma hipótese primeira e depois a ir melhorando à força das críticas, sendo que as críticas melhor se fazem no diálogo, isto é, num intercâmbio de afirmações e de negações, e por isso a denomina dialética.[28]

O encontro com Sócrates foi determinante no pensamento de Platão, no sentido de que aquele supunha possível expressar as essências designadas pelos termos morais – justo, bom, corajoso, etc., e mais ainda, sustentava a necessidade de se conhecer *o que é* (por exemplo) a justiça ou a virtude para que uma ação justa ou virtuosa fosse praticada sem dúvida alguma.

---

[27] NADER, Paulo. Filosofia do Direito. Rio de Janeiro: Editora Forense. 2002. 6ª ed. p. 105-106.
[28] MORENTE. Manuel Garcia. Lições Preliminares de Filosofia. Editora Mestre Jou, SP, p. 39.

Ele costumava dizer: "Rendo graças a Deus, por ter nascido grego e não bárbaro; livre e não escravo; homem e não mulher; rendo-as, porém, acima de tudo, por ser contemporâneo de Sócrates."[29] Essa busca socrática, legada por Platão, era a radical oposição às ideias no núcleo dos ensinamentos dos grandes sofistas do século V, como veremos adiante.

Descendente de família nobre, Platão recebeu educação esmerada, onde pôde conviver boa parte de sua vida com os ensinamentos de seu mestre. Mais tarde, já aos 40 anos, após viajar para o Egito e para o sul da Itália, convivendo com os pitagóricos e com Dionísio, retornou a Atenas e ali fundou a sua Academia (nos "jardins de Academo"[30], com os dizeres: "Que ninguém entre aqui se não for geômetra."), na qual se cultivavam as ciências e a Filosofia, permanecendo naquele centro de estudos até o fim de sua existência. "Platão tem a inteligência fina, servido por uma imaginação brilhante e inspirado por um profundo sentimento; temperamento poético e místico, deixa gostosamente o mundo das contingências para atingir a esfera serena do ideal e entregar-se a especulações elevadas e sutis. Seus 'Diálogos' são obras clássicas."[31]

Toda a filosofia de Platão tem uma orientação ética: ela ensina o homem a desprezar os prazeres, as riquezas e as honras, a renúncia aos bens do corpo, desse mundo e a praticar a virtude. Este ensinamento moral de Platão não poderia deixar de causar uma profunda impressão entre seus contemporâneos, uma vez que subvertia radicalmente os valores tradicionais. Enquanto no pensamento socrático a ética possui conotação utilitária, pois identificara o bem como o útil e o agradável para o homem, em Platão essa noção se apresenta desprovida de condicionamento, pois o bem teria valor em si mesmo.[32]

O longo diálogo da República será inspirado pelo tema fundamental da justiça, além de ser um diálogo de natureza política. A função educativa que implica seleção e formação com um profundo sentido ético-político tem na cidade platônica uma importância de primeira ordem, pois dela depende que se alcance o ideal da comunidade social. Por este

---

[29] DURANT, Will. História da Filosofia, volume I. Compainha Editora Nacional, SP, 1938, p. 33.
[30] MALKER, Luís de Raly. Introdução à Filosofia. Editora Herder, 2ª ed. SP, 1969. p. 77.
[31] MALKER. Luis de Raly. Introdução à Filosofia. Editora Herder, 2ª ed. SP, 1969, p. 78.
[32] NADER, Paulo. Filosofia do Direito. Rio de Janeiro: Editora Forense. 2002. 6ª ed. p. 107.

motivo, "A República" deveria denominar-se "O Estado"³³, ou ainda "Politeia", designando "regime ou governo da pólis".³⁴

No Livro I da República, Sócrates e Glauco vão ao Pireu com o objetivo de fazer orações à deusa e, no caminho de volta, acabam por ser convidados por Polemarco a ficar na cidade. É na casa do anfitrião que empreendem uma discussão e a crítica dos conceitos vigentes de justiça. Apesar das argumentações de Trasímaco e Glauco, que acreditam, respectivamente, ser a justiça o que convém ao mais forte ou pura convenção dos homens, Sócrates consegue rebater todas estas teorias com o seu jeito humilde de ser. Chegam à conclusão de que "o homem justo é o absolutamente bom e fazer mal aos outros não é função do mesmo. É por isso que os bons ocupam as magistraturas, quando governam, pois vão para o poder como quem vai para uma necessidade. Logo, o justo assemelha-se ao homem sábio e bom, e o injusto, ao mau e ignorante".³⁵

No livro II da República, Platão confessa que a maioria das pessoas pratica a justiça por causa das aparências, em vista do salário e da reputação que vão adquirir. Foi a partir do momento em que as pessoas começaram a cometer injustiças umas para com as outras que se originou o estabelecimento de leis e de convenções entre elas. O fato de as pessoas se unirem numa cidade formando uma sociedade é devido a elas não serem autossuficientes. Assim, como um homem necessita do outro, serão tais necessidades que fundarão a Cidade-Estado.

Deste modo, a justificativa para a existência do Estado era o fato de ele ser um processo de adaptação criado pelo homem para suprir as suas deficiências, provendo então às mais variadas necessidades. A essência do Estado seria, então, não uma sociedade de indivíduos semelhantes e iguais, mas dessemelhantes e desiguais. Sobretudo, a harmonia que deveria imperar na sociedade só seria possível num Estado organizado racionalmente, já que tanto a propriedade como a família eram vistos como fatores de instabilidade social, pois provocam divisões entre os homens e o confronto de interesse geral com o particular.

---

³³ VECCHIO, Giorgio Del. Lições de Filosofia do Direito. 5ª ed. Coleção Studium. p. 39.
³⁴ BORGES, Arnaldo. Origens da Filosofia do Direito. Sergio Antonio Fabris Editor. p. 49.
³⁵ PLATÃO. A República. Editora Matin Claret. Coleção: A obra-prima da cada autor. Livro I ("...e por isso Platão pregava pela extinção das duas instituições: a propriedade e a família". NADER, Paulo. Filosofia do Direito. Editora Forense. 6ª ed. p. 108.

As entidades sociais intermediárias, que existiam entre o Estado e o indivíduo, poderiam ser suprimidas na visão do filósofo. Deste modo, adotava uma família única, capaz de assegurar a completa e perfeita unidade orgânica e harmônica do Estado. Mas tais teses valeriam apenas para as duas classes superiores (magistrados e guerreiros), já que eram os que participavam da vida pública. Os guardiões ou filósofos não terão bens próprios, nem casa própria e nem família própria. Tudo isto faz parte do plano platônico de criar a cidade ideal.

Platão acreditava que, se os governadores tivessem casas ou terras ou dinheiro próprios, tornar-se-iam zeladores desses bens, em vez de dirigentes da nação; inimigos e tiranos, em lugar de aliados dos outros cidadãos. Todos os filhos da casta governante seriam, ao nascer, tomados de suas mães e criados juntos, de modo que se perdesse o conhecimento dos parentescos particulares. Porém, defendia dar às meninas as mesmas oportunidades intelectuais que aos meninos, as mesmas probabilidades de elevar-se aos mais altos cargos públicos. "Se a mulher mostrar capacidade para ocupar cargo público, que o ocupe; e se algum homem unicamente se mostrar apto para lavar pratos, que exerça igualmente a função a que a Providência o destinou."[36]

Isto fica claro no livro III da República, em que percebemos que os guardiões, isentos de todos os outros ofícios, de nada mais se devem ocupar que não esteja relacionado com o Estado, não fazendo e nem imitando nenhuma outra coisa. Também nos é claro que o bom juiz não deve ser novo, mas sim idoso, tendo aprendido tarde o que é a injustiça, e pelo próprio saber possa compreender o mal que ela faz.

De conformidade com os ensinamentos de Sócrates, Platão considera que não é vergonhoso receber a injustiça ou o mal, mas sim cometê-los, porque a alma viciada é o pior de todos os males. "Eu afirmo, Cálicles, que a maior das humilhações não é levar sopapos injustamente, nem sofrer mutilações no corpo ou na bolsa; desonra maior e mal pior é bater-me, mutilar-me injustamente o corpo ou os bens; roubar-me, escravizar-me, assaltar-me a casa, em suma, cometer qualquer iniquidade em minha pessoa ou meus bens é pior e mais desonroso para o autor do que para mim, a vítima."[37]

---

[36] DURANT, Will. História da Filosofia, volume I. Compainha Editora Nacional, SP, 1939, p. 55-56.
[37] PLATÃO. Górgias ou Oratória. Tradução, apresentação e notas do professor Jamie Bruna. 3ª ed. Rio de Janeiro: Bertrand Brasil, 1989, 508 e.

É mais vergonhoso para qualquer um cometer injustiça do que recebê-la. Isso fica claro no Górgias, 469-b: " – assim, pois, tu preferes sofrer uma injustiça a praticá-la? – Para dizer a verdade, eu não quereria nem uma nem outra coisa; mas se fosse imperioso ou praticar ou sofrer uma injustiça, eu preferiria sofrê-la a praticá-la".

Para Platão, quem logra os maiores êxitos ao preço da maldade encontra-se no mais fundo abismo da miséria moral, enquanto quem é vítima das mais tremendas adversidades, como consequência de sua honestidade e bondade, tem seu verdadeiro prêmio na aprovação de sua consciência. "A alma justa e o homem justo vivem bem, e mal o injusto e quem vive bem é feliz e bem-aventurado; e que não, ao contrário. Portanto, o justo é feliz, o injusto, miserável."[38]

Assim como diz o Teeteto, 176 D – "o castigo da injustiça... não é o que imaginam os homens... aos que às vezes conseguem escapar mesmo cometendo injustiças; antes é castigo ao qual não é possível subtrair-se."[39] Evitar o castigo exterior é fácil, ocultando aos demais suas próprias maldades; mas não o interior, que se realiza na alma e na própria consciência, às quais nunca pode alguém ocultar-se e dessa forma Platão formula o problema moral como problema da felicidade.

Esta teoria platônica segundo a qual a virtude se identifica com o conhecimento, e o Bem, com a Verdade, exercerá grande influência na filosofia grega posterior, especialmente em Aristóteles, nos estoicos e nos neoplatônicos, e encontrará consensos também entre os autores cristãos, principalmente entre os gnósticos.

O problema da justiça, para Platão, devia ser encarado no Estado, pois, como o próprio filósofo afirma, ali ele pode ser lido mais claramente, já que está escrito em caracteres grandes, ao passo que, em cada homem, está escrito com letras pequenas. O Estado é um organismo completo, em que se encontra reproduzida a mais perfeita unidade. É a virtude que harmoniza tanto a vida no Estado como a do indivíduo, e a virtude por excelência é a justiça, pois ela exige que cada qual faça o que lhe cumpre fazer com vista ao fim comum.

---

[38] PLATÃO. A República. Tradução de Albertino Pinheiro. 6ª Ed. São Paulo: Atena, Biblioteca Clássica, 1956, Livro I 353 – e.
[39] MOLDONFO. Rodolfo. O homem na cultura antiga. Editora Mestre Jou, SP, p. 364.

A cidade justa seria aquela em que todos os seus cidadãos desempenham a função que melhor condiz com sua natureza e talento.[40] Cada um tinha que exercer suas atividades conforme sua aptidões naturais. Aqui entra a concepção de *politikon dikaion*, ou seja, justiça política envolvendo o direito, em que cada cidadão agiria conforme a sua função mais pertinente. Sendo assim, os filósofos eram os mais capacitados para exercer a função política, governando a cidade, pois eram considerados quem possui a experiência do pensamento, do prazer e do dinheiro. Só eles conhecem o prazer que resulta da contemplação do ser, ao passo que o dominador só tem a experiência da dominação e o argentário, a do dinheiro.

Costumava dizer que seria coisa simples a justiça, se os homens fossem simples; e neste caso bastaria a prática de um comunismo anarquista. O maior desafio para a Filosofia Política seria impedir que a incompetência e a improbidade se instalassem nos cargos públicos e de selecionar e de preparar os melhores para governar em benefício da comunidade.

Deste modo, o filósofo definiu o Direito ao definir a Justiça como aquilo que possibilita que um grupo qualquer de homens, mesmo que bandidos ou ladrões, conviva e aja com vista a um fim comum. Ao que parece, essa seria uma função puramente formal do Direito, graças à qual ele é simplesmente a técnica da coexistência. Nessa linha, justiça seria maior que o Direito, e o que vai determiná-los são as suas finalidades. Direito para Platão é o que irá levar todos a um bem comum. Porém, aqueles que ignoram a sabedoria e a virtude, entregues sempre aos prazeres do corpo, jamais erguem os olhos para cima, jamais se nutrem do ser verdadeiro e fruem o prazer sólido e puro.

Em relação ao Direito Natural, Platão argumenta que, por meio dele, podemos contrapor às leis injustas, não usando o ordenamento jurídico (feito por convenção). O Direito Natural constitui então um tribunal de apelações contra as contravenções. Estaremos definindo o Direito ao definir a Justiça, possibilitando que um grupo qualquer de homens conviva com um fim comum, porém, o que essencialmente vai determinar o Direito e a Justiça é a sua finalidade. Essa visão do Direito que Platão tem é uma visão técnica, sendo que é ele quem leva todos a um bem comum.

---

[40] BORGES. Arnaldo. Origens da Filosofia do Direito. Sergio Antonio Fabris Editor. p. 51.

Portanto, se algo existe e funciona, é porque possui um ordenamento que deve ser respeitado.

> Platão pregava que aqueles que agissem de acordo com a verdade iriam para os campos elísios, não tendo mais suas almas reencarnadas, pois agora esta recebia um prêmio. Quando o indivíduo agia em plena injustiça, ao ponto de ter-se tornado incurável, receberia um castigo eterno. Se tivesse vivido ora com justiças, ora com injustiças, este se arrependeria de suas injustiças, sendo castigado temporariamente e depois receberia a recompensa que merecesse.

Os piores males que existem são aqueles que atingem a alma, e a injustiça é um exemplo deles. Ao fazer o mal a alguém, Platão acreditava que a pessoa estava fazendo mal a si mesma, de modo que o injusto nunca venceria. É mais feliz o justo no meio dos sofrimentos do que o injusto num mar de delícias. Para se obter a felicidade é necessário renunciar aos prazeres e se dedicar à virtude.

Como justiça para Platão é aquilo que cada qual esteja em seu lugar certo, deste modo, é justo que a classe básica esteja na classe básica. Somente a educação ajudava a nivelar as pessoas. A beleza, a riqueza e a juventude desfrutada com os amigos eram condenadas como ilusórias e irreais, do ponto de vista da concepção ética. Porém, Platão não chega a uma sistematização das virtudes e dos vícios que serão feitos após por Aristóteles. Mesmo assim, aquele consegue encontrar virtudes intelectuais e morais como a prudência, o conhecimento, a justiça e a temperança, respectivamente.

Devido às preocupações de Platão serem de ordem ética e política, não devemos inscrever o filósofo como um dos precursores do comunismo, já que suas considerações não se estendiam ao setor econômico. Como educador, ele queria explorar a melhor forma de organização social e política, exercitando plenamente as potencialidades de cada indivíduo de sua época.

É preciso ficar claro que a teoria da justiça de Platão é exclusivamente moral, de modo que ela abrange toda a vida moral e social do indivíduo, não havendo, ainda, uma separação nítida do que seja o direito e a moral. Mas, em momento algum, ele confunde a justiça com a lei ou o direito com a lei. À justiça cabe atribuir a cada um sua função na cidade; à lei cabe estabelecer as regras de convivência social, aí incluindo os aspectos jurídicos e morais. A justiça política de Platão é, mesmo numa cidade ideal, algo de concreto, e não, como no sentido moderno, algo que se busca sem nunca encontrar. Toda essa visão de justiça, a sua distinção da lei, o valor relativo da lei servem de desenvolvimento para a teoria da justiça que mais tarde seguiria Aristóteles.[41]

A Cidade-Estado grega que Platão tem em mente consciente ou inconscientemente adquiriu a sua forma típica por volta do século VII-VI a. C., com a grande conquista da isonomia ou igualdade perante a lei. E, ainda em relação à justiça, percebe-se que ela não consiste em devolver o que se recebeu, nem em dar a cada qual o que lhe deve ou em fazer bem aos amigos e mal aos inimigos; nem pensar que ela é útil aos mais poderosos. A justiça também não consiste em uma convenção estabelecida, como lei pelos homens, diante da lei natural, para os mais débeis defenderem-se contra os mais fortes. A justiça na cidade e no indivíduo são a mesma coisa. No indivíduo, consiste em ser uma virtude da alma, consistindo em reinar a ordem e a harmonia entre os diversos elementos que o constituem (racional, irascível e concupiscente). Na cidade, consiste em estabelecer a ordem do conjunto e a harmonia entre as distintas partes constitutivas da sociedade.

Ademais, em relação à política, o filósofo procura incansavelmente saber qual a melhor forma de governo da pólis e como devia ser estruturada socialmente para que fosse a mais justa. Desse modo, criticava tanto a monarquia como a democracia, em que uma parte dos cidadãos manda enquanto a outra obedece, propondo uma espécie de síntese de ambas, cujo modelo era, sobretudo, o regime de Esparta, em que, ao lado dos reis, havia o Senado e os Eforos. Podemos dizer que foi a política que o levou à Filosofia.

Pregava que a democracia arruína-se pela hipertrofia de si própria. Acreditava que o povo não estava convenientemente preparado pela educação para escolher os melhores a chegar no governo e os mais sábios métodos de governar. Quanto mais meditava a respeito, mais se admirava da loucura de confiar-se ao capricho e à credulidade das multidões a escolha dos dirigentes nacionais.[42] A significação da aristocracia

---

[41] BORGES. Arnaldo. Origens da Filosofia do Direito. Sergio Antonio Fabris Editor. p. 53-54.
[42] DURANT, Will. História da Filosofia, Volume I. Compainha Editora Nacional, SP, 1938, p. 41.

seria ser governada pelos melhores, por isso nenhum homem poderia exercer cargos sem prévia educação especializada e nem ocupar os mais elevados degraus sem antes ter exercido bem os inferiores cargos.

Qualquer homem poderia tornar-se apto para a tarefa administrativa, mas, desde que, antes, desse prova de sua têmpera. Assim, acreditava que tanto o filho de um governante como o filho de um engraxate teriam as mesmas condições e que essa democracia era muita mais honesta que a democracia dos pleitos eleitorais.

Em relação à lei escrita, Platão não atribui senão um mínimo valor a ela, pois a considerava desnecessária, já que o guardião, com sua educação perfeita e pelo fato de ser filósofo, saberia o que convém à cidade e quais os melhores meios de preservá-la justa, para a felicidade do cidadão grego. Mas o filósofo amadurece e percebe que a sua teoria sobre a necessidade e o valor das leis escritas deveria sofrer substancial alteração.

Ele admite que, longe da cidade ideal, tendo em si o mundo real e imperfeito, as leis são necessárias, e que sem elas a cidade não pode ser justa, nem o cidadão ser feliz. Porém, agora está diante de um justo relativo e imperfeito, assim como Platão confessa que as leis são necessárias, pois nenhum homem individual tem a capacidade pela sua própria razão de estabelecer o que é bom e justo para a cidade, além de ser, naquela época, inexequível um Estado sem leis, pois o número de magistrados também era insuficiente.

Platão, ante o fato inevitável da degeneração progressiva, propõe como remédio a substituição do poder pessoal do monarca pelo poder da lei. "Já que é difícil encontrar o rei ideal, o poder do monarca deve substituir-se pela ditadura da lei."[43] Nas Leis, livro IX, 874, dizia: "Sem leis, os homens se conduzirão necessariamente como as feras mais perigosas".

É preciso que as leis sejam elaboradas pela concorrência de outros homens. Sem elas, nenhum cidadão poderia ser educado (Platão reserva para o Estado uma função educadora) nas virtudes essenciais à vida coletiva, em sociedade. Agora, o filósofo, apesar de suas aptidões, não pode governar mais sem as leis.

---

[43] PLATÃO. Político. Tradução de Conceição Jardim e Eduardo Nogueira. Lisboa: Presença, Coleção Clássicos, 1971, volume 31, 302 a.

Neste contexto, a lei não se resume simplesmente a uma decisão política, mas sim a um fruto da razão. É necessário que o legislador esclareça o "porquê" delas, justificando para que todos as cumpram de bom grado, isto é, os textos deveriam ser acompanhados de exposição relativa à finalidade do ato normativo.[44] O filósofo pensa numa lei constitucional, em que é o governo que tem que se adaptar a ela e não o contrário, ou seja, a lei era soberana. Por abarcar todos os aspectos da vida humana em sociedade, a ela não se distinguia entre lei moral e lei jurídica, sendo que extrapolava a conotação de lei jurídica que temos atualmente.

Platão procura para a lei um fundamento sólido, estável e universal, independente da diversidade e da variedade das normas e dos costumes de cada cidade. Ele conserva (dos antigos) a noção genérica da lei como procedente dos costumes. A lei guia e corrobora os costumes.[45]

Todo esse amadurecimento do filósofo é exposto no livro "As Leis", composto mais tarde, quando ele já ultrapassava os 70 anos. No lugar de três classes sociais, Platão reconhece quatro, cujo critério se basearia na renda individual. Ele passa a aceitar o casamento monogâmico em todas as classes e também o direito de propriedade sobre a terra, embora com restrições, mas não agora sacrificadas a uma espécie de estadualismo, como na "República".

A inspiração das Leis é no fundo idêntica à da República, mas Platão atenua o seu idealismo e atém-se mais à realidade. O poder pessoal do monarca ideal substitui a ditadura da lei. Propõe uma forma mista de governo. Explica a origem da cidade com base no desenvolvimento das famílias, que se agrupam até constituir a comunidade política, e descreve uma cidade de caráter essencialmente agrário. As terras são propriedade do Estado, mas a sua exploração é feita por particulares. Platão acentua nas Leis o sentimento religioso, afirmando que o ateísmo é o mais grave dos delitos e que os homens são propriedades dos deuses.

Às leis penais atribui fim essencialmente terapêutico. Platão considera os delinquentes como enfermos (já que, segundo o ensinamento socrático, ninguém é voluntariamente injusto), e a lei é o melhor meio para curá-los, sendo a pena o remédio. Assim, pelo delito, nem só o

---

[44] NADER, Paulo. Filosofia do Direito. Rio de Janeiro: Editora Forense. 2002. 6ª ed. p 108-109.
[45] PLATÃO. As Leis. 663 c.

delinquente revela estar enfermo, como também o Estado se ressente da sua enfermidade. Convém notarmos a diferença dessa concepção com a da moderna Escola de Antropologia Criminal, que considera a delinquência um produto da degerenescência física, ao passo que, para Platão, o delinquente é intelectualmente deficiente (sua ignorância é aberração, ignorância da verdade).[46]

Analisando os diálogos de juventude com os da velhice de Platão, percebemos um filósofo que sempre se moveu em sintonia entre o pensamento teológico e político, ou seja, os diálogos sempre envolveram um Deus e as realidades específicas da vida política, mostrando uma riqueza de experiência e uma extraordinária imaginação política.

6. A Contribuição de Aristóteles

Aristóteles (384-322 a. C.) cresceu e nasceu na periferia do mundo grego. Saiu de casa aos 17 anos para estudar no centro da cultura grega – a Academia em Atenas, onde se tornou um discípulo predileto do idoso Platão. Com a morte do mestre 20 anos mais tarde, Aristóteles sofre com a amarga perda. Posteriormente, funda a sua própria escola no Liceu, onde gostava de ensinar de maneira informal em passeios pelos jardins, caminhando, e por isso sua escola seria chamada de peripatética.

> "O mundo de Aristóteles se desintegrou quando ele chegou aos sessenta e um anos. Entraram em declínio as forças políticas que o haviam protegido. Ele passou a ser visto com suspeita, e foi acusado (tal como Sócrates antes dele) de impiedade. Diferentemente de Sócrates, ele não foi filósofo o bastante para esperar a cicuta; fugiu para a casa de sua mãe em Cálcida. Apesar de ter despistado os inimigos, não escapou da morte – morreu de doença um ano depois... Uma cláusula de seu testamento emancipou alguns de seus escravos."[47]

A civilização de Aristóteles era simples em termos de organização social, apresentando poucos problemas parecidos com aqueles que infestam

---

[46] VECCHIO. Giorgio Del. Lições de Filosofia do Direito. Coleção Studium. 5ª ed. p. 42-43.
[47] MORRIS, Clarence. Os Grandes Filósofos do Direito. São Paulo: Martins Fontes, 2002. – (Coleção Justiça e Direito), p. 05-06.

o Direito e as ciências sociais de hoje. As cidades-estados gregas eram pequenas e rurais, talvez fáceis de ordenar. Porém, problemas éticos e legais radicais despertavam interesse até mesmo no mundo do filósofo.

A respeito do caráter de Aristóteles, inteiramente recolhido na elaboração crítica de seu sistema filosófico, sem se deixar distrair por motivos práticos ou sentimentais, temos naturalmente muito menos a revelar do que em torno do caráter de Platão, para quem, ao contrário, os motivos políticos, éticos, estéticos e místicos tiveram grande influência. Do diferente caráter dos dois filósofos dependem também as vicissitudes das duas vidas, mais uniforme e linear a de Aristóteles. Ele foi essencialmente um homem de cultura, de estudos, de pesquisas, de pensamento, enfim, de investigação científica.

A sua filosofia representa um grande esforço para solucionar o problema do ser e da ciência, coisa que em Platão ainda não havia sido resolvida. De todos os filósofos antigos, ele foi quem mais desenvolveu os temas ligados à filosofia jurídica, e talvez por isso seja ele considerado o pai da Filosofia do Direito. Até a sua chegada, pode-se dizer que ela estava em um estado de formação embrionária, ou de vir-a-ser.

Mostrava uma grande inclinação para a atividade judiciária de Atenas, além de exímio frequentador dos tribunais. Com ele, encerra-se o chamado período ático da Filosofia grega, iniciado com Sócrates e continuado por Platão. Os séculos V e IV a. C. foram considerados como a idade de ouro da cultura humana.

Afirmava a existência de um direito por natureza (*dikaion phisikon*) e um direito por definição legal (*dikaion nomikon*). Mas o direito natural de Aristóteles não pode ser confundido com o sentido moderno dele, que foi originado com os padres da igreja e filósofos do século XVII. Para ele, direito natural é aquele que, independentemente do que pareça ou esteja, tem sempre a mesma força.

Aristóteles possui um visão refinada de Direito. Apoiada na teoria de Platão, constrói argumentos para apoiar a teoria de Hípias, defendendo o Direito Natural. Para ele, política era a busca da felicidade, e o Direito, a busca do bem comum. A finalidade do ser humano então seria a busca do bem comum, que só seria possível por meio da razão humana. A finalidade do Direito seria a felicidade, e não a justiça. Ele afirmava que o Direito Natural era a garantia de que com ele seremos felizes, e é por esta razão que defendia que o Direito Positivo se ligasse àquele. De qualquer modo, considerava o Direito uma virtude dirigida ao outro.

Defendia o filósofo que certamente há uma lei verdadeira, conforme à Natureza, difundida entre todos, constante, eterna e que comanda e incita ao dever, proibindo e afastando a fraude. Nessa lei não é lícito fazer alterações, nem é lícito retirar dela qualquer coisa, pois será lei única, imutável, governada por todos os povos em todos os tempos. Quem não a obedecer estará fugindo de si mesmo, e sofrerá as mais graves penas. Felizmente, Aristóteles acredita que o natural do ser humano é agir corretamente, pois a razão nos faz agir de maneira correta. Diferenciava-se de seu mestre no sentido de este não emprestar muita importância às leis, contrariando Aristóteles, que acreditava ser a lei a "salvação da cidade".[48]

Acreditava que a vida social tinha um fundamento natural, anterior aos costumes e às leis positivas. "A lei não tem nenhuma força para ser obedecida, a não ser pelo costume, e este não se forma com o transcurso de longo tempo, pelo qual a facilidade para mudar as leis existentes por outras novas é debilitar-se o poder da lei."[49] Neste sentido, as leis referiam-se a todas as coisas da vida social, e, por isso, conseguem estabelecer o que convém a todos.

Justo seria o que estivesse de acordo com a lei, e injusto o que lhe é contrário. A justiça é tão enfatizada pelo pensador que passa a ser considerada uma virtude perfeita. "Justiça é a disposição em virtude da qual os homens praticam o que é justo, agem justamente e querem o justo."[50] "Chamamos justo ao que é de índole para produzir e preservar a felicidade e seus elementos para a comunidade política."[51]

Sem dúvida, Aristóteles afirma ser a justiça a virtude por excelência, e que de certo modo compreende todas as outras, na medida em que introduz a harmonia no conjunto, atribuindo a cada parte a função que lhe corresponde. Todas as virtudes estariam de certa forma subordinadas

---

[48] BORGES, Arnaldo. Origens da Filosofia do Direito: Sergio Antonio Fabris Editor, p. 59.
[49] ARISTÓTELES. Política. Tradução de Nestor Silveira Chaves. Bauru: EDIPRO, Série Clássicos, 1995. II, 8, 1269 a 20.
[50] ARISTÓTELES. Ética a Nicômaco. Rio de Janeiro: Edroiro, Coleção Universidade.2000, 1129 a.
[51] ARISTÓTELES. Ética a Nicômaco. Rio de Janeiro: Edroiro, Coleção Universidade, 2000,1129 b.

à justiça. "Uma só justiça contém todas as virtudes." (E. N. VI 12, 1144 B 35). Além disso, trata dela como uma virtude moral, de modo que esta resulta na obediências às leis, ajustando então a conduta dos cidadãos.

Neste sentido, o filósofo entende que tanto a virtude como o vício dependem não somente do conhecimento, mas também da vontade. Então não bastaria conhecer o bem para praticá-lo, como também não bastaria conhecer o mal para deixá-lo de cometer. Na Ética a Nicômaco, II, 1, nos deixa claro que não basta conhecermos no que consiste a virtude, senão que é necessário esforçar-se em praticá-la: "o arquiteto forma-se construindo casas, o músico compondo música, o justo praticando a justiça, o sábio cultivando a sabedoria, o valente exercitando o valor."

Os filósofos que antecederam Aristóteles não chegaram a abordar o tema da justiça com uma perspectiva jurídica; já ele considerou a justiça sob o prisma da lei e do Direito. Na Política, livro III, 15, 1286 a 15, declara: "é melhor ser governado por lei que por excelentes governantes, pois as leis não estão sujeitas às paixões, ao passo que os homens, por muito excelentes que sejam, podem incorrer nelas".

Para o pensador, as leis nada mais faziam que ordenar ações justas e boas, prescrevendo atos de valor, de prudência e de temperança dentre outros; por fim, ainda proíbem os vícios contrários. Aquele que vivesse exatamente de acordo com as leis estaria praticando todas as virtudes. Deste modo, a justiça legal tem caráter de virtude integral, já que o bom cidadão, observador das leis, seria também um homem justo e virtuoso.

"O homem mais perfeito não é o que emprega a sua virtude em si mesmo, mas o que a usa para os outros, coisa sempre difícil. E assim pode considerar-se a justiça, não como uma simples parte da virtude, mas sim como toda a virtude, e o seu contrário, a injustiça, que não é parte do vício, mas sim o vício inteiro." (E. N. V, 3)

Como complemento da justiça e por preocupar-se com a dificuldade da aplicação da lei abstrata aos casos concretos, Aristóteles assinala a importância do uso da equidade, que constitui um hábito permanente para interpretar e para aplicar a lei, determinando o que é justo em cada caso particular, além de ser utilizada como critério de preenchimento de lacunas. Essa preocupação decorria do fato de as leis terem caráter universal, não podendo determinar em concreto todos os casos. A equidade evitava que a lei fosse usada como norma rígida e inumana.

O Estado surge pelo fato de ser o homem um animal naturalmente social e, por sua vez, político. Tanto que é para Aristóteles uma necessidade e não uma simples associação momentânea para atingir fim particular, mas sim uma perfeita união orgânica, sendo a comunhão necessária ao serviço da perfeição da vida. O modo que o Estado tinha para regular a vida dos cidadãos era por meio das leis, de modo que estas dominavam inteiramente a vida.

Do ponto de vista social, o homem foi chamado de animal político, e somente poderia atingir tal finalidade na cidade. Considerava que um homem fora da sociedade ou era um bruto ou um deus. Costumava afirmar que: "se a raça helena pudesse fundir-se em um só Estado, dominaria o mundo."[52] Entretanto, afirmava ser a escravatura por excelência o que esperava um escravo por natureza, de tal forma que uns nascem para mandar e outros, para obedecer. Esta incapacidade de certos homens é justificada pela própria natureza deles, que nascem para submeter-se ao governo do seu senhor no interesse de si próprios. Este não se confundia com o cidadão *politikon zoon*.

Diferentemente de seu mestre, concebe o Estado com o mais alto grau de convivência humana, mantendo a relação intermediária entre o Estado e o indivíduo. Sendo assim, o primeiro agregado (a família) transitava para o segundo (a tribo), em que a reunião deste dava lugar ao último grau já mencionado. Não obstante a sua concepção ética de Estado, salva o direito privado, a propriedade particular e a família, e por isso podemos concluir aqui uma concepção histórica superior à de Platão.

Reforçando essa ideia, Aristóteles acreditava que erram os que pensam que há uma diferença quantitativa na forma de governo entre as comunidades, pois assim não haveria maior diferença entre um governante de uma casa e outro de uma cidade. Na verdade, as formas de autoridade se diferenciam de forma qualitativa. Cada sociedade visa a um próprio bem, e o exercício de poder em cada uma delas não estará sujeito à mesma aptidão.

Enquanto este escorçou o perfil ideal do Estado, Aristóteles dedicou-se à observação das constituições, sendo ele o primeiro a fazer a distinção entre os vários poderes do Estado (o legislativo, o executivo e

---

[52] ARISTÓTELES. Política. VII 7, 1327 b. Tradução de Nestor Silveira Chaves. Bauru: EDIPRO, Série Clássicos, 1995, p. 29.

o judiciário). O seu exame recaiu sobre os governos mais adequados às várias situações de fato. Não é à toa que ele foi o único que conseguiu reunir 158 Constituições, das quais resta-nos somente a de Atenas.

Quanto à forma exterior do Estado, o filósofo distinguiu as três principais formas de governo: a monarquia, a aristocracia e a democracia, cujas degenerações seriam, respectivamente, a tirania, a oligarquia e a demagogia. As preferências dele vão para uma forma de república democrático-intelectual, forma tradicional e particular de Atenas. No entanto, assume Aristóteles que a melhor forma de governo não pode se basear de forma abstrata, mas sim concreta, sendo acomodada às situações históricas e às circunstâncias de determinado povo. O mais importante seria que o fim da atividade estatal recaísse sobre o bem comum, e não à vantagem de quem governa unicamente.[53] Neste sentido, Aristóteles combate o idealismo de Platão sobre o governo.

Um ponto importante a destacar foi a questão política. Antes mesmo do nascimento dela, os homens já viviam em sociedade. Sobretudo, enquanto estes homens não chegassem a pensar em política como algo que dependesse deles, eles não conseguiriam fazê-la. Foi a partir do momento em que começaram a pensar em política e a tomá-la como objeto que ela sucedeu-se.

A política aristotélica é essencialmente unida à moral, porque o fim último do Estado é a virtude, isto é, a formação moral dos cidadãos e o conjunto dos meios necessários para isso. Porém, a política se diferencia da moral no sentido de a segunda ter como objetivo o indivíduo; aquela, a coletividade, caracterizando deste modo uma doutrina moral social.

Um grande desafio para Aristóteles seria evitar que as exigências da política se opusessem às da filosofia, já que, num determinado período da idade clássica, o pensar demais do filósofo tornou-se uma forte ameaça ao desequilíbrio do cidadão. O provável divórcio entre a filosofia e a cidade atingiria o seu apogeu com a condenação de Sócrates à morte, o que não impediu que Platão se proclamasse o único homem político de seu tempo.

Platão não se interessou em criar a filosofia política, talvez porque considerasse a política como prática do dia a dia, e não tomasse isso

---

[53] CARTAGNOLA, Luis. Humberto Padovani. História da Filosofia, 2ª ed. São Paulo: Edições Melhoramentos, 1956, p. 82-83.

como conta do filósofo. Tal lacuna levou os sofistas ao título de verdadeiros pensadores políticos do século V, e, quanto ao filósofo, cada vez mais se tornava impossível a consignação de uma filosofia política no grande século da cidade.

Ainda em divergência com seu mestre, Aristóteles procurava se ligar mais aos fatos empíricos, na contemplação dos fenômenos sociais. Muitos dos filósofos que antecederam Aristóteles não abordaram o termo da justiça dentro de uma perspectiva jurídica, mas sim relacionada às relações interindividuais ou coletivas, de modo que não é absurdo considerarmos que Aristóteles legou-nos seu pensamento de forma original.

7. Conclusão

É mister concluir que cada um dos entes tratados nesta obra reforça a ideia de que todo indivíduo é resultado integrante do momento econômico, social, cultural e político em que vive. Porém, as ideias dos grandes filósofos clássicos, apesar de confidenciarem um momento histórico único vivido pelos gregos, não esbarram nas limitações do tempo e na evolução científica do mundo contemporâneo.

Neste sentido, se hoje nos perguntarmos qual a importância efetiva de se estudar os gregos, a resposta virá de forma precisa e clara, pois todo o nosso vocabulário e toda a nossa cultura sofrem forte influência deles. É difícil acreditar que tal ideia tenha surgido de um modo de pensar do século VI antes de Cristo por conta do surgimento da pólis. Mais interessante ainda é que podemos incluir nesta visão a ideia de justiça, de lei e de Direito.

Apesar de toda a contrariedade que os Sofistas adquiriram pelo seu modo único de agir, foram primordiais para a inércia do grande advento da Filosofia que iria se desenvolver após sua chegada. Sócrates, pelo seu ensinamento indutivo, preocupado com a busca da verdade e pelo conhecimento do ser; Platão, pelo seu regime ideal, preocupado com a melhor forma de Estado e utilização da moral, e Aristóteles, considerado o grande pai da Filosofia, preocupado em desenvolver uma ciência até então tida como embrionária; são esses filósofos que surgiram da necessidade dos aspectos culturais de sua época, que são tratados como ponto de partida para qualquer jurisfilósofo contemporâneo consciente com sede de conhecimento e com aptidão.

Sem dúvida, não há como negar a importância que tem o Direito, objeto de estudo nos tempos mais remotos e que se torna necessário hoje, pois sempre, onde estiver um homem, ali será necessário. A junção entre Direito e Filosofia nada mais é que uma reflexão em torno dos problemas ou dos pensamentos do conhecimento. Assim como a essencialidade do Direito, a Filosofia é quem ajuda o homem a se encontrar em sua condição, analisando o mundo à sua volta e se tornando enfim um animal político, social e racional essencialmente.

Daí a importância de se compreender a mensagem trazida por cada filósofo. São eles que influenciam os novos rumos da jurisprudência moderna, pelo simples motivo de terem analisado as questões de suas épocas e de terem trazido soluções ou pelo menos fomentarem os elementos invariáveis que pressupõem a base da Filosofia do Direito. A prova dessa competência é o fato de terem se passado mais de dois mil anos, e alguns pensadores serem trazidos à tona como se muito próximo estivessem de todos nós.

8. Bibliografia

ARANHA, Maria Lúcia de Arruda e MARTINS, Maria Helena Pires. Filosofando: Introdução à Filosofia. 2. ed. ver. atual. São Paulo: Moderna, 1993.

ARISTÓTELES, Ética a Nicômaco. Rio de Janeiro: Coleção Universidade, 2000.

ARISTÓTELES, Metafísica. Tradução de Laconel Vallandro. Porto Alegre: Globo, Biblioteca Séculos, 1ARISTÓTELES. Política. VII 7, 1327 b. Tradução de Nestor Silveira Chaves. Bauru: EDIPRO, Série Clássicos, 1995.

BORGES. Arnaldo. Origens da Filosofia do Direito. Sergio Antonio Fabris Editor.

CARTAGNOLA, Luis. Humberto Padovani. História da Filosofia, 2ª ed. São Paulo: Edições Melhoramentos, 1956, p. 82-83.

CHAUÍ, Marilena. Convite à Filosofia: Editora Ática, 12ª edição, 2007, p. 34-39.

CORBISIER. Roland. Introdução à Filosofia. 2ª ed. Editora Civilização Brasileira, RJ, 1967, p. 104-105.

DURANT, Will. História da Filosofia, volume I. Compainha Editora Nacional, SP, 1938.

GIOVANNI, Reale. História da Filosofia Grega antiga: tradução Marcelo Perine. São Paulo: Loyola, 1993.
MALKER, Luís de Raly. Introdução à Filosofia. Editora Herder, 2ª ed. SP, 1969. p. 77.
MOLDONFO. Rodolfo. O homem na cultura antiga. Editora Mestre Jou, SP, p. 364.
MORENTE. Manuel Garcia. Lições Preliminares de Filosofia. Editora Mestre Jou, SP, p. 39.
MORRIS, Clarence. Os Grandes Filósofos do Direito. São Paulo: Martins Fontes, 2002. (Coleção Justiça e Direito), p. 05-06.
NADER, Paulo. Filosofia do Direito. Rio de Janeiro: Editora Forense. 2002. 6ª ed. p. 108-109.
PLATÃO. Górgias ou Oratória. Tradução, apresentação e notas do professor Jamie Bruna. 3ª ed. Rio de Janeiro: Bertrand Brasil, 1989.
PLATÃO. A República. Tradução de Albertino Pinheiro. 6ª Ed. São Paulo: Atena, Biblioteca Clássica, 1956.
PLATÃO. A Apologia de Sócrates. 8ª Ed. São Paulo: Atena, Biblioteca Clássica, 1960.
PLATÃO. Político. Tradução de Conceição Jardim e Eduardo Nogueira. Lisboa: Presença, Coleção Clássicos, volume 31, 1971.
REALE, Giovanni. História da Filosofia Antiga. Tradução de Marcelo Perine. São Paulo: Loyola, 1993, p. 200-201.
TELES, Antônio Xavier Teles. Introdução ao Estudo de Filosofia: Editora Ática. 33ª ed., São Paulo, 1999. p. 22.
WELZEL, Hans. Introducción a la Filosofia del Derecho, 2ª ed. espanhola, Aguilar, Madrid, 1971, p. 6.
WOLF, Francis. Sócrates. Editora Brasiliense. 1ª ed., São Paulo: Discurso Editorial, 1987.

PARTE II
FUNÇÃO POLÍTICA DO DIREITO

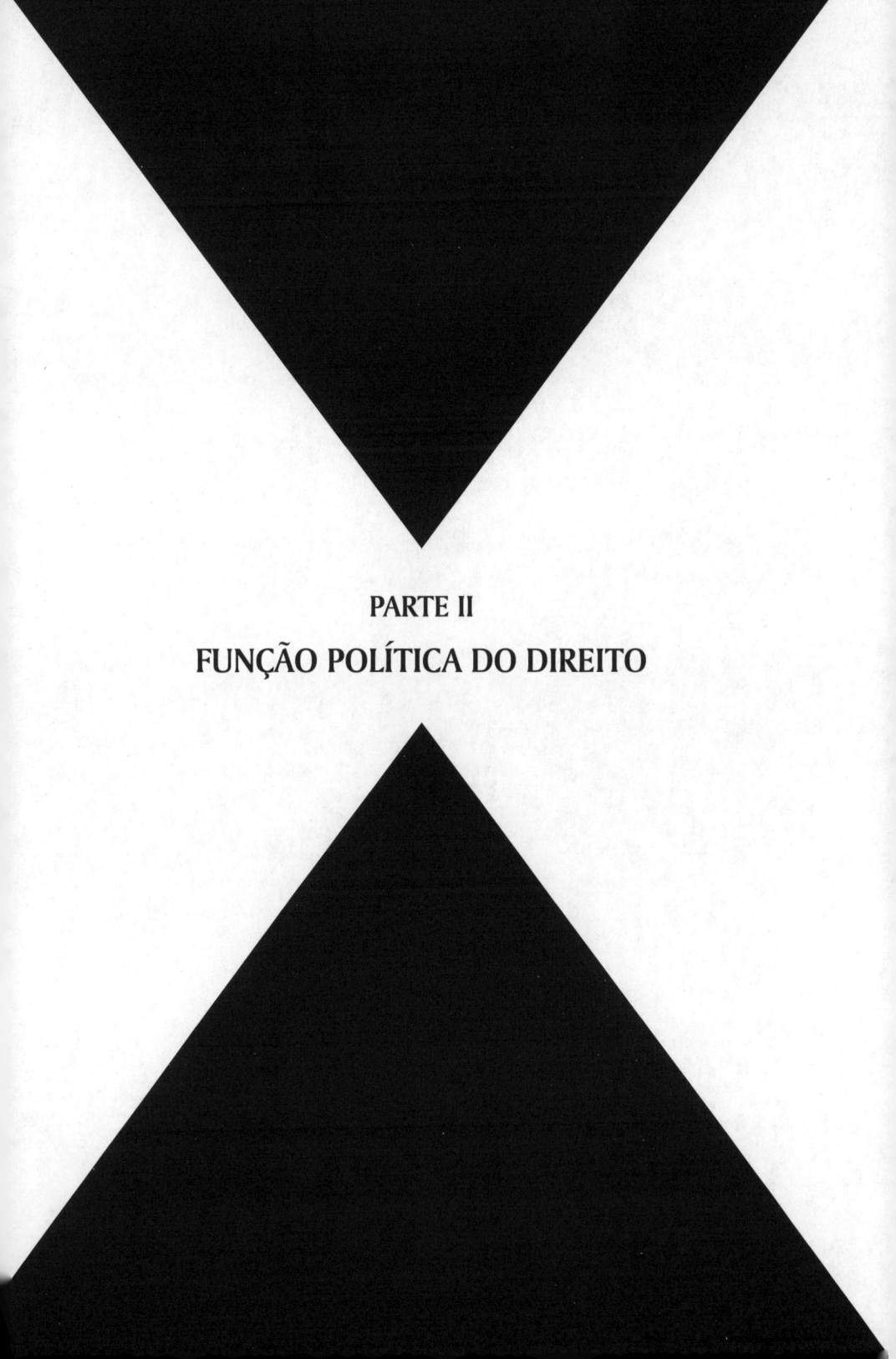

O ACESSO A DIREITOS PELO SISTEMA DE JUSTIÇA: APRESENTANDO A CONSTRUÇÃO DE UM OBJETO DE PESQUISA E DAS VARIÁVEIS DE ESTUDO

*Ivanilda Figueiredo**

Sumário: 1. Introdução; 2. O Acesso à Justiça: um Conceito em Permanente (Re)Construção; 3. Construção de Variáveis para Análise de Dados Empíricos; 4. Considerações Finais.

1. Introdução

Artigos narrando a metodologia do trabalho jurídico seriam ignorados até pouco tempo atrás. Felizmente essa concepção de que a pesquisa jurídica era meramente bibliográfica e no máximo jurisprudencial se modificou. A mudança nessa concepção trouxe maior interesse nos debates acerca da metodologia da pesquisa no direito. Conhecimentos que eram trabalhados apenas por teóricos das demais ciências sociais passaram a ser agregados à pesquisa jurídica.

Desde as minhas pesquisas à época da graduação, tenho sido partidária da necessidade de se agregar dados de realidade com métodos claros e objetivos às análises teóricas. A investida realizada em minha

---

* Doutoranda em direito constitucional (PUC-RIO); mestre em direito constitucional (UFPE); autora do livro Políticas Públicas e a Realização dos Direitos Sociais, Sergio Fabris Editor; coordenadora da pesquisa Acesso à Justiça nos Países do IBSA: um diagnóstico patrocinada pela Ford Foundation após aprovação no III Concurso de Dotações para Pesquisa Ford Foundation/IUPERJ, professora licenciada de Teoria da Constituição e Direito Internacional Público da Associação Caruaruense de Ensino Superior. E-mail: ivanilda.figueiredo@gmail.com Lattes: http://lattes.cnpq.br/2982494654723573.

tese de doutorado é bastante ampla. Busca analisar com dados de realidade, jurisprudência e teoria a realização do direito ao acesso a direitos por meio do sistema de justiça em três países (Índia, Brasil e África do Sul). Para tanto, está sendo necessária a construção de arcabouços teóricos que engendrem os principais conceitos, a formação de variáveis e subvariáveis para a tabulação dos dados e a confrontação de todo esse material com o marco teórico principal.

Como contribuição aos debates do Conpedi, pretendo apresentar neste artigo parte do caminho que tenho percorrido para a formação de um dos conceitos principais ("o acesso a direitos por meio do sistema de justiça") da tese que irei defender em agosto de 2010 na PUC-Rio, bem como a construção das variáveis e das subvariáveis que compõem a pesquisa empírica. Ambas são tarefas ainda em execução. Mas, creio que o caminho percorrido até o momento já é capaz de trazer diversas questões de interesse para o debate da metodologia da pesquisa no direito.

O acesso a direitos por meio do sistema de justiça é uma forma eficaz de se aprimorar a fruição dos direitos fundamentais, especialmente por grupos em situação de vulnerabilidade com uma desvantagem histórica no acesso a direitos ditos universais. Essa é a principal hipótese da análise deste estudo.

Para se conceituar o que chamo de acesso a direitos por meio do sistema de justiça, será necessário partir das discussões a respeito do que significa acesso à justiça. O motivo dessa conceituação gradativa é demonstrar como surgiu para mim o conceito que pretendo trabalhar. Ao iniciar este estudo minha pretensão era estudar o acesso à justiça visualizando-o de modo holístico e não apenas pelo seu viés formal.

No entanto, no decorrer de meus estudos verifiquei que, em termos de acesso à justiça, os debates, apesar de bastante diversificados, podem ser abarcados por duas grandes correntes. Uma filia-se à corrente mais formal, que visualiza sempre o acesso à justiça na perspectiva do acesso ao judiciário.[1] Outra tem uma visão mais ampla e verifica o acesso à justiça em suas mais diversas nuances e inter-relações.

---

[1] Grinover, Cintra e Dinamarco afirmam o seguinte: acesso à justiça significa admissão do processo (sem a exigência de pagamento); devido processo legal; justiça nas decisões, expressa em padrões justos de análise de evidências e utilidade das decisões (dar o direito na medida certa a quem merece).

No escopo desse estudo, no entanto, nenhuma das duas versões seria adequada. Uma, inadequada por reducionista. Outra, inadequada por envolver mais matizes do que seria capaz de apreender na análise teórico-empírica traçada.[2]

Diante disto, verifiquei que em verdade o objeto estava bem traçado, porém, mal conceituado. Não se tratava de debater o acesso à justiça, mas o acesso a direitos por meio do sistema de justiça, com uma análise focada especialmente em grupos em situação de vulnerabilidade (embora nada impeça que ela seja abrangida por outros agrupamentos).

Para traçar o caminho percorrido, utilizei notadamente três autores: Bryan Garth, Mauro Cappellletti e Boaventura de Souza Santos. Como eles não compõem o marco teórico principal da pesquisa, mas tão somente auxiliarão na conceituação do objeto, me permiti selecionar apenas a parte da bibliografia desses autores que entendo se adequar a esse objetivo. Não irei trabalhar com uma crítica a esses autores; portanto, acredito, não haverá prejuízo à cientificidade do trabalho o recorte teórico realizado na obra deles.

Quanto à criação das variáveis, elas primeiro dependiam dessa conceituação do objeto, pois, em última análise, elas devem trazer indícios sobre o objeto e as hipóteses criadas em torno dele. Apresentarei no item 2 o modo de criação dessas variáveis. Aqui basta dizer que algumas, como os acórdãos da Suprema Corte, serão analisadas de modo quantitativo e qualitativo. Outras se submeterão ao método do estudo de caso.

O estudo de caso permitirá estabelecer relações explícitas entre os elos institucionais determinantes dos processos que ocorrem em cada país. Por isso, a preocupação em chegar a esses casos após uma densa análise multivariada, uma vez que é preciso conhecer o universo com que se dá antes de se realizar a escolha dos casos que serão estudados.

De acordo com Gerring[3], obedecendo a corretas escolhas metodológicas, o estudo de caso é capaz de trazer conclusões generalizáveis, com a vantagem de as apresentar com uma profundidade inatingível no

---

[2] Esse estudo debate o caminho traçado para a conceituação do objeto de minha pesquisa de doutorado, a qual se realiza por uma análise teórica do conceito de acesso a direitos por meio do sistema de justiça e de um escopo empírico no qual analiso tal acesso em relação a determinados grupos vulneráveis da Índia, do Brasil e da África do Sul (IBAS).

[3] The main point (of this chapter) is to show how case selection procedures rest, at least implicitly, upon an analysis of a larger population of potential cases.

estudo orientado para variáveis, desde que obedeçam a alguns critérios que assegurem sua comparabilidade e a generalização dos resultados. As técnicas e os critérios estabelecidos pelo autor em sua recente obra formarão a teoria subjacente às escolhas a serem realizadas.

Ressalva-se que deverá ter sempre o cuidado, no momento das generalizações, pois tem-se a consciência do risco de se perder na armadilha de mirar sempre o geral, descuidando-se de contextos específicos que não podem ser abrangidos. Portanto, será objeto de preocupação identificar os contextos específicos generalizáveis[4]; estes devem ser buscados pela pesquisa empírica, na medida em que são os que fornecem, a partir do caso particular, dados gerais de comparação.

Depois de feita a opção, os processos serão analisados em profundidade desde seu início à sentença, bem como recursos e decisões subsequentes, caso existam.[5] Além disso, os esforços serão concentrados na formação de redes de contato que permitam a realização de entrevistas semiestruturadas com os atores do processo (pleiteante, advogados, juiz, gestor de política pública), bem como se envidarão esforços no sentido de identificar beneficiários da política pública oriunda do processo disponíveis para a realização de entrevistas também com estes.

2. O Acesso à Justiça: um Conceito em Permanente (Re)Construção

São diversos os modos de se compreender *acesso à justiça*, modos que levam a inúmeras abordagens sobre quando e como este direito se

---

The case(s) indentified for intensive study is chosen from a population, and the reasons for this choice hinge upon the way in which it is situated within that population. (...) It follows that case-selection procedures in case study research may build upon prior cross-case analysis and depend, at the very least, upon certain assumptions about a broader population. This, it turn, reinforces a central perspective of the book: case study analysis does not exist, and is impossible to conceptualize, in isolation from cross-case analysis. GERRING, John. Case Study Research: principles and practices. New York: Cambridge, 2007, pp. 88-90.

[4] BOURDIEU, P. O Poder Simbólico. Lisboa, 1989. DIFEL.

[5] O interesse será não apenas entender o desenrolar do caso para verificar se houver decisões reformadas ou se o direito foi concedido desde o início, mas especialmente para verificar os argumentos utilizados para a requisição, a concessão e denegação dos direitos, tornando assim comparável a argumentação usada nos três países para situações similares.

torna efetivo.⁶ Como bem assevera a Profa. Deborah L. Rhode:

> Em teoria, igual acesso ao direito é difícil de gerar oposição. Na prática, entretanto, se torna difícil em alguns pontos chaves, começando no significado de justiça. Na maioria das discussões, igual justiça implica igual acesso ao sistema de justiça. Assume-se que justiça social é disponibilizada através da justiça processual. Mas isso, lógico, é uma falácia. Aqueles que recebem seu dia na corte não sentem que a justiça foi feita e com razão.⁷ (tradução livre da autora)

Muito tem sido dito e pensado ao longo dos anos para se solucionar a equação acesso à justiça com direito fundamental é igual a... O ponto nelvrágico da questão, em nosso entendimento, ainda não foi total e apropriadamente definido. Desta forma, é preciso demonstrar a importância histórica de certas concepções e de como elas podem auxiliar a chegar uma nova forma de se apreender o acesso à justiça.

Capelletti e Garth, no intuito de tentar desvelar a essência do acesso à justiça, começam por expor obstáculos que o impedem, quais sejam: a) valor das custas judiciais; b) valor dos honorários advocatícios e custos derivados da sucumbência; c) as pequenas causas, se não forem tratadas diferentemente, envolvem mais riscos financeiros que as grandes; d) longa duração do processo; e) aptidão para reconhecer um direito e propor uma ação em sua defesa; f) indisposição psicológica de recorrer a um processo judicial considerado caro, custoso, complicado, etc.; g) facilidade de litigantes habituais lidarem com o sistema (empresas, por ex.) em oposição aos litigantes eventuais (consumidores, por ex.); h) falta de interesse ativo para a defesa dos direitos difusos.⁸

---

6 GARTH and CAPPELLETTI, Acesso à Justiça. Trad.: Ellen Gracie Northfleet. Porto Alegre, 2002 (reimpresso), p. 15.
7 In theory, "equal justice under law" is difficult to oppose. In practice, however, it begins to unravel at key points, beginning with what we mean by "justice". In most discussions, "equal justice" implies equal access to justice system. The underlying assumption is that social justice is available through procedural justice. But that, of course, is a dubious preposition. Those who receive their "day in court" do not feel that "justice has been done" and with reason. RHODE, Deborah L. *Access to Justice*, New York: Oxford University Press, 2004, p. 7.
8 GARTH and CAPPELLETTI, Acesso à Justiça. Trad.: Ellen Gracie Northfleet. Porto Alegre, 2002 (reimpresso), pp. 15 a 29.

Como se vê, algumas dessas questões como o tratamento diferenciado às pequenas causas e a legitimidade ativa para a defesa dos direitos difusos parecem superadas ante o sistema brasileiro contemporâneo. Não basta dizer que formalmente é indiscutível a superação dessas barreiras, mas que a quebra formal de obstáculos em geral é insuficiente. É preciso também alertar que *"um estudo sério do acesso à justiça não pode negligenciar o inter-relacionamento entre as barreiras existentes."* [9]

Ademais, nesse estudo irei utilizar sempre exemplos e situações vivenciadas em três diferentes sistemas judiciais[10]: Brasil, Índia e África do Sul[11]. O objetivo é demonstrar que tanto os óbices apontados por esses/as e outros/as autores/as não foram completamente superados, como também a evolução das discussões sobre o funcionamento do sistema de justiça não seguiu um trânsito regular. Assim, acredita-se traremos uma contribuição para possibilitar uma intercomunicação mais abalizada entre os três países que tanto têm cogitado formar parcerias nos últimos anos.

A exposição de Cappelletti e Garth sobre os três modos de assistência judiciária gratuita[12] também formam um arquétipo interessante para as ponderações que pretendemos gerar com esse estudo. Os autores apresentam o chamado sistema *judicare,* com a nomeação de advogados privados para o patrocínio de causas das pessoas em situação de pobreza, bem como a alternativa de se criar um corpo de advogados oficiais

---

[9] GARTH and CAPPELLETTI, Acesso à Justiça. Trad.: Ellen Gracie Northfleet. Porto Alegre, 2002 (reimpresso), p. 29.

[10] A parte inicial deste texto, por ter um caráter introdutório das considerações que serão mais bem desenvolvidas ao longo do estudo, trará referências rápidas a certas situações encontradas nos três países e depoimentos colhidos ao longo da pesquisa. Mas é preciso dizer que estarei expondo ao longo do estudo dados quantitativos, jurisprudência paradigmática e registros doutrinários que irão dar suporte às informações trazidas. Não são elas opiniões isoladas e ideologicamente comprometidas, tenho uma intensa preocupação com o método e a cientificidade dos argumentos, e paulatinamente irei trazer as "provas" de cada afirmação exposta ao longo do texto.

[11] Quando estiver tratando dos três países em conjunto, usarei a sigla IBAS (Índia, Brasil e África do Sul), que tem se popularizado na mídia e nas ações governamentais nos últimos anos.

[12] Importante lembrar que os estudos de Garth e Cappelletti fazem parte do chamado "Projeto de Florença", no qual durante décadas foi realizado um estudo comparativo entre os sistemas de justiça de diversos países, mas nele não se encontram dados sobre nenhum dos países aqui abordados (Brasil, Índia e África do Sul).

para se atender a esse público, e a opção mista, que se utiliza de ambas as alternativas.[13]

Nos países estudados, podemos encontrar os três modelos. No Brasil, a assistência judiciária gratuita é constitucionalmente definida como de responsabilidade da defensoria pública, órgão estatal composto de advogados/as responsáveis por atender aos necessitados.[14] Na África do Sul, o sistema é misto: 90% dos/as advogados/as compõem o *legal aid board*, mas 10% ainda são advogados/as privados/as pagos/as pelos cofres públicos[15]. De acordo com Patrick Hundermark, diretor do legal AID board, a escolha por continuar mantendo certo número de advogados/as privados/as em atuação se dá por razões estratégicas.[16] Em alguns lugares muito distantes seria extremamente dispendioso manter a estrutura de um escritório do *legal aid board*, bem como algumas ações exigem conhecimento especializado que pode ser melhor trabalhado com o auxílio do corpo advocatício privado. Na Índia, o sistema se mantém totalmente atrelado à advocacia privada. Além de não possuir um corpo de advogados/as próprios/as, o sistema indiano remunera de modo muito aquém do necessário os/as advogados/as dativos/as[17]; portanto, é hoje o sistema de atendimento bastante precário[18].

Voltando a Garth e a Cappelletti, os autores percebem três estágios pelos quais é possível se galgar o acesso à justiça: assistência legal gratuita, proteção dos interesses difusos e abordagem de acesso à justiça (justiça informal, reformas legais...)[19]. Apesar de, como apontado pela Profa. Eliane Junqueira[20], o Brasil não ter passado pelas questões

---

[13] GARTH and CAPPELLETTI, Acesso à Justiça. Trad.: Ellen Gracie Northfleet. Porto Alegre, 2002 (reimpresso), pp. 35-46.
[14] BRASIL. Lei Complementar n. 80/94.
[15] Power Point apresentado por Patrick Hundermark quando da entrevista realizada em 18 de junho de 2009.
[16] Entrevista realizada na sede do legal AID board em Johannesburgo no dia 18 de junho de 2009.
[17] INDIA. Legal Aid Act/87.
[18] Entrevista com Colin Gonsalves, ativista, diretor da Human Rights Law Network quando da pesquisa empírica realizada na Índia em setembro de 2008.
[19] GARTH and CAPPELLETTI, Acesso à Justiça. Trad.: Ellen Gracie Northfleet. Porto Alegre, 2002 (reimpresso), p. 31 e ss.
[20] JUNQUEIRA, Eliane. 1994. *A sociologia do direito no Brasil*. Rio de Janeiro, Lumen Juris.

sociolegais que levaram os autores a definir as três ondas,[21] hoje a influência destes autores conjugada com diversos outros fatores tem colocado questões relativas às três ondas na pauta do dia do sistema judicial brasileiro.[22]

Não há dúvidas de que as três ondas apontadas pelos autores representam avanços no modo de se visualizar o acesso à justiça. Estados liberais clássicos não tinham na agenda preocupações sobre diferenças entre litigantes no acesso ao sistema. Neles, justiça aberta para todos e leis gerais eram a garantia necessária para o acesso à justiça. Estudos como o deles contribuíram em muito para sedimentar a importância da advocacia de interesse público (como é chamado internacionalmente) ou da assistência judiciária gratuita (como é conhecido no Brasil).

Garth e Cappelletti indicaram entre os óbices ao acesso à justiça: a) a incapacidade de as pessoas entenderem suas demandas pessoais como constitutivas de direitos; b) o desconhecimento sobre como propor uma demanda judicial; e c) a indisposição psicológica dos/as cidadãos/ãs médios/as para recorrerem ao sistema de justiça. Apesar disso, tais preocupações não estão incorporadas de modo substancial nas três ondas. Logicamente, estão presentes de modo subjacente em muitas das formulações, porém, até hoje tem se lutado para demonstrar como a popularização do direito e dos meandros do sistema de justiça é essencial ao acesso.

O Prof. Frans Viljoen, do Centro de Direitos Humanos da Universidade de Pretória, indicou que um dos maiores problemas para o acesso à justiça, especialmente das pessoas em maior situação de vulnerabilidade é o não reconhecimento das violações e das demandas como uma questão de direito e de justiça[23], ou seja, esse ainda é um problema real

---

[21] O sistema de acesso à justiça definido por Garth e por Cappelletti é tido como uma resposta judicial aos anseios e às demandas gerados pelo *welfare*.

[22] Veja-se: I. a ampliação da Defensoria Pública que hoje existe em nível estadual em todas as unidades da federação e tem ampliado seu contingente em nível federal; II. as discussão a respeito dos direitos coletivos e difusos a partir da ampliação das atribuições do Ministério Público após a Constituição de 1988 e agora da Defensoria Pública, com a edição da lei 11.448; III. Os debates em torno de formas alternativas de justiça como os juizados especiais estaduais e federais e as experiências de justiça restaurativa.

[23] Em entrevista realizada no dia 15 de junho de 2009, na sede do Centro de Direitos Humanos.

e, como será demonstrado ao longo do texto, perpassa e influencia o acesso nos três países.

Ocorre que nas três ondas há latente uma concepção um tanto formal de acesso à justiça que se coaduna com uma perspectiva da "adequada oferta". Essa visão da adequada oferta foi adotada na Constituição brasileira, a qual se preocupa em estabelecer o acesso à justiça dentre os seus direitos fundamentais em três perspectivas: acesso de todos ao judiciário, celeridade processual e assistência gratuita. É a garantia do procedimento apropriado[24].

As mesmas regras do jogo, embora claras e previamente dispostas, não asseguram igualdade de armas quando os contendedores estão em situação de extrema disparidade. Para se assegurar a equivalência é preciso explorar questões sociais, econômicas e culturais muito mais amplas.[25] Kim Economides, ao se propor a uma releitura de Garth e de Cappelletti, aponta a necessidade de uma quarta onda, na qual se deve olhar para aqueles que prestam a justiça, pensar sobre o conhecimento jurídico, o ensino jurídico e o acesso a posições estratégicas no sistema de justiça.[26] Cabe razão ao autor: uma discussão profunda sobre como o direito é ensinado nas faculdades e como o sistema de justiça é formado é essencial para se entender seu funcionamento e para propor mudanças.

Há dez anos, estudar o sistema de justiça com dados sobre formação de seus componentes era uma aventura vivida apenas por alguns estudiosos isoladamente.[27] Felizmente hoje a própria Associação dos Magistrados de Brasileiros reconheceu a importância desse tipo de

---

[24] Art. 5º, XXXV e LXXIV, LXXVIII da Constituição Federal de 1988, respectivamente: "a lei não excluirá da apreciação do Poder Judiciário lesão ou ameaça a direito"; "o Estado prestará assistência jurídica integral e gratuita aos que comprovarem insuficiência de recursos"; "a todos, no âmbito judicial e administrativo, são assegurados a razoável duração do processo e os meios que garantam a celeridade de sua tramitação".

[25] Boaventura, promessa 106.

[26] ECONOMIDES, Kim. In Lendo as ondas do "Movimento de Acesso à Justiça": epistemologia *versus* metodologia? PANDOLFI, Dulce Chaves et al (org.). Cidadania, Justiça e Violência. Rio de Janeiro: Ed. Fundação Getúlio Vargas, 1999. 248p. Disponibilizado em: http://www.cpdoc.fgv.br.

[27] Ver pioneiro estudo de CUNHA, J. R. ; DINIZ, A. ; GARRIDO, A. . Human Rights and Justiciability: a survey conducted in Rio de Janeiro. Sur. Revista Internacional de Direitos Humanos, v. 3, p. 132-164, 2005.

autoquestionamento[28], e o próprio Executivo avocou para si nos últimos anos a responsabilidade por propor uma Reforma do Judiciário pela modificação de normas constitucionais e infraconstitucionais. Para embasar os debates passou a patrocinar e a incentivar pesquisas denominadas "diagnóstico do Judiciário", "diagnóstico do Ministério Público", "diagnóstico da Defensoria Pública".[29] Isso no Brasil. Na Índia e na África do Sul a busca de dados remanesce uma tarefa árdua.

Ainda mais ampla do que a abordagem de Garth, de Cappelletti e de Economides é a trazida por Boaventura Santos. Ela se propõe dialógica e combina muitos dos elementos trazidos pelos autores anteriormente citados, assim como agrega outros ingredientes. De acordo com ele,

> Na concepção convencional busca-se o acesso a algo que já existe e não muda em consequência do acesso. Ao contrário, na concepção que proponho, o acesso irá mudar a justiça a que se tem acesso. Há aqui um sistema de transformação recíproca, jurídico-política, que é preciso analisar. Identifico, de forma breve, os vectores principais dessa transformação:
> 1. Profundas reformas processuais;
> 2. Novos mecanismos e novos protagonismos no acesso ao direito e à justiça;
> 3. Nova gestão e organização judiciária;
> 4. Revolução na formação de magistrados desde as Faculdades de Direito até a formação permanente;
> 5. Novas concepções de independência judicial;
> 6. Uma relação do poder judicial mais transparente com o poder político e a mídia, e mais densa com os movimentos e organizações sociais;
> 7. Uma cultura jurídica democrática e não coorporativa.[30]

Além de Boaventura trabalhar elementos antes trazidos por Garth, por Cappelletti e por Economides, ele visualiza o relacionamento com a mídia e os movimentos sociais, como essenciais a uma cultura de acesso à justiça. Essa última é uma das características mais interessantes da abordagem do autor. Ele não realiza uma clivagem social asséptica, considera entre os elementos os conflitos sociais.

---

[28] AMB. Barometro AMB de Confiança nas instituições brasileiras. Junho de 2008. Fornecido por *e-mail* pela assessoria da AMB.
[29] O trabalho do pesquisador em relação ao sistema brasileiro hoje foi facilitado, mas ele ainda se encontra longe do ideal.
[30] SANTOS, Boaventura de Sousa. Para uma *revolução democrática* da justiça. São Paulo: Cortez, 2007, p. 33.

Há impossibilidade de se realizar um estudo aprofundado sobre cada um desses itens neste momento, pois cada um dos vetores expostos é capaz de embasar um estudo específico com amplas discussões na seara jurídico-social. A leitura que se realiza aqui sobre acesso à justiça se foca em:

– determinados grupos: aqueles em situação de vulnerabilidade que usam o sistema de justiça como meio de acessar direitos "universais" de forma específica;[31]

– um nicho jurídico específico: o do direito constitucional com uma análise voltada para as normas fundamentais materiais, e não num enfoque processual;

– um objetivo determinado: verificar se é possível observar o acesso à justiça como um dos modos possíveis de se contribuir para a emancipação de grupos em histórica conjuntura de desvantagem.

Como se vê, a defesa do acesso à justiça a partir de uma visão mais enlarguecida como é a proposta por Boaventura Santos se coaduna muito mais aos pressupostos deste estudo; isso ficará cada vez mais claro no decorrer da análise. No entanto, por honestidade intelectual é preciso dizer que o objeto traçado no parágrafo acima, se adotada esta visão ampla, não pode ser considerado uma análise do acesso à justiça. É preciso visualizá-lo com a análise de um aspecto do acesso à justiça. Precisamente na lista exposta por Boaventura Santos o foco deste estudo está direcionado ao item 2: *"novos mecanismos e novos protagonismos no acesso ao direito e à justiça"*.

O motivo de a nossa análise se inserir perfeitamente no item 2 é o fato de não estarmos estudando o acesso a direitos por meio do sistema de justiça simplesmente. Tanto os direitos quanto os grupos que serão estudados têm uma qualificação específica. Os direitos são direitos sociais tidos como universais sendo demandados por grupos específicos que foram excluídos historicamente do desfrute dessas prerrogativas. Portanto, precisamente estamos falando de grupos vulneráveis que hoje utilizam o sistema de justiça para o acesso a direitos, mas que, por

---

[31] A primeira versão dessa sistematização foi publicada no artigo: NORONHA, Rodolfo; FIGUEIREDO, Ivanilda. Reconhecidos, mas não garantidos? Dimensão jurídico-moral de grupos vulneráveis. Revista da Faculdade de Direito de Caruaru, v. 40, p. 313-324, 2009. Essa é a versão retrabalhada pelos autores a partir do aprofundamento dos estudos.

fatores que serão explicitados posteriormente, não o faziam até então, ou seja, estamos tratando de "novos protagonismos no acesso ao direito e à justiça".

3. Construção de Variáveis para Análise de Dados Empíricos

Escolhido e conceituado o objeto, restava-me optar pela metodologia de análise. Tenho aprendido o quanto é importante ter um método definido e bem traçado para se analisar com propriedade e cientificidade, permitindo-se a verificação do apresentado, especialmente para aqueles/as que lidam com as ciências sociais, em que o objeto é sempre tão fluido. Claro que a apreensão da realidade em diversas situações ultrapassa qualquer método e se forma e se conforma pelo olhar do/a pesquisador/a. Minha pretensão é ser o mais estritamente obediente ao método quanto possível.

Sendo a principal hipótese de trabalho da tese que desenvolvo a presunção de que o acesso a direitos por meio do sistema de justiça é uma forma eficaz de se aprimorar a capacidade das pessoas[32], especialmente de grupos em situação de vulnerabilidade com uma desvantagem histórica no acesso a direitos ditos universais, precisava encontrar parâmetros para gerar minhas variáveis de estudo.

A instituição na qual a teoria da capacidade encontrou maior guarida tendo sido utilizada para mensuração de dados sociais, bem como como parâmetro para programas e para ações, é sem dúvida o Programa das Nações Unidas para Desenvolvimento – PNUD. Não por acaso, é o PNUD o órgão responsável por mensurar o Índice de Desenvolvimento Humano e por popularizá-lo mundialmente como modo de mensuração da qualidade de vida da população. A teoria da capacidade (*capability approach theory*) tem como autores principais Martha Nussbaum e Amartya Sen, cada um com sua versão. A versão de Amartya Sen, no entanto, é mais difundida. É ela a adotada pelo PNUD. Além disso, Amartya Sen, com Mahbub ul Haq, foi um dos criadores do Índice de Desenvolvimento Humano (IDH).

Interessante que o próprio Amartya Sen admite ter sido persuadido por Mahbud ul Haq a fazer parte do projeto que criaria o Índice, pois

---

[32] Foco meu marco teórico na teoria da capacidade desenvolvida pelo economista Amartya Sen.

ele inicialmente resistira por considerar que seria insuficiente para aquilatar todos os matizes do desenvolvimento de uma sociedade.³³ No entanto, passou a admitir que, embora o IDH não fosse suficiente, era melhor do que os índices que se focavam tão somente na renda, e aderiu ao projeto.

O IDH representa um indexador possível, ou seja, aquele que pode ser universalizado com um maior número de dados do que a mera renda, pois suas variáveis relativas a renda, a educação e a saúde são disponibilizadas na maior parte dos países. Portanto, apesar de incompleto, ele é capaz de sopesar algumas *comodites* essenciais à teoria da capacidade.³⁴ Ainda assim, os seguidores da teoria se dedicam a tentar buscar modos de maior abrangência do desenvolvimento humano, tornando o índice mais amplo com a análise de maior número de funcionamentos. Vejamos a observação de Sakiko Fukuda-Par, professora da The New School e uma das articuladoras da aplicação da teoria da capacidade dentro do Programa das Nações Unidas para o Desenvolvimento (PNUD):

> Além dos limites impostos pelos dados, o índice está longe de incluir todos os aspectos do desenvolvimento humano. Nesse sentido, não se pode afirmar que, em todos os casos, a qualidade de vida das pessoas melhora com o aumento no valor do **IDH**. Embora o IDH possa ter crescido, é bem possível que se constate um aumento na repressão política, ou na taxa de violência, ou na discriminação racial. (...) O índice não inclui, explicitamente, três outras capacitações importantes: liberdades políticas, segurança pessoal e participação na vida da comunidade.³⁵

Portanto, por a visão do PNUD estar intimamente conectada com meu marco teórico, meu primeiro recorte metodológico buscou isolar os parâmetros propostos pelo PNUD para se avaliar o acesso à justiça. Mais uma vez pode parecer que a noção de acesso à justiça e acesso a direitos por meio do sistema de justiça se confundem, mas não é o caso. O acesso a

---

[33] Ver afirmação de Sen, em: http://www.pnud.org.br/idh/. Acesso em: 03.05.06.

[34] Os conceitos básicos da teoria da capacidade não podem ser descritos numa nota de rodapé. Portanto, para não perdermos o foco da explicação metodológica, gostaríamos apenas de referenciar que tais conceitos serão destrinchados duas páginas à frente.

[35] FUKUDA – PARR, Sakiko. Resgatando o Conceito de Desenvolvimento Humano do IDH: Reflexões sobre uma Nova Agenda, 2005b, p. 99. Disponível em: www.pucminas.virtual.br (acesso restrito a alunos). Acesso em 10.10.05.

direitos por meio do sistema de justiça é espécie da qual o acesso à justiça é o gênero.

O PNUD, ao esmiuçar a conceituação de acesso à justiça, defende que "acesso à justiça é, então, muito mais do que melhorar o acesso dos indivíduos às cortes, ou garantir representação legal. Deve ser definido nos termos de assegurar que as saídas legais e judiciais são justas e igualitárias."[36] Assim, para sua promoção é preciso: a) proteção legal; b) consciência legal; c) assistência jurídica e aconselhamento; d) sentenças; e) efetivação; f) sociedade civil e superintendência parlamentar. Tudo conforme descrito na tabela abaixo.

É preciso reiterar que o PNUD debate o acesso à justiça como um todo. Como decidi que iria explorar apenas uma faceta do acesso, expus abaixo toda a tabela. Entretanto, ressalto que os dados empíricos irão se referir apenas às variáveis criadas a partir dos itens 1, 3, 4 e 5 da tabela.

A operacionalização das variáveis de pesquisa se realiza pela construção de indicadores (o que se pesquisa).[37] Assim, abaixo eu apresento a tabela do PNUD com o detalhamento dos tipos de suporte necessários para a garantia do acesso à justiça com a descrição e as variáveis originadas com o intuito de melhor expor o caminho percorrido. Porém, já aqui eu apresento os indicadores gerados.[38] Alguns trarão dados quantitativos; outros, qualitativos.

1. Proteção Legal
1.1. Texto Constitucional Originário;
1.1.1Normas relativas a direitos sociais
1.1.1.1 **presença/ausência; quantidade; amplitude;**
1.1.1.2 Direitos contemplados (quantificação com base em lista previamente formada)
1.1.2 Normas relativas a grupos vulneráveis
1.1.2.1 presença/ausência; quantidade; amplitude
1.1.2.2 Direitos contemplados (quantificação com base em lista previamente formada)

---

[36] "Access to justice is, therefore, much more than improving an individual's access to courts, or guaranteeing legal representation. It must be defined in terms of ensuring that legal and judicial outcomes are just and equitable." RODE, Debora L. *Access to Justice, New York:* Oxford University Press, 2004, p. 7.
[37] SORIANO, Raul Rojas. **Manual de Pesquisa Social**. Petrópolis: Vozes, 2004, p. 141.
[38] Para melhor entendimento na leitura, os indicadores estão no nível 03 e em itálico.

1.2. Texto Constitucional Originado de Reforma Constitucional;

1.2.1Normas relativas a direitos sociais

1.2.1.1 presença/ausência; quantidade; amplitude;

1.2.1.2 Direitos contemplados

1.2.2Normas relativas a grupos vulneráveis

1.2.2.1 presença/ausência; quantidade; amplitude;

1.2.2 Direitos contemplados (quantificação com base em lista previamente formada)

1.3. Normativa Internacional;

1.3.1Normas relativas a direitos sociais

1.3.1.1 presença/ausência; quantidade; amplitude

1.3.1.2 Direitos contemplados (quantificação com base em lista previamente formada)

1.3.2Normas relativas a grupos vulneráveis

1.3.2.1 presença/ausência; quantidade; amplitude

1.3.2.2 Direitos contemplados (quantificação com base em lista previamente formada)

1.4. Legislação Infraconstitucional

1.4.1Normas relativas a direitos sociais

1.4.1.1 presença/ausência; quantidade; amplitude

1.4.1.2 Direitos contemplados (quantificação com base em lista previamente formada)

1.4.2 Normas relativas a grupos vulneráveis

1.4.2.1 presença/ausência; quantidade; amplitude

1.4.2.2 Direitos contemplados (quantificação com base em lista previamente formada)

2. Consciência legal (não gerou indicadores, pois excede o objeto em estudo)

3. Assistência Jurídica e Consultoria

3.1. Instituições Oficiais de Assistência Jurídica Gratuita;

3.1.1 norma legal regulamentadora (descrição; amplitude)

3.1.2 instituição instalada (descrição; amplitude)

3.1.3 número de advogados envolvidos

3.1.4 teste de meios para atendimento

3.1.5 tipo de demanda trabalhada

3.1.6 número de processos propostos por ano

3.1.7 atuação na corte constitucional

3.2. Sistema de Isenção de Custas Judiciais;

3.2.1 Detalhamento do sistema

3.3. Sistema de Apoio Jurídico Promovido por Organizações Não Governamentais;

3.3.1 listagem das 20 principais organizações por fonte fidedigna;

3.3.1.1 as organizações prestam assistência jurídica?

3.3.1.2 as organizações prestam consultoria?

3.3.1.3 as organizações atuam na Corte Constitucional?

3.4. sistema de apoio judicial nas organizações prisionais;

3.4.1 há instituições oficiais encarregadas do atendimento no sistema prisional?

3.5. Paralegais e Similiares;

3.5.1 há sistema de paralegais?

3.5.2 o sistema é oficial ou da sociedade civil?

3.5.3 há possibilidade de se quantificar o número de envolvidos?

3.5.4 descrição do sistema

3.6. Clínicas jurídicas universitárias

3.6.1 há normal legal regulamentadora?

3.6.2 há parceria com o sistema oficial?

3.6.3 há possibilidade de se quantificar o número de envolvidos?

3.6.4 descrição do sistema

4. Sentença

4.1 Cortes;

4.1.1 detalhamento sobre o funcionamento do sistema

4.1.2 atuação da Corte Constitucional

4.1.3 número de acórdãos da Corte Constitucional sobre os direitos sociais selecionados e os grupos vulneráveis estudados

4.1.4 análise de decisões paradigmáticas

4.2 Comissões Nacionais de Direitos Humanos e "Ombudsman";

4.2.1 detalhamento sobre o funcionamento do sistema
4.2.2 marco legal regulamentador
4.2.3 há autonomia?
4.3 Mecanismos Alternativos de Resolução de Conflitos;
4.3.1 detalhamento sobre o funcionamento do sistema
4.3.2 marco legal regulamentador
4.4 Mecanismos Tradicionais de Resolução de Conflitos;
4.4.1 detalhamento sobre o funcionamento do sistema
4.4.2 marco legal regulamentador
4.4.3 solução legal em caso de conflito entre o sistema oficial e o tradicional.
5. Meios Institucionais de Coerção
5.1 Instituições Oficiais (polícia e sistema prisional);
 5.2 Meios de Coerção Administrativa;
5.3 Meios de Coerção Tradicional.

Tabela 1. TIPOS DE SUPORTE PARA A PROMOÇÃO DO ACESSO À JUSTIÇA.*

TIPO	DESCRIÇÃO	VARIÁVEIS
1. Proteção legal	Prover sustentação legal nas normais legais ou tradicionais, ou em ambas, envolve o desenvolvimento de capacidades para assegurar que os direitos das pessoas em desvantagem são reconhecidos dentro do escopo do sistema de justiça, concedendo assim a acesso a direitos por meio de mecanismos formais ou tradicionais. A proteção legal determina a base legal para todas as outras áreas-suporte do acesso à justiça. A proteção legal dos grupos em desvantagem pode ser alcançada via: a) Ratificação de tratados e sua implementação na lei doméstica; b) implementação da lei constitucional; c) legislação nacional; d) implementação de regras, regulações e ordens administrativas; e e) leis tradicionais e costumeiras	*Normativa direcionada ao grupo escolhido:* – constitucional originário; – reforma constitucional; – normativa internacional; – legislação infraconstitucional
2. Consciência legal	Desenvolvimento de capacidades e efetiva disseminação de informação que pode ajudar as pessoas em desvantagem a entender o seguinte: (a) o direito dele/as para procurar reparação através do sistema de justiça; b) as várias instituições oficiais responsáveis por proteger o acesso à justiça deles/as; e c) os passos envolvidos para se iniciar os procedimentos legais. A linha de serviço do PNUD em relação ao acesso à informação prover uma oportunidade para desenvolver capacidades e estratégias para promover consciência legal.	*Mecanismos de disseminação de informação sobre direitos e instituições promovidas por Instituições públicas e organizações sociais:* – campanhas; – cartilhas; – presença na mídia; – Disciplinas nas escolas; – Disciplinas nas universidades
3. Assistência Jurídica e Consultoria	Desenvolvimento de capacidades (de especialidades técnicas a representação) que as pessoas precisam para permitir que elas iniciem e persigam nos procedimentos de justiça. Assistência jurídica e aconselhamento podem envolver advogados profissionais (como no caso do sistema de defensoria pública e na representação *pro bono*), leigos com conhecimento legal (paralegais), ou ambos (como em "advocacia alternativa" e "desenvolvimento da assistência jurídica").	Sistema de advocacia de interesse público: – instituições oficiais de assistência jurídica gratuita; – sistema de isenção de custas judiciais; – sistema de apoio jurídico promovido por organizações não governamentais; – sistema de apoio judicial nas organizações prisionais; – paralegais; – organizações da sociedade civil; – clínicas jurídicas universitárias

* As duas colunas abaixo são a versão traduzida das duas primeiras colunas da tabela apresentada pelo PNUD em: http://www.undp.org/governance/docs/

4. Sentença	Desenvolvimento de capacidades para determinar o mais adequado tipo de reparação ou compensação. Tipos de sentenças podem ser regulados pela lei formal, como no caso de cortes e outros quase-judiciais e corpos administrativos, ou por sistemas tradicionais legais.	- cortes; – comissões nacionais de direitos humanos e *ombudsman*; – mecanismos alternativos de resolução de conflitos; – mecanismos tradicionais de resolução de conflitos
5. Meios institucionais de coerção	Desenvolvimento de capacidades para forçar as ordens, decisões e emergindo ajustes para sentenças formais e/ou tradicionais. É crítico suportar as capacidades para compelir decisões da corte e instituir procedimentos de apelo razoáveis contra ações arbitrárias ou decisões.	- processos - instituições oficiais (polícia e sistema prisional); – meios de coerção administrativa; – meios de coerção tradicional.
6. Sociedade Civil e Superintendência Parlamentar	Desenvolvimento da sociedade civil como cão de guarda e monitoramento de capacidades, assim isso pode ser reforçado pela *accountability* dentro do sistema de justiça.	– organizações não governamentais realizando monitoramento e *advocacy*; – comitês parlamentares permanentes e especiais

4. Considerações Finais

A formação de conceitos jurídicos não precisa criar novas expressões de designação de institutos, de atos e de fatos jurídicos. Em geral, não é o invólucro que modifica a abordagem jurídico-social de um instituto. Considero despiciendos os estudos que começam explicando como tal autor nomeia certo instituto de uma forma, mas aquele autor irá trabalhá-lo a partir de outra expressão muito mais adequada.

Portanto, o intuito aqui não era criar uma nova expressão jurídica nova, mas demonstrar como para a formação de uma pesquisa em direito temos de agir com coragem, revendo o próprio objeto de pesquisa diversas vezes antes do fim.

Raul Soriano, em estudo sobre a metodologia da pesquisa social, explica que o marco conceitual tem de estar conectado com a abordagem teórico-empírica que será utilizada, pois *"a concatenação lógica dos aspectos teóricos e conceituais permitirá a fundamentação das hipóteses que respondam (ainda que de forma preliminar) às perguntas formuladas, ou seja, que expliquem o problema, que é variável dependente."*[39]

O acesso à justiça como um todo continua sendo de meu interesse de estudo. No entanto, eu tinha duas opções: manter o objeto ligado à alcunha acesso à justiça e ser obrigada a explorá-lo de modo restrito ideologicamente, contrário ao meu pensamento, ou admitir que o acesso à justiça é um objeto de tão amplo significado e com tantas matizes que no escopo de uma pesquisa individual só vejo duas soluções: estudá-lo apenas no campo teórico (o que também não se adéqua à minha visão de pesquisadora) ou reparti-lo para explorar certas nuances. Desta forma, passei a direcionar os estudos e as coletas de dados empíricos à clarificação de um dos seus aspectos, o acesso a direitos por meio do sistema de justiça.

Apesar de já estar mais próxima de um conceito final de pesquisa, o objeto de pesquisa está em constante reconstrução ante o desenrolar dos estudos. Ainda de acordo com Soriano[40], há três níveis de trânsito necessário para a elaboração do marco teórico e conceitual. O primeiro

---

[39] SORIANO, Raul Rojas. **Manual de Pesquisa Social**. Petrópolis: Vozes, 2004, p. 61.
[40] SORIANO, Raul Rojas. **Manual de Pesquisa Social**. Petrópolis: Vozes, 2004, 343 p. pp. 67 e 68.

lida com a teoria geral e os elementos teóricos particulares. O segundo, com a informação empírica indireta (pesquisas e relatórios de outros entes). O terceiro trabalha com a informação empírica primária obtida na pesquisa.

Como meu estudo tem uma abordagem teórica forte, mas se sustenta também em pressupostos trazidos dos dados de realidade, resolvi destrinchar esse conceito por meio das variáveis propostas a partir da proposta do Programa da Nações Unidas para o Desenvolvimento (PNUD) para a mensuração do acesso à justiça.

As variáveis servem como parâmetros para a coleção dos dados e para a facilitação da análise crítica. Pelo rigor metodológico necessário para que sejam utilizadas entrevistas como dados primários e pela impossibilidade de se realizar um trabalho de campo em três países com o tempo e os recursos disponíveis, optei por realizar entrevistas exploratórias, ou seja, entrevistas que me levavam ao conhecimento de casos (jurisprudência, decisões) e dados de realidade, mas que não seriam consideradas *per se* como dados primários. Desta forma, as variáveis serão "preenchidas" com dados secundários obtidos em relatórios de pesquisa e gestão das organizações pesquisadas, levantamento bibliográfico, dados sociais oriundos de instituições oficiais/institutos de pesquisa e outras de reconhecida idoneidade.

CRITÉRIOS LÓGICO-RACIONAIS DE ESTIPULAÇÃO DA LÓGICA JURÍDICA E A FUNDAMENTAÇÃO DAS DECISÕES. A RELAÇÃO ENTRE IGUALDADE E JUSTIÇA

Thiago Azevedo Guilherme[*]

Sumário: 1. Introdução; 2. Verdade e Racionalidade; 3. Procedimento Judicial e Igualdade; 4. Igualdades Formais e Materiais e Argumentação Racional no Processo Judicial e na Busca da Decisão "Justa"; 5. Conclusão; 6. Bibliografia.

1. Introdução

O presente artigo buscará, de forma tão sucinta quanto possível, apontar os elementos filosóficos e os conceitos jurídicos que influenciam-se mutuamente na construção da relação filosófico/jurídica *verdade processual-fundamentação-racionalidade*. Em outras palavras, sempre buscando uma melhor intelecção dos conceitos, o objetivo deste trabalho é, num primeiro momento, apontar historicamente o desenvolvimento da racionalidade ocidental enquanto ferramenta do conhecimento da verdade e seus reflexos na ideia de estipulação do justo e fundamentação das decisões, dentre as quais podemos apontar a fundamentação (justificação racional) das decisões judiciais. Esta relação, aparentemente obscura, pode ser facilmente compreendida quando utilizamos a ferramenta da análise da prova judiciária e sua evolução, entendida esta e suas mutações como a consequência natural do desenvolvimento do modelo da racionalidade humana no ocidente e suas formas de compreensão da

---

[*] Advogado. Possui graduação em Ciências Jurídicas e Sociais pela Instituição Toledo de Ensino de Bauru. Mestrando em Direito Constitucional pela Instituição Toledo de Ensino de Bauru.

realidade e da verdade. Todavia, nosso objetivo não se limita a esse exercício filosófico, o qual seria inegavelmente complexo mas não atenderia aos anseios da análise jurídica a que se propõe. Buscar-se-á, num segundo estágio, tecer comentários úteis para a operação jurídica baseando-se a todo o tempo na análise da "lógica" e da "economia" das provas no processo civil clássico e suas consequências na argumentação justificadora das decisões. Num terceiro momento, pretender-se-á validar e fundamentar a superação das presunções de igualdade – meramente formais – que guiaram o raciocínio ocidental durante todo um período, em benefício de um sistema substancial que verifique a isonomia e se utilize da racionalidade (ou de uma nova forma de racionalidade), não em busca da fria verdade (nos fatos ou no processo), mas em apreço aos ideais de justiça.

Mesmo antes de se passar a discorrer acerca dos conceitos, é preciso que se justifique a preferência por este método. Entende-se, para tanto, que o exercício da *jurisdictio* passa, necessariamente, por uma compreensão da verdade dos fatos que embasarão o direito a ser dito. Assim, a toda jurisdição pressupõe-se uma definição da "verdade" dos fatos e da relevância destes fatos no procedimento. Esta, por sua vez, se dá mediante uma economia de provas judiciais previamente determinadas e que reflete, necessariamente, a compreensão de determinado povo ou civilização, neste e noutros tempos, acerca da possibilidade (e até mesmo da utilidade) da compreensão da realidade pelo homem, ou seja, reflete uma teoria do conhecimento. Ao mesmo tempo, a estrutura da economia das provas judiciais também reflete uma compreensão predeterminada do conceito de igualdade, o que também se buscará demonstrar. Considera-se que as relações de igualdade entre os indivíduos e a racionalidade daí advinda estão nas bases de nossas concepções de justiça. Todavia, até mesmo a noção de justiça é algo mutante e deve aceitar a discrepância entre os indivíduos como um elemento fundamental na atual noção de estipulação do justo. Esta racionalidade presente na dicotomia verdade/justiça é o principal caminho orientador do trabalho.

2. Verdade e Racionalidade

Muito além de poder, mediante suas decisões, alterar o destino de vidas, patrimônios, famílias e até mesmo Estados inteiros, o procedimento judicial, bem como a decisão e a *jurisdictio*, refletem muito mais sobre determinado povo ou civilização. Também reflete uma concepção filosófica acerca do justo e do injusto, do verdadeiro e do falso[1] e, mais do que tudo, acerca da possibilidade ou da necessidade de o ser humano conhecer a realidade que lhe cerca, ou seja, reflete uma modalidade da teoria do conhecimento[2]. Esta relação sujeito-objeto que o ser humano mantém com a realidade é sensivelmente notada no processo judicial mediante o sistema de prova judiciária existente em cada país ou realizado por cada povo, bem como pelo conteúdo do discurso legitimador da decisão em determinado momento histórico.

Note-se que esta relação sujeito-cognoscente/objeto-cognoscível é necessariamente um atributo usualmente interpretado como a característica humana por excelência, qual seja, a razão. Por tal motivo, torna-se imprescindível para o desenvolvimento do presente trabalho que se pontue de forma inequívoca essa relação racionalidade/procedimento judicial, bem como o juízo valorativo advindo dessa relação.

Esta característica humana (racionalidade, ou razão), é preciso que se diga, não pode ser tida como um objeto em si. Caso assim fosse, em si considerada, somente se poderia compreendê-la como sendo eterna e, portanto, como uma forma imutável, a-histórica, da humanidade, ela própria forma imutável e a-histórica. Neste sentido, cogitar acerca do conceito de razão é o mesmo que cogitar acerca da humanidade, vez que, neste aspecto, ao menos, ambos os conceitos seriam totalmente

---

[1] Inevitável que nos lembremos de que, por ser uma ciência moral, o "valor" é elemento inafastável da análise jurídica.

[2] João Maurício Adeodato define a Teoria do Conhecimento (ou Gnoseologia) como a ciência que "cuida, em suma, de investigar este tipo de relacionamento bem peculiar que o ser humano estabelece com o mundo e que chama de *conhecimento*" (Grifos no Original). Afirma ainda o autor pernambucano que o modelo ocidental de teoria do conhecimento, indissociável do conceito de "filosofia científica", pressupõe um tipo de conhecimento, hoje definido como científico, "que se pretende verdadeiro, racional, sistematizável, transmissível, etc". Por este modelo de conhecimento do mundo, qual seja, o científico, se dá uma "descrição de fenômenos, objetos, fatos, relações, como se queira chamar a multiplicidade de percepções, incluindo o processo de estabelecer laços conceituais entre os objetos observados dentro de uma teoria em certa medida coerente, sistematizável, transmissível, como dito". (ADEODATO, João Maurício. Filosofia do Direito: Uma crítica à verdade na ética e na ciência. Editora Saraiva. São Paulo.1996. Pág. 3)

interligados. Estar-se-ia a buscar uma essência metafísica da razão, o que não se pode admitir[3].

Por outro lado e, à contrariedade, não se pode também buscar o atributo racional como tendo um início, um ponto de partida, em algum momento da história da humanidade, ou seja, numa concepção evolucionista da razão. Não há, por assim dizer, um momento de nascimento da razão. Isso se denota pela impossibilidade de se falar em mais "racionalidade" no ato de construir uma armadilha, realizado por um hominídeo, ou uma bomba de hidrogênio, em nossos tempos. A mutação na complexidade da racionalidade não denota a existência de um momento a-racional do ser humano, nem num futuro de uma racionalidade muito mais evoluída, considerações que implicam a inexistência de uma única modalidade de racionalidade.

Feita esta ponderação, somente poderíamos falar da racionalidade, não enquanto uma essência humana, nem mesmo como um faculdade do *homo sapiens* historicamente constituída. A racionalidade, ou razão, somente se mostra como sendo um objeto de estudo quando "vinculado à história dos sistemas de pensamento, a história dos modos de seleção dos discursos socialmente legítimos, a história das técnicas da verdade"[4]. Este florescer de novos modos de racionalidade se mostra presente em certos momentos da história da humanidade (momentos de ruptura), sempre que ocorre uma mutação no sistema de aceitação e aferição da verdade[5] e dos discursos legítimos e socialmente aceitos.

Francis Wolff[6], bem como outros filósofos como Foucault, identificam como sendo um desses momentos de ruptura e alvorecer de uma nova modalidade ou sistemática de razão o da Grécia do século V a. C., momento no qual se dá a "passagem do mito à razão", decorrente de uma mudança nos valores e de uma nova ordem de saber[7]. Esta nova ordem – uma nova racionalidade, com novos métodos de aferição da

---

[3] WOLFF, Francis. Nascimento da Razão, origem da crise. *In* A crise da razão, org. Adauto Novaes. Companhia das Letras. São Paulo, 2006, pág. 68.
[4] Idem, pág. 68.
[5] Observemos que esta verdade pode ser tanto a afirmação proveniente da boca do observador dentro ou fora do processo.
[6] Francis Wolff é professor de filosofia na Universidade Paris 10 e na Escola Normal Superior de Paris.
[7] Ibid.

verdade e da legitimidade – faz uso de novos "modos de validação e reconhecimento dos discursos verdadeiros", e teve como fundamentos a possibilidade da demonstração matemática, a investigação física e cosmológica, a investigação histórica, tudo em detrimento do mito como elemento explicador do mundo[8].

É como decorrência dessa mutação na compreensão da verdade[9] e da inserção social da compreensão da realidade[10] que se elabora, à época, um novo sistema de direito civil e penal que nada mais deve aos valores religiosos, como a pureza, ou às práticas rituais, como o ordálio, e no qual se constitui uma nova economia da prova judiciária, fundada, agora, na argumentação e na investigação dos fatos[11].

---

[8] Ibid.

[9] "A verdade é deste mundo; ela é produzida nele graças a múltiplas coerções, e nele produz efeitos regulamentados de poder. Cada sociedade tem seu regime de verdade, sua "política geral" de verdade: isto é, os tipos de discurso que ela acolhe e faz funcionar como verdadeiros; os mecanismos e as instâncias que permitem distinguir os enunciados verdadeiros dos falsos, a maneira como se sanciona uns e outros; as técnicas e os procedimentos que são valorizados para a obtenção da verdade; o estatuto daqueles que têm o encargo de dizer o que funciona como verdadeiro". (FOUCAULT, Michel. Microfísica do Poder. 19ª Edição. Edições Graal. São Paulo. 2004. Pág. 12)

[10] Ovídio Batista, analisando de modo semelhante este processo mutante, afirma, valendo-se da obra de Francis Bacon: "Estamos nos primórdios do movimento depois conhecido como racionalismo, para o qual o indivíduo, valendo-se apenas da razão, evitando as influências dos *ídolos*, inteiramente desligado de seus laços culturais e livre da tradição e das doutrinas filosóficas tradicionais, seria capaz de atingir as verdades absolutas". (SILVA, Ovídio Araújo Baptista. Processo e Ideologia: o paradigma racionalista. 2ª Edição. Editora Forense. Rio de Janeiro. 2006. pág. 6)

[11] De se ressaltar, como salientou Mittermaier, que os ordálios, as provas de fé, as quais buscavam sua compreensão dos fatos mediante um sistema de verdade baseado, não na razão, mas na fé, não se extinguiram de todo com o fim do pensamento mitológico na Grécia Arcaica, o que comprova a inexistência de uma linearidade contínua nas modalidades de racionalidade. Espécies de ordálios permaneceram como sendo utilizados mesmo durante o século X pelo direito germânico. Nas palavras do mestre alemão, ao analisar o antigo direito germânico: "A verdade material nos tempos mais antigos sobretudo, não era o fim principal, e pouco importava que, como agora, por exemplo, fossem as testemunhas interrogadas com escrúpulo e consciência. Demais, isso se concebe: então tinha o acusado o direito de justificar-se pelo juramento; então os *Conjuratores* ou Eideshelfer, que representavam a família, a associação ou a antiga comunidade, vinham assisti-lo em juízo; e os Juízos de Deus e o duelo decidiam do bom ou mal fundamento da imputação. Estas diversas

Não é outra a observação realizada por Michel Foucault, para quem o início da civilização grega trouxe consigo uma ruptura entre modelos de conhecimento e de aferição da verdade. Passou-se de um modelo em que a "verdade" era reconhecida pela legitimidade de quem a dizia para um modelo de verdade em que esta era reconhecida por seus atributos racionais aferíveis[12]. Não obstante, muito além do sistema de "economia de provas" proposto pela análise foucaultiana, está-se, nesse momento, diante de uma nova economia do "discurso legitimador das decisões", sejam elas judiciárias ou não.

Pois nessa quadra da história da humanidade, apontada no tempo e no espaço, em que se reestrutura o modo de conhecimento do mundo, elabora-se, paulatinamente, um novo sistema de prova judiciária baseado no conhecimento da realidade, numa nova ordem de pensamento e numa nova estrutura do conhecimento, a qual busca a verdade mediante a análise dos fatos e não pela intervenção dos deuses. A este novo *modus operandi* da aferição da verdade no processo judicial pode-se chamar de racional (o que vincula, desde já, processo judicial e racionalidade) pelo fato de possuir, necessariamente, duas características, uma positiva e

---

práticas, porém, não podem deixar de ser tidas como verdadeiras regras para a produção de prova, porque o juiz era obrigado a tê-las em consideração por ocasião de sua sentença". (MITTERMAIER, Karl Josef Anton. Tratado da prova em matéria criminal. Bookseller. Campinas. 1997. pág. 19-20)

[12] Esta a afirmação de Foucault: "Nas sociedades indo-europeias do leste mediterrâneo, no final do segundo e início do primeiro milênios, o poder político era sempre detentor de um certo tipo de saber. O rei e os que o cercavam, pelo fato de deterem o poder, detinham um saber que não podia e não devia ser comunicado aos outros grupos sociais. Saber e poder eram exatamente correspondentes, correlativos, superpostos. Não podia haver saber sem poder. E não podia haver poder político sem a detenção de um certo saber especial. (...) O saber dos deuses, o saber da ação que se pode exercer sobre os deuses ou sobre nós, todo esse poder mágico religioso está presente na função política. O que aconteceu na origem da sociedade grega do século V, na origem de nossa civilização, foi o desmantelamento desta grande unidade de um poder político que seria ao mesmo tempo um saber. Foi o desmantelamento desta unidade de um poder mágico-religioso que existia nos grandes impérios assírios, que os tiranos gregos, impregnados de civilização oriental, tentaram reabilitar em seu proveito e que os sofistas dos séculos V e VI ainda utilizaram como podiam, em forma de lições retribuídas em dinheiro. Assistimos a essa longa decomposição durante os cinco ou seis séculos da Grécia arcaica." (FOUCAULT, Michel. A Verdade e as formas jurídicas. 3ª Edição. Puc Editora. Rio de Janeiro. 2005)

outra negativa. Negativamente, é a rejeição de toda autoridade prévia ou antecedente ao julgamento de cada um (preconceitos, tradições, crenças *a priori*, discurso do mestre, texto sagrado, etc.). Positivamente, é uma capacidade de universalização: uma conduta, uma crença, um discurso são geralmente qualificados de racionais se são universalizáveis, isto é, se dependem, cada um deles, apenas de sua faculdade discursiva, ou seja, de um discurso por direito enunciável e aprovável por todos[13].

No que se refere ao efetivamente instituído pelos novos modos de racionalidade e suas consequências para o modo de aferição da verdade e da legitimidade discursiva, mormente no que tange ao procedimento judiciário, podemos apontar três características que denotam as transformações: purificação do enunciado verdadeiro, independência do enunciado à autoridade e necessidade de reconhecimento da verdade por parte do destinatário. Todas estas características são consequências da migração do elemento legitimador do "Mestre da Verdade[14]" para a racionalidade atribuível e esperada do interlocutor ou daquele a quem se quer demonstrar a verdade de uma proposição, dentro ou fora de um procedimento judicial.

Nas práticas arcaicas de demonstração da verdade (tenham ocorrido na Grécia, ou, como menciona Mittermaier, na estrutura probatória do direito germânico) o discurso verdadeiro jamais é puro, uma vez que nas práticas discursivas deste período o discurso não é senão o elemento, uma parte apenas de um sistema de enunciação ritualizado que jamais é separável do conjunto das circunstâncias formalizadas que o tornam possível e das marcas de distinção que assinalam seu poder de veridicidade. Neste período, o discurso verdadeiro é aquele "pronunciado por quem de direito e segundo o ritual prescrito"[15].

---

[13] WOLFF, Francis. Nascimento da Razão, origem da crise. *In* A crise da razão, org. Adauto Novaes. Companhia das Letras. São Paulo, 2006, pág. 68.

[14] O "Mestre da Verdade" 'e compreendido como toda a autoridade político-religiosa com conhecimentos superiores aos do restante da população que, por seu contato direito com os rituais sagrados e com os deuses, seria capaz de "conhecer" a verdade e dizê-la.

[15] Esta a lição completa de Foucault: "Certamente, se nos situamos no nível de uma proposição, no interior de um discurso, a separação entre o verdadeiro e o falso não é nem arbitrária, nem modificável, nem institucional, nem violenta. Mas se nos situamos em outra escala, se levantamos a questão de saber qual foi, qual é constantemente, através de nossos discursos, essa vontade de verdade que atravessou

Mesmo a relação existente entre a "verdade" e a "realidade" não é, nessa época, necessariamente de conexão e de identidade, uma vez que não necessariamente o discurso verdadeiro constatará e dirá sobre o real, podendo o discurso verdadeiro "fazer" a verdade. Enquanto no discurso racional a realidade condiciona a verdade (ignorando-se o intérprete/sujeito, já que todos são iguais), no discurso arcaico as coisas "são" o que o Mestre diz que são. A verdade não se dissocia daquele que a profere.

O terceiro traço de oposição entre os dois tipos de práticas discursivas diz respeito à relação do discurso verdadeiro com seu destinatário. O do discurso arcaico é puramente passivo na constituição da verdade: num procedimento judiciário, por exemplo, que fosse guiado pelo sistema das ordálias, o jurisdicionado escutaria a palavra dita pelo Mestre da Verdade e a admitiria como verdadeira pelo fato de se submeter à autoridade do Mestre e enxergar o ritual legitimador. Ele não precisa nem opinar, nem mesmo crer. Todavia, no modo racional de aferição da verdade, valendo-se de um discurso de bases racionais, jamais haverá verdade possível sem que haja a possibilidade do assentimento dos interlocutores, sejam estes jurados, uma plateia ou o próprio jurisdicionado, o qual poderá, ao menos, impugnar a interpretação que se faz do fato. Não por outro motivo é que se diz que a aprovação, pela plateia – num primeiro momento entendida como imutável – do discurso e da interpretação é uma condição de veridicidade. Por isso, dizer a verdade é antes de tudo

---

tantos séculos de nossa história, ou qual é, em sua forma muito geral, o tipo de separação que rege nossa vontade de saber, então é talvez algo como um sistema de exclusão (sistema histórico, institucionalmente constrangedor) que vemos desenhar-se. Separação historicamente constituída, com certeza. Porque, ainda nos poetas gregos o século VI, o discurso verdadeiro – no sentido forte e valorizado do termo – o discurso verdadeiro pelo qual se tinha respeito e terror, aquele ao qual era preciso submeter-se, porque ele reinava, era o discurso pronunciado por quem de direito e conforme o ritual requerido; era o discurso que pronunciava a justiça e atribuía a cada qual a sua parte; era o discurso que, profetizando o futuro, não somente anunciava o que ia se passar, mas contribuía para sua realização, suscitava a adesão dos homens e se tramava assim com o destino. Ora, eis que um século mais tarde, a verdade a mais elevada já não residia mais no que *era* o discurso, ou no que ele *fazia*, mas residia no que ele *dizia*: chegou um dia em que a verdade se deslocou do ato ritualizado, eficaz e justo, de enunciação, para o próprio enunciado: para seu sentido, sua forma, seu objeto, sua relação e sua referência." (FOUCAULT, Michel. **A ordem do discurso**. 13ª Edição. Edições Loyola. São Paulo. 2006. Pág. 14/15)

fazer com que aqueles a quem nos dirigimos também admitam como verdadeiro, por racional, o que dizemos[16].

Assim, temos: purificação do enunciado verdadeiro das condições em que é proposto; independência do enunciado verdadeiro em relação à autoridade daquele que o propõe; necessidade, para aquele a quem o enunciado verdadeiro é proposto, de reconhecê-lo como verdadeiro. A isto pode-se resumir o sistema da racionalidade ocidental clássica e todo o método e sistema de prova judiciária e de aferição da verdade, bem como de legitimação da decisão à qual se busca atribuir a ideia de "justa". Não por outra razão, desde já se afirma que processo e procedimento clássicos são "sinônimos" de método racional clássico de aferição da verdade. Não por outro motivo, verifica-se de modo contundente a aproximação entre o discurso legitimador do "justo" e o discurso de aferição da "verdade". A verdade e a justiça mudam de forma com a racionalidade e se transformam mutuamente.

De plano se percebe que a principal consequência da transformação do método de aferição da verdade em um procedimento racionalizado com base em fatos demonstrados, ao se excluir a figura do Mestre da Verdade, é a de colocar todos os homens num plano de igualdade. Se a verdade se percebe pela análise e pela discussão sobre a realidade, e considerando – o que, ao menos procedimentalmente não se pode negar – que não há homens mais ou menos racionais que outros, a igualdade entre os seres humanos passa a ser condição *sine qua non* da racionalidade e de todo o sistema de verificação da verdade. Deste modo, vemos que estão indissociáveis o método racional, o sistema processual de aferição da verdade e a igualdade entre os homens – consequentemente os argumentos de justiça aplicáveis pelos homens.

Mas de que igualdade se fala quando se entrelaçam o conceito de racionalidade e o conceito de verdade?

3. Procedimento Judicial e Igualdade

Pudemos ver ao longo do já explanado que a racionalidade não é uma essência e nem mesmo uma faculdade inerente a alguns seres humanos.

---
[16] Cumpre ressaltar que, num primeiro momento, pela imprescindível presunção de total igualdade entre todos os locutores e auditórios possíveis (igualdade formal), não se considerava a possibilidade de adaptação do discurso à plateia.

Não é também um atributo presente somente no modo ocidental de compreensão fenomenológica do ambiente. É, isso sim, um modo, dentre muitos possíveis, de intelecção da realidade e seus reflexos discursivos. Não por outro motivo esta mesma razão pode ser compreendida como uma consequência natural de modos de conhecimento surgidos àquela época e até hoje em processo de desenvolvimento, bem como sendo o corolário de maneiras de inserção deste conhecimento em práticas sociais. Por tais razões pode-se dizer que a "razão" surgida com os gregos, o procedimento de busca e de definição da verdade guiado pela argumentação acerca dos fatos e sua percepção e a compreensão da igualdade entre os seres humanos não pode ser dissociada de um processo histórico iniciado no período da Grécia Arcaica e que perdura até nossos dias (não sem intervalos, como o da Inquisição Medieval, por exemplo): trata-se da paulatina democratização das instituições políticas e a igualdade inerente a este processo. A justiça presente na igualdade e em seu discurso mostra aqui sua faceta política.

Se, seguindo a linha até agora traçada, a compreensão da verdade deixa de ser vinculada a um atributo daquele que a profere, passando a ser um fruto discursivo da compreensão individual e igualitária da realidade por todos os membros da comunidade ou dos jurados de um processo, tanto a decisão judicial e a aferição da realidade mediante as provas, quanto a definição dos rumos da *polis* ou da nação pressupõem a ocorrência de uma discussão aberta, com a confrontação explícita das posições das partes presentes e a exposição a todos os presentes de todas as razões válidas para o estabelecimento comum dos valores que para todos valerão. Neste aspecto, torna-se impossível dissociar a mutação da aferição da verdade no processo judicial com a definição dos rumos da comunidade no jogo democrático, sendo, em ambos os casos, a igualdade o pressuposto maior de validade da decisão.

Como se vê, tanto no processo judicial quanto no sistema democrático duas característica são imprescindíveis para a configuração da igualdade pretendida. Em ambos os cenários, para que se consiga obter um resultado válido decorrente da discussão deve-se pressupor a igualdade dos cidadãos (ou jurados) de duas formas: em primeiro lugar uma igualdade de possibilidade de manifestação acerca dos pontos que se pretende discutir (seja dos problemas efetivos de uma comunidade, seja dos pontos controvertidos de um processo judicial); e em segundo lugar a igualdade de poder de crítica sobre todo o manifestado pelos outros concidadãos. Assim, fica claro que o poder do discurso da verdade (do que é e do que será) não fica a critério de qualquer espécie de Mestre da Verdade, sendo distribuído entre os homens (ao menos presumivelmente) de forma igualitária. É este modelo de verdade oriunda do discurso que se mostra, em sua faceta política no funcionamento democrático da cidade; em sua faceta cognitiva no novo regime de aferição da verdade baseado no funcionamento racional da cognição, e em sua faceta judiciária ele é o fundamento e, corolário da igualdade das partes, refletidas em garantias que um dia denominaríamos "ampla defesa", "contraditório" e "devido processo legal", este último compreendido em sua forma embrionária clássica[17], sendo também e por consequência elemento inarredável da concepção do "justo" no discurso legitimador.

É esta igualdade, com todos os seus percalços, que se mostrará como a grande base de sustentação da evolução, tanto do procedimento judicial, quanto das estruturas democráticas de autogoverno. Todo o caminho percorrido desde uma noção de igualdade meramente formal em direção a uma igualdade (dentro do possível) material se inicia com alguns pressupostos básicos e inarredáveis dos homens[18].

Se todos os homens são iguais, isto pressupõe a capacidade de todos se manifestarem visando ao convencimento da plateia. No que se refere ao

---

[17] Afirma textualmente Ovídio Baptista, discorrendo acerca da superação de mitos e dos ídolos em direção ao racionalismo: "É indispensável considerar os reflexos, no processo civil, do apogeu e decadência dessa ideologia. A luta contra a tradição – compreendida como sendo a cultura medieval, que a modernidade esforçava-se por destruir –, levada ao extremo, como depois se viu com Descartes, tornou-se precondição para que o *indivíduo*, descontextualizado de seu meio cultural, valendo-se do poder da razão, se tornasse o alicerce do liberalismo." (SILVA, Ovídio Araújo Baptista. Processo e Ideologia: o paradigma racionalista. 2ª Edição. Editora Forense. Rio de Janeiro. 2006. pág. 6)

[18] Afirma Canotilho, não sem certo tom de crítica: "Um dos princípios estruturantes do regime geral dos direitos fundamentais é o princípio da igualdade. Igualdade é, desde logo, a igualdade formal ("igualdade jurídica", "igualdade liberal") estritamente postulada pelo constitucionalismo liberal: os homens nascem e permanecem livres e iguais em direitos. Por isso, se considera que esta igualdade é um pressuposto para a uniformização do regime das liberdades individuais a favor de todos os sujeitos de um ordenamento jurídico. A igualdade jurídica surge, assim, indissociável da própria *liberdade* individual." (CANOTILHO, Joaquim José Gomes. **Direito Constitucional e Teoria da Constituição.** 7ª Edição. Almedina. Coimbra. pág. 426)

procedimento judicial, isto se reflete na suposição de que todos exerçam seus direitos de, igualmente, expor seu ponto de vista diante de todos, com o fito de persuadir a todos. Esta é a regra que pretende garantir as regras – formais – da instituição judiciária no direito clássico, devendo a verdade "surgir" pela simples aplicação da regra da manifestação acerca dos fatos.

Não obstante, supõe-se, ainda, que, além de poder falar sobre tudo, a igualdade conferida ao homem lhe outorga o poder e a habilidade pressuposta de se manifestar criticamente sobre tudo o que for dito pelos seus pares. O poder e a habilidade para a aferição da verdade não pressupõem, portanto, somente um poder de fala, mas também um poder judicativo, ou seja, uma habilidade de crítica, um direito e um dever de jamais admitir como verdadeiro senão o que outro a quem nos dirigimos admite como tal, e reconhecer a qualquer outro o direito igual de ser este interlocutor legítimo[19].

Fica, deste modo, evidente que a elevação da igualdade à qualidade de direito e de garantia fundamental do homem não é apenas um elemento retórico, nem mesmo uma ilusão ou utopia, como pensado por muitos. A igualdade (antes formal e, necessariamente, num momento posterior, no que possível, material, isonômica) é um pressuposto do modelo de racionalidade humana clássica que se desenvolveu em determinada época[20], que convalida

---

[19] Podemos encontrar, séculos mais tarde, o desenvolvimento de tais desdobramentos da capacidade de crítica outorgada a todos os humanos condensada no primeiro parágrafo de "Discurso do Método" de Descartes, em que se lê: "O bom sendo é a coisa do mundo melhor partilhada: pois cada um pensa estar tão bem provido dele, que mesmo os mais difíceis de contentar em qualquer outra coisa não costumam desejar tê-lo mais do que o têm. Não é verossímil que todos se enganem nesse ponto: antes, isso mostra que a capacidade de bem julgar e distinguir o verdadeiro do falso, que é propriamente o que se chama o bom senso ou a razão, é naturalmente igual em todos os homens; e, assim, que a diversidade de nossas opiniões não se deve a uns serem mais racionais que os outros, mas apenas a que conduzimos nossos pensamentos por vias diversas e não consideramos as mesmas coisas. Pois não basta ter o espírito bom, o principal é aplicá-lo bem. As maiores almas são capazes dos maiores vícios, assim como das maiores virtudes; e os que andam muito lentamente podem avançar muito se seguirem sempre o caminho reto, ao contrário dos que correm e dele se afastam." (DESCARTES, René. **Discurso do Método**. Porto Alegre. L&PM Editora. Porto Alegre. 2004)

[20] Neste ponto cabe uma ressalva: é imprescindível que consideremos que temos a tendência a pensar nossas instituições (sejam governamentais, sejam processuais) como sendo construções a-históricas, o que, a exemplo de nossa racionalidade, é descabido.

decisões políticas, jurídicas, e que é a ferramenta por excelência, nos últimos 23 séculos de aferição da correição do raciocínio humano[21] e da legitimidade de seus discursos. E enquanto elemento da própria racionalidade, ela alimenta e influencia a concepção humana sobre a correta distribuição das coisas, inserindo-se na própria ideia humana acerca da justiça (não sem motivo a vinculação da balança com a igualdade e a justiça).

Todavia, como já insinuado, o problema da igualdade, seja dentro do processo, mormente no seu aspecto processual, é extremamente controverso. A crítica principal, como sabido, é a que afirma não ser a igualdade formal um elemento hábil a criar as condições de justiça que se pretende com o processo judicial ou mesmo na própria vida da sociedade[22]. Caso se pretenda atingir um mínimo de justiça social (entendida necessariamente como um reflexo da igualdade em todos os seus aspectos), não se pode ficar sujeito ao "faz-de-conta" pretendido pelas regras da igualdade formal nos tempos atuais[23]. É óbvio que aqui não se nega, por tudo o que já foi dito, as maravilhas que os pressupostos da igualdade formal foram capazes de realizar e da própria revolução que causou nos métodos de pensamento da humanidade desde os gregos. Todavia, os desafios do

---

[21] Neste sentido, a afirmação de Canotilho: "O princípio da igualdade, no sentido de igualdade na própria lei, é um postulado de racionalidade prática: para todos os indivíduos com as mesmas características devem prever-se, através da lei, iguais situações ou resultados jurídicos". Pág. 427.

[22] "Deve-se, assim, assentar em definitivo, conforme a proclamação solene da Declaração Universal dos Direitos Humanos, que todos os homens são absolutamente iguais na partilha da comum dignidade de pessoas, merecendo, portanto, rigorosamente o mesmo respeito, não obstante as diferenças biológicas e culturais que os distinguem entre si, e apesar da enorme desproporção patrimonial que apresentam as famílias, classes sociais ou povos, quando comparados uns com os outros. Em se tratando, contudo, da justiça punitiva, do provimento de cargos públicos, ou do respeito aos direitos fundamentais de ordem econômica, social ou cultural, não se pode nunca deixar de aplicar o critério da igualdade proporcional; ou seja, há que se tratar desigualmente os desiguais, na exata proporção da desigualdade verificada." (COMPARATO, Fábio Konder. **Ética: Direito, Moral e Religião no mundo moderno**. Companhia das Letras. São Paulo. 2006. pág. 560)

[23] Afinal, todos sabemos que os homens não são todos igualmente capazes de criticar uma ideia (ainda que potencialmente o sejam), nem mesmo de propor ideias. Tais desigualdades – que podem ser equalizadas – são pressupostos de uma visão da igualdade que busca a superação das desigualdades.

mundo moderno pressupõem um modelo de raciocínio que, em vez de ignorá-las, passe a enxergar as características do ser humano, ou seja, suas peculiaridades[24]. Em outras palavras, não se pode fingir que a humanidade é igual, quando esta afirmação – muito embora desejada – não corresponde à realidade dos fatos.

Já se verificou que a simples igualdade formal é totalmente incapaz e inócua quando o objetivo é minimizar as diferenças provenientes das incontestáveis discrepâncias materiais que assolam a humanidade. Esta desproporção, de cunho primeiramente econômico, não fica restrita à esfera dos bens materiais. Atinge todas as demais formas de "bens" que se possa imaginar, seja intelectual, social, e até de saúde. Todavia, seus reflexos se mostram evidentes no "mínimo múltiplo comum" da pecúnia. É visando superar esta fraqueza da igualdade formal que Canotilho, assim como outros, propõe que se atinja uma "igualdade material através da lei", devendo tratar-se por igual o que é igual e desigualmente o que é desigual.

Todavia, como já se vislumbra, o problema que surge é o do critério valorativo a ser utilizado na diferenciação entre os indivíduos, já entendidos como diferentes entre si. Como podemos analisar essa mutação do conceito de justiça que deixa de estar vinculado ao elemento formal e passa a se ligar a critérios materiais de distribuição de bens? Como se dá o reflexo da mutação da ideia de igualdade que embasa o "justo" e como esta mutação se faz sentir no plano discursivo?

4. Igualdades Formais e Materiais e Argumentação Racional no Processo Judicial e na Busca da Decisão "Justa"

Dentre as questões que aparecem quando se supera a estrutura da igualdade formal clássica, pela qual, como dito, a proposição deveria ser desprovida de um sujeito (ou seja, sua validade ou invalidade teria aferi-

---

[24] A grande pergunta que se faz presente quando se observa a proposição da igualdade material é a seguinte: se, como afirmado, todo o edifício da racionalidade humana do ocidente se construiu sobre a proposição dos "discursos e enunciados desprovidos de sujeito", ou seja, válidos para todos, independentemente de suas características específicas, então a assunção da necessidade de se observar o elemento humano com suas especificidades seria a negação automática de nossa história de gradual libertação dos arbítrios?

ção somente diante de uma concepção universalista), a principal é a da criação do critério valorativo ensejador da exceção. Em outras palavras, como estabelecer um critério racional (nova racionalidade?) dos juízos de valor para que se possa legitimamente tratar os desiguais desigualmente sem que se atente contra as bases do conceito de justiça? E no que tange especificamente à prova judiciária e à argumentação racional, como criar um critério que permita ao operador do direito subverter a lógica milenar da "proposição sem sujeito" e inverter o ônus processual, sem que isso signifique o exercício do arbítrio[25]? Como legitimar suas decisões que atentam contra a pretensão de igualdade formal?

Ainda que extremamente difícil, tanto pela exiguidade do espaço, como pela complexidade do tema, deve-se fazer uma ponderação. Impossível ignorar que a constatação das desigualdades entre as partes de um processo é inevitável por um julgador. Há, no caso, uma dicotomia que, muitas vezes, pode ensejar uma mudança do discurso e uma ponderação na própria interpretação legal em virtude de seu distinatário, fato que seria inadmissível caso se mantivesse a visão clássica.

Podemos, à guisa de exemplo e de como se dá a ponderação da aplicação da lei mediante um discurso justificador, tendo em vista a disparidade entre os jurisdicionados, analisar a possibilidade judicial da inversão do ônus, citar o artigo 6º da Lei Federal 8.078, de 1990, conhecido como Código de Defesa do Consumidor, o qual garante como direito básico do consumidor "a facilitação da defesa de seus direitos, inclusive com a inversão do ônus da prova, a seu favor, no processo civil, quando,

---

[25] "Para o sistema, a norma jurídica deverá ter, consequentemente, sentido *unívoco*. Ao intérprete não seria dado hermeneuticamente 'compreendê-la' mas, ao contrário, com a neutralidade de um matemático, resolver o problema 'algébrico' da descoberta de sua 'vontade'. Compreende-se, portanto, as razões que, no século XIX, fizeram com que os autores dos Códigos procurassem impedir que sua obra fosse interpretada. Reproduziu-se no século XIX a tentativa de Justiniano de impedir a compreensão da hermenêutica de suas leis. (...) A intenção que sustenta esse propósito é a mesma que, no início da Era Moderna, procurou eliminar a *Retórica*, enquanto ciência argumentativa, do campo do Direito, basicamente do campo do Processo. A ideia de perfeição do direito criado, que se oculta sob essa conduta, foi revelada por Agnes Heller, ao mostrar o *pathos* tirânico, consequentemente antidemocrático, que se oculta sob a pretensão de criarem-se sistemas jurídicos perfeitos." (Silva, Ovídio Araújo Baptista. Processo e Ideologia: o paradigma racionalista. 2ª Edição. Editora Forense. Rio de Janeiro. 2006. Pág. 17)

a critério do juiz, for verossímil a alegação ou quando for ele hipossuficiente, segundo as regras ordinárias de experiências". Vê-se, como dito, que o critério para a validação do juízo realizado pelo magistrado, caso entenda pela inversão do ônus, somente se legitima pelas regras de experiência com as quais o juiz fundamentar sua decisão. Não é a lei que inverte o *onus probandi*. Ela apenas delega tal possibilidade ao juiz da causa, que somente poderá proceder a tal inversão mediante um juízo valorativo da hipossuficiência ou da verossimilhança da alegação, o qual deverá ser justificado não com base em critérios universalistas que desconsideram as peculiaridades do indivíduo, mas mediante um exercício de convencimento racional baseado nas particularidades do caso.

Deste modo e considerado o exemplo supra, como validar e fundamentar logicamente o *descrimen*? Como fazer com que este não se confunda com o arbítrio? Como inverter o ônus de um caso e não de outro e fazê-lo de forma a legitimar a decisão e dela retirar a pecha de arbitrariedade?

A superação da validação da lógica formal (sem sujeito, pressupondo a igualdade formal) somente se pode fazer mediante a argumentação[26]. O discurso não se valida mais somente pela solenidade de sua pronunciação, nem de uma possível e esperada validade perante todos, mas

---

[26] Analisando o tema, argumenta Perelman: "A concepção positivista tinha como consequência inevitável restringir o papel da lógica, dos métodos científicos e da razão a problemas de conhecimento puramente teóricos, negando a possibilidade de um uso prático da razão. Opunha-se, por isso, à tradição aristotélica, que admitia uma razão prática, que se aplica a todos os domínios da ação, desde a ética até a política, e justifica a filosofia como a busca da sabedoria. Pessoalmente, sempre procurei estender o papel da razão, e foi nessa perspectiva que encetei, há mais de trinta anos, minha análise da noção de justiça; Aplicando a esta noção um método de análise de inspiração positivista, obtive um primeiro resultado: pude evidenciar uma noção de justiça formal que corresponde à regra de justiça, segundo a qual é justo tratar do mesmo modo situações essencialmente semelhantes. Esta regra, que é central em toda aplicação de uma norma a situações particulares, é indispensável em qualquer concepção positivista de direito. Ela parece, à primeira vista, alheia a qualquer juízo de valor. Mas, assim que se quer utilizar essa regra, é preciso decidir se uma situação nova é ou não essencialmente semelhante à outra que poderia servir de precedente, e torna-se inevitável o recurso a um juízo de valor: de fato, cumpre declarar que as diferenças que distinguem os dois casos são ou não negligenciáveis. (...) De fato, se nos ativermos ao método positivista, a ideia de uma escolha, de uma decisão, de uma solução *razoável*, que implique a possibilidade do uso prático da razão, deverá ser excluída. Mas mesmo que fôssemos além da abordagem positivista, não bastava desejar uma concepção mais ampla da razão: cumpria também elaborar uma metodologia que permitisse pô-la em prática, elaborando uma lógica dos juízos de valor que não os fizesse depender do arbítrio de cada um. (...) Pois, embora o raciocínio do juiz deva empenhar-se para chegar a soluções que sejam equitativas, razoáveis, aceitáveis, independentemente de sua conformidade às normas jurídicas positivas, é essencial poder responder à questão: 'Mediante quais procedimentos intelectuais o juiz chega a considerar tal decisão como equitativa, razoável ou aceitável, quando se trata de noções eminentemente controvertidas? (...) Na ausência de técnicas argumentativas unanimemente admitidas é que se impõe o recurso aos raciocínios *dialéticos* e *retóricos*, raciocínios que visam estabelecer um *acordo* sobre os valores e sobre sua aplicação, quando estes são objetos de uma controvérsia. Vê-se aparecer assim o caráter central da noção de acordo, tão desprezada pelas filosofias racionalistas ou positivistas, nas quais o que importa é a *verdade* de uma proposição, vindo o acordo por acréscimo, uma vez que a verdade foi estabelecida pelo recurso à intuição ou à prova. Mas a noção de acordo torna-se fundamental quando os meios de prova inexistem ou são insuficientes, principalmente quando o objeto de debate não é a verdade de uma proposição, mas o valor de uma decisão, de uma escolha, de uma ação, consideradas justas, equitativas, razoáveis, oportunas, louváveis, ou conformes ao direito." (PERELMAN, Chaim. **Lógica Jurídica**. 2ª Edição. Editora Martins Fontes. São Paulo. 2004. Pág. 136/140)

sim por sua validade diante das peculiaridades, justificadas pela busca da justiça. Substitui-se assim a presunção de uma onipotência procedimentalista em benefício de uma validação substancialista, mediante a qual, por meio da retórica, os operadores do direito – num trabalho de hermenêutica, realizado por todos os sujeitos do processo – validam os juízos de valor que orientam as decisões[27].

Isso não faz pressupor que o adágio *iura novit curia* tenha sido relegado ao passado. O juiz, além de conhecer o direito, deve interpretá-lo, fazendo-o, ainda mais, com o auxílio dos demais sujeitos processuais[28]. É com a colaboração das partes que surge o direito, mesmo porque a "sentença é o produto de um método dialético, operacionalizado pela garantia constitucional do contraditório (art. 5º, inc. LV, CF)".

E não se pode negar, neste processo, que aí está plasmada uma mutação não só dos conceitos humanos acerca da igualdade, mas ainda da própria noção de justiça a qual se mostra mutante, assim como o ser humano o é.

5. Conclusão

Pretendemos, pelo presente trabalho, num exercício de análise histórica e de crítica, compreender, por um lado, o desenvolvimento dos

---

[27] Deveras útil que se traga a lição de Chaim Perelman, o qual afirma a necessidade da justificação e da motivação, por parte do magistrado, de suas decisões, como sendo a única forma de aferição, por parte do auditório a quem a decisão se dirige, de seus argumentos racionais. Neste sentido, afirma: "Detentor de um poder, num regime democrático, o juiz deve prestar contas do modo como o usa mediante a motivação. Esta se diversifica conforme os ouvintes a quem se dirige e conforme o papel que cada jurisdição deve cumprir. (...) Concluindo, motivar uma sentença é justificá-la, não é fundamentá-la de um modo impessoal e, por assim dizer, demonstrativo. É persuadir um auditório, que se deve conhecer, de que a decisão é conforme às suas exigências. Mas estas podem variar com o auditório: ora são puramente formais e legalistas, ora são atinentes às consequências; trata-se de mostrar que estas são oportunas, equitativas, razoáveis, aceitáveis. O mais das vezes, elas concernem aos dois aspectos, conciliam as exigências da lei, o espírito do sistema, com a apreciação das consequências. (...) O direito é simultaneamente ato de autoridade e obra de razão e de persuasão." (PERELMAN, Chaim. **Ética e Direito**. 5ª Edição. Editora Martins Fontes. São Paulo. 2005. Pág. 568/569)

[28] CAMBI, Eduardo, **A Prova Civil: admissibilidade e relevância**. Editora Revista dos Tribunais. São Paulo. 2006. Pág. 272.

modos de racionalidade em sua relação com o processo judicial e a busca da verdade e dos discursos legítimos sobre a realidade.

Dentre as constatações atingidas, encontra-se a da superação da compreensão da igualdade formal como pressuposto da lógica jurídica. Esta superação se dá em nome da consideração das desigualdades e da necessidade de se municiar o operador do direito de ferramentas lógicas que lhe possibilitem a superação do paradigma legalista, sempre tendo em vista a busca pela justiça.

6. Bibliografia

ADEODATO, João Maurício. **Filosofia do Direito: Uma crítica à verdade na ética e na ciência.** Editora Saraiva. São Paulo. 1996.

CAMBI, Eduardo, **A Prova Civil: admissibilidade e relevância.** Editora Revista dos Tribunais. São Paulo. 2006.

CANOTILHO, Joaquim José Gomes. **Direito Constitucional e Teoria da Constituição.** 7ª Edição. Almedina. Coimbra.

COMPARATO, Fábio Konder. **Ética: Direito, Moral e Religião no mundo moderno.** Companhia das Letras. São Paulo. 2006.

DESCARTES, René. **Discurso do Método.** Porto Alegre. L&PM Editora. Porto Alegre. 2004.

FOUCAULT, Michel. **Microfísica do Poder.** 19ª Edição. Edições Graal. São Paulo. 2004.

FOUCAULT, Michel. **A ordem do discurso.** 13ª Edição. Edições Loyola. São Paulo. 2006.

FOUCAULT, Michel. **A Verdade e as formas jurídicas.** 3ª Edicão. Puc Editora. Rio de Janeiro. 2005.

MARINONI, Luiz Guilherme. **Teoria Geral do Processo.** 3ª Edição. Editora Revista dos Tribunais. São Paulo. 2008.

MITTERMAIER, Karl Josef Anton. **Tratado da prova em matéria criminal.** Bookseller. Campinas. 1997.

PERELMAN, Chaim. **Ética e Direito.** 5ª Edição. Editora Martins Fontes. São Paulo. 2005.

PERELMAN, Chaim. **Lógica Jurídica.** 2ª Edição. Editora Martins Fontes. São Paulo. 2004.

SANTOS, Sandra Aparecida Sá dos. **A Inversão do ônus da prova.** 2ª Edição. Editora Revista dos Tribunais. São Paulo. 2006.

SILVA, Ovídio Araújo Baptista. **Processo e Ideologia: o paradigma racionalista**. 2ª Edição. Editora Forense. Rio de Janeiro. 2006.

WOLFF, Francis. Nascimento da Razão, origem da crise. *In* **A crise da razão**, org. Adauto Novaes. Companhia das Letras. São Paulo, 2006.

DIREITO E JUSTIÇA. ANÁLISE A PARTIR DO PENSAMENTO DE HANS KELSEN. PAZ SOCIAL ABSOLUTA OU RELATIVA?

*José Raul Cubas Júnior**

Sumário: 1. Introdução; 2. Breve Noção do Conceito de Justiça em Aristóteles; 2.1 – Os Ângulos da Justiça Aristotélica; 3. Motivações para se Obter um Comportamento Lícito; 3.1 – Motivando a Conduta Lícita; 3.2 – Monopolização do Uso da Força; 4. Conceito de Justiça no Pensamento Senso Comum; 4.1 – Conceito de Justiça no Pensamento Científico; 5. Direito diante da Realidade Social; 5.1 – Onde se Encontra a Injustiça?; 5.2 – O Justo e o Injusto; 6. Ideais de Paz; 6.1 – O Aparelho Coercitivo nas Comunidades Primitivas; 6.2 – Comunidade sem o Uso da Força. Possível?; 7. Considerações Finais; 8. Bibliografia.

1. Introdução

Em uma definição básica do Direito obtemos, em última análise, o fato de ser uma técnica social específica de ordem coercitiva, que regula as relações sociais dos homens de uma mesma comunidade.

A comunidade nada mais é que uma ordem social que regula o comportamento recíproco dos seus indivíduos. Indivíduos pertencentes a

---

* Bacharel em Direito (2005), graduado pela Pontifícia Universidade Católica do Paraná – PUC/PR. Advogado inscrito na Ordem dos Advogados do Brasil Seccional Paraná sob nº 42.158. Especialista em Direito Tributário (2007), pós-graduado pelo Centro Universitário Curitiba – UNICURITIBA. Professor do Curso de graduação em Direito, da disciplina de Direito Financeiro da Faculdade Estácio Radial Curitiba. Membro da Comissão de Direito Tributário da Ordem dos Advogados do Brasil Seccional Paraná. Associado ao Conselho Nacional de Pesquisa e Pós-Graduação em Direito CONPEDI. Advogado pleno e sócio fundador da VETTORAZZI & CUBAS Advogados Associados, com atuação em direito empresarial e tributário.

certa comunidade ou que formam certa comunidade estão sujeitos a uma ordem comum que regula seu comportamento recíproco.

Contudo, esta relação social não é apenas regulada pelo que chamamos Direito, mas também por outras ordens sociais como a moral e a religião, estas últimas, em várias condições, auxiliando o direito na busca pela conduta prescrita pela norma jurídica. Por exemplo: o Direito, a Moral e a Religião proíbem o assassinato. Pelo Direito, se um homem cometer assassinato, estará submetido a uma sanção de caráter coercitivo já prescrita pela ordem jurídica. A Moral se limita a dizer: não matarás. Já as religiosas ameaçariam o assassino com o castigo de uma autoridade sobre-humana; vê-se nesta última ordem o seu caráter transcendental e sua proximidade com o Direito.

Partindo do pressuposto de que toda ordem social busca o comportamento correto dos indivíduos em relação às regras prescritas, acredita-se que, além disso, um dos objetivos de toda ordem social é a busca por uma relativa paz social em conjunto com uma justiça concreta.

Veremos nos capítulos que seguem como se dão essas relações entre Direito e justiça. Buscar-se-á entender qual é a finalidade do Direito em uma sociedade, e a tentativa de se manter uma relativa paz e justiça social.

2. Breve Noção do Conceito de Justiça em Aristóteles

Como filósofo da antiguidade, atribuiu-se a Aristóteles o início de várias ciências; dedicou-se a vários ramos do conhecimento, porém, foi o que mais desenvolveu os temas ligados à filosofia do Direito, lançando as primeiras noções de justiça que abrangiam uma perspectiva puramente jurídica baseada na equidade como inspiradora da Lei e do Direito, sendo o precursor desse conceito, ao contrário de outros estudiosos de sua época.

Aristóteles concebia a *Polis* como de extrema importância na estrutura da elaboração da Lei e do Direito necessário à vida grega natural do homem, destacando suas obras no campo da política e da ética, já que considerava o homem um animal político, pois, era levado a esta caracterização por sua própria natureza.

Segundo Aristóteles, a *Polis* cuida do homem como o organismo cuida de suas partes vitais, nascendo a premissa de que a *Polis* regulava a vida dos homens por meio da Lei segundo os critérios de justiça.

2.1 – Os Ângulos da Justiça Aristotélica

Distributiva e Corretiva

Para Aristóteles, na ideia de justiça distributiva e corretiva a igualdade foi o enfoque principal, porém, aplicada de várias maneiras.

Aristóteles entendia o princípio da igualdade de duas formas fundamentais que originavam duas espécies de justiça: a distributiva e a corretiva.

A justiça distributiva tinha por razão fundamental a divisão de bens e de honras da comunidade, ao passo que o indivíduo percebia o proveito adequado aos seus méritos. Por um enfoque metafórico, significava a realização da justiça segundo um critério de progressão geométrica.

Por outro lado, enquanto o princípio distributivo tinha no centro de suas atenções o indivíduo, o princípio corretivo se destinava aos objetos, relegando os méritos, mas medindo impessoalmente o benefício ou o dano que cada qual pode suportar. Este princípio se subdivide ainda em comutativo (quando a justiça intervém na vontade dos indivíduos) e judicial (quando se impõe contra a vontade de uma das partes).

Virtude Geral e Especial

Neste, Aristóteles trilha pelo mesmo pensamento de Platão, considerando a justiça sob os aspectos da virtude geral e especial, sendo que as justiças distributiva e corretiva seriam subdivisões da virtude especial.

Segundo Aristóteles, a justiça, como virtude geral, também chamada de legal, em geral, é a maioria das disposições legais que estão constituídas por prescrições da virtude total, porque a lei manda viver de acordo com todas as virtudes e proíbe que se viva de conformidade com todos os vícios. As disposições legais servem para produzir a virtude total, todas aquelas estabelecidas sobre a educação para a vida em comunidade. Assim, a lei esgota o domínio ético do cidadão, sendo, por isso, a medida objetiva da justiça no seu mencionado sentido. A justiça geral consiste, pois, no cumprimento da lei. Inversamente, a injustiça total é a sua violação.

Decorre disso que a noção elementar da justiça surja a partir do entendimento do que seja injustiça. O homem justo seria aquele que cumprisse a lei e o injusto, aquele que a descumprisse, tendo como primazia a igualdade e a equidade, pois, a injustiça corresponderia à noção de ilegalidade e de desigualdade. Em uma noção mais concreta, nem tudo o que se tem por desigual é necessariamente injusto, a depender das desigualdades reinantes entre os indivíduos integrantes do Estado, ou seja, a desigualdade das partes que compõem o todo.

Na justiça sob o princípio da virtude especial corretiva, Aristóteles afirma que podem ser estabelecidas duas classes de relações entre os cidadãos: voluntárias (contratuais) e involuntárias (delitos).

Na justiça contratual (voluntária), temos por essência a prevenção, sendo a justiça prévia que iguala as prestações recíprocas, ao contrário das involuntárias, que são de caráter repressivo e segregador da injustiça. As voluntárias não buscam reparar ou indenizar o dano, mas, sim, ordenam as relações jurídicas.

Assim, sobre os diferentes enfoques da justiça na visão aristotélica, temos que, em síntese, "A justiça corresponde à virtude em sua totalidade, e não só parte desta, revestindo-se também de caráter jurídico".

No jusnaturalismo, Aristóteles acredita em uma justiça geral cuja fonte é a natureza, remetendo-nos à existência do Estado a partir do Direito Natural.

O conceito de justiça elaborado por Aristóteles é considerado extremamente importante e avançado, suas lições ainda hoje se encontram em plena harmonia com os princípios de igualdade, de maneira que é um estudo tão bem elaborado que se pode afirmar, sem receio de erro, que muito pouco se acrescentou, até nossos dias, àquele pensamento original. Suas bases de justiça perante a igualdade e a equidade são amostras disso. Os ordenamentos jurídicos do mundo ocidental prezam pela igualdade de tratamento das partes, em razões de equidade e de justo equilíbrio. E essa ideia aristotélica se encontra inclusive em nossa Carta Constitucional, artigo 5º.

3. Motivações para se Obter um Comportamento Lícito

Após as breves considerações acerca do conceito de justiça na visão aristotélica, passamos à análise do tema proposto para estudo, qual seja, a correlação entre direito e justiça, a ideia de paz social e a sua relatividade quando do uso da força.

A função de toda ordem social, de toda comunidade – porque a comunidade, como já foi visto anteriormente, é uma ordem social – é motivar certa conduta recíproca dos seres humanos: fazer com que se abstenham de certos atos que possam ser considerados nocivos à comunidade e fazer com que executem outros que são considerados úteis/necessários.

3.1 – Motivando a Conduta Lícita

Para tal conduta desejável, as ordens sociais se utilizam de certas maneiras para motivar o indivíduo a agir em conformidade com suas normas, podendo ser uma motivação direta ou indireta, em que certa conduta desejável é alcançada por meio da vantagem prometida, ou, ainda, medo ou ameaça de desvantagem, de forma que coaduna para um único fim, motivar a conduta.

Entretanto, assim como existem ordens sociais que impõem de modo ameaçador a conduta desejável ao sistema, existem aquelas ordens sociais que não oferecem vantagens em caso de obediência, nem ameaças no caso de desobediência. Nesse caso a simples ideia de uma ordem que decreta esse comportamento é a própria motivação para a conduta humana em conformidade com a norma, embora esse tipo de motivação raramente seja encontrado na realidade social.

Em uma análise mais profunda, toda ordem é aplicada de modo sancitivo: "Toda ordem social é, de certo modo, sancionada pela reação específica da comunidade à conduta de seus membros, em conformidade ou em conflito com a ordem"[1], sendo que as diferenças das sanções aplicadas nas diversas ordens sociais são que algumas são providas de sanções definidas e outras podem consistir em uma reação automática da comunidade e, assim, não pré-estabelecidas pela ordem.

Em meio a tantas maneiras utilizadas para motivar o indivíduo a agir em conformidade com a norma jurídica, não se pode expressar com certeza uma motivação que obrigue os homens ao cumprimento de uma regra jurídica; podemos, no entanto, dizer que a motivação de uma conduta lícita não seja apenas o medo de uma sanção legal, mas também o fator de extrema importância para tal motivação é quando, com o respeito pela ordem jurídica, se tem as ideias morais e religiosas em paralelo aos ideais de uma lei de Direito.

---

[1] KELSEN, Hans. **Teoria Geral do Direito e do Estado**. 2ª ed., São Paulo. Martins Fontes, 1995, p. 23.

3.2 – Monopolização do Uso da Força

Como já foi visto, o Direito é uma técnica social específica de uma ordem coercitiva, que consiste em ocasionar a conduta social desejada dos homens por meio da ameaça de coerção no caso de conduta contrária ao estabelecido.

O fato relevante na atuação do Direito é que este possui sanção socialmente organizada, um ato de coerção que uma pessoa determinada pela ordem dirige, de maneira também estabelecida pela ordem, contra a pessoa responsável pela conduta contrária à norma.

Entre os atos de uma ordem de caráter coercitivo está o fato de seu instrumento específico, o ato coercitivo na aplicação da sanção, ser exatamente do mesmo tipo do ato que se busca impedir nas relações dos indivíduos, ou seja, a força é empregada para impedir o emprego da força. Tal contradição é superficial, não devendo o Direito e a força ser compreendidos em desacordo entre si, mas, sim, tomando por base o fato de que o Direito é uma organização da força, vinculando certas condições nas relações entre os homens.

> "A técnica social que chamamos 'Direito' consiste em induzir o indivíduo, por um meio específico, a se abster de intervenção à força nas esferas de interesse alheias; no caso de tal intervenção, a própria comunidade jurídica reage com uma intervenção similar nas esferas de interesse do indivíduo responsável pela intervenção anterior. A intervenção à força nas esferas de interesse de outro, a medida de coerção, funciona como delito e também como sanção. O Direito é uma ordem segundo a qual o uso da força é proibido apenas como delito, isto é, como condição, mas é permitido como sanção, isto é, como consequência."[2]

4. Conceito de Justiça no Pensamento Senso Comum

O Direito, sendo uma técnica social específica de coerção social, independe da moral e da religião para a plena validade e eficácia, porém, podemos dizer que é em até certo ponto amparado por estes. Tal situação é bem evidenciada quando analisada à luz da *Teoria Do Mínimo Ético:*

---

[2] KELSEN, Hans. **O Que é Justiça?** São Paulo, Martins Fontes, 1998, p. 232.

> "A teoria do 'mínimo ético' consiste em dizer que o Direito representa apenas o mínimo de Moral declarado obrigatório para que a sociedade possa sobreviver. Como nem todos podem ou querem realizar de maneira espontânea as obrigações morais, é indispensável armar de força certos preceitos éticos, para que a sociedade não soçobre. A Moral, em regra, dizem os adeptos dessa doutrina, é cumprida de maneira espontânea, mas como as violações são inevitáveis, é indispensável que se impeça, com mais vigor e rigor, a transgressão dos dispositivos que a comunidade considerar indispensáveis à paz social."[3]

No entanto, quando se intercala o problema do Direito com o da justiça, no pensamento político, portanto, não científico, acredita-se que estes dois problemas se reduzem a um só, ou seja, as pessoas normalmente acreditam e até mesmo agem acreditando que o Direito é o modo pelo qual se pode efetivamente chegar à justiça social, em que os direitos individuais que prescrevem a vida humana seriam interpretados de modo justo e, quando certa pessoa os violar, é punida perante uma justiça que seria imposta de tal maneira que se caracterizaria como um efeito do Direito, ou seja, o Direito levaria à justiça.

4.1 – Conceito de Justiça no Pensamento Científico

Embora saibamos que o Direito e a justiça são constantemente confundidos à luz do senso comum, devemos saber dos extremos referentes a esses dois conceitos que são, na verdade, pontos extremamente diferentes, isso por que se o Direito é livre de valores morais e religiosos não se preocupa com o que é justo ou injusto, mesmo por que existem ordens injustas.

Embora o Direito Positivo, o qual está em questão aqui, seja ideologicamente colocado como uma ordem justa, nota-se que é uma tendência justificá-lo moralmente.

> "Existe, porém, na jurisprudência tradicional, uma tendência terminológica de identificar Direito e justiça, de usar o termo Direito no sentido de Direito justo e de declarar que uma ordem coercitiva globalmente eficaz

---

[3] REALE, Miguel. **Lições Preliminares de Direito**. 24ª ed., São Paulo, Saraiva, 1998, p. 42.

e, portanto, um Direito positivo válido, ou uma norma individual de tal ordem social, não são Direito 'real' ou 'verdadeiro' se não forem justos."[4]

Dizer que uma ordem é justa seria dizer que ela regula as relações dos homens de maneira satisfatória a todos, o que seria efetivamente impossível, ao passo que é inimaginável uma ordem jurídica que em sua decisão não favorecesse uma pessoa em detrimento de outrem, proporcionando felicidade a todos.

Nesse sentido só seria justa uma ordem jurídica se proporcionasse felicidade a todas as pessoas que estão sob sua observância.

Essa felicidade a que nos referimos é aquela que deve buscar favorecer ao maior número de pessoas possíveis. A felicidade que uma ordem social – em especial a de Direito – é capaz de garantir deve ser entendida no sentido coletivo em que, para o legislador, as necessidades dignas de serem satisfeitas, por exemplo, seriam as necessidades de alimentação, vestuário, moradia etc.

> "Se justiça é felicidade, então uma ordem social justa é impossível, enquanto justiça significar felicidade individual. Uma ordem social justa é impossível, mesmo diante da premissa de que ela procure proporcionar, senão a felicidade individual de cada um, pelo menos a maior felicidade possível ao maior número possível de pessoas."[5]

5. Direito diante da Realidade Social

Sabe-se que o Direito não se preocupa com o que é justo ou injusto, mas sim com o que é lícito ou ilícito, e que, para melhor noção, pode-se dizer que existem ordens jurídicas injustas.

Contudo, o que se cita apenas para fins de argumentação e posterior reflexão, veja-se determinada norma que regulamenta o tráfego de veículo em nosso país:

> "Art. 218. Transitar em velocidade superior à máxima permitida para o local, medida por instrumento ou equipamento hábil, em rodovias, vias de trânsito rápido, vias arteriais e demais vias:

---

[4] KELSEN, Hans. O Que é Justiça? São Paulo, Martins Fontes, 1998, p. 292.
[5] Idem, p. 3.

III – quando a velocidade for superior à máxima em mais de 50% (cinquenta por cento):
Infração – gravíssima;
Penalidade – multa [3 (três) vezes], suspensão imediata do direito de dirigir e apreensão do documento de habilitação."

Essa norma é aplicável a todas as pessoas, dentro de certo espaço territorial em que ela é válida.

Seria justo aplicá-la indistintamente a um motorista não profissional – que não faz da direção, seja de moto, carro ou caminhão, um modo de ganhar dinheiro – e também aplicá-la àquele motorista que depende de sua carteira de habilitação para sobreviver e que, por simples descuido, pode ter sua carteira suspensa por certo tempo? Nesse caso estaríamos aplicando a noção de igualdade, aquela que sabemos ser necessário levar em consideração a exata medida das desigualdades de cada indivíduo?

5.1 – Onde se Encontra a Injustiça?

Se as normas que regulamentam o tráfego de veículos em nosso país são aplicadas a todas as pessoas indistintamente, sem levar em consideração a profissão, sem distinguir a vida de cada pessoa, ao invés de uma ideia de justiça teríamos uma desigualdade por classes, dado que só seriam igualitárias se aplicadas por igual àquelas pessoas de uma mesma classe, seja de trabalho, social ou política.

Além de desigual, podemos dizer que a justiça é extremamente abalada por tal aplicação e coerção jurídica, dado, no caso citado, o fato de ser um motorista profissional, de sobreviver dos frutos de sua profissão. Como este cidadão ficaria sem poder exercê-la? Contudo o Direito não admite ingerência nesse campo, o do justo ou do injusto.

Ora, observe-se que não estaríamos afastando a culpa dos infratores à medida que seus atos possam lhes trazer desvantagens perante outras pessoas que os cometeram com a mesma intensidade, mas modificando a sanção, em que o infrator poderia pagar ou reparar seu erro de maneira que não trouxesse problemas ainda maiores para o âmbito da sociedade, dado que tal indivíduo não precisaria ficar sem exercer sua profissão apenas pela obrigatoriedade de reparar seu dano ou ato contrário à norma, ou seja, talvez serviços prestados à comunidade seja uma boa saída, já que a que nos referimos aqui é uma relativa paz social. Desacordo seria o colocar nas ruas sem poder trabalhar no que efetivamente conhece, mesmo porque pequenos problemas agregados podem se transformar em uma grande batalha.

A diferença não está apenas na medida coercitiva, mas no reflexo que pode advir quando aplicada indistintamente.

5.2 – O Justo e o Injusto

Apesar da análise do exemplo proposto, referente à legislação de trânsito, certo é que o Direito não deve se ater ao justo ou ao injusto para ser efetivamente aplicado.

Podemos mesmo dizer que nem todas as pessoas têm a mesma ideia de justiça, ou seja, cada pessoa admite a justiça não como algo universal e homogêneo, logo, com as mesmas características, mas cada indivíduo tem o seu entendimento do que significa justiça. O efeito imediato desse ato é que a justiça passa a ter um juízo de valor, subjetivo a cada pessoa.

> "(...), a questão quanto ao que é o Direito positivo, o Direito de certo país ou o Direito em um caso concreto, é a questão de um ato criador de Direito que teve lugar em certo tempo e espaço. A resposta a essa questão não depende dos sentimentos dos sujeitos que respondem; ela pode ser verificada por fatos objetivamente verificáveis, ao passo que a questão quanto a ser justo o Direito de certo país ou a decisão de certo tribunal depende da ideia de justiça pressuposta pelo sujeito que responde, e essa ideia baseia-se na função emocional de sua mente." [6]

O justo ou o injusto não requerem fórmula ou norma jurídica. Para a norma temos o lícito ou o ilícito; para a justiça temos os sentimentos de cada indivíduo quanto ao seu grau de satisfação em certo local e espaço de tempo, critério absolutamente subjetivo.

6. Ideais de Paz

Comumente no senso comum o direito é equiparado ao meio pelo qual se pode buscar a justiça e, com isso, a paz social.

---
[6] Idem, p. 294.

Entrementes, quanto mais analisamos a ciência jurídica, mais precisamente o Direito, em contraposição aos ideais de justiça, mais encontramos ambiguidade do Direito ser ou não ser justo. Na tentativa de evidenciar o Direito instrumento/fonte para se chegar à justiça social, mais podemos nos deparar com a tentativa ideológica de substituir o ideal de justiça pelo ideal de paz, sendo que, se o Direito não é justo, que seja pelo menos um meio para se chegar a uma relativa paz social. A relatividade da paz social, conforme iremos analisar adiante, é evidente por si, de modo que a paz completa só seria alcançada se acaso não fosse usada a força, o que desqualifica a paz total em uma ordem social que detém o monopólio do uso da força, o Direito.

> "A paz é uma condição em que a força não é usada. Nesse sentido da palavra, o Direito provê apenas paz relativa, não absoluta – ele priva o indivíduo do direito de empregar a força, mas reserva-o à comunidade. A paz do Direito não é uma condição de ausência absoluta de força, um estado de anarquia; é uma condição de um monopólio de força da comunidade."[7]

6.1 – O Aparelho Coercitivo nas Comunidades Primitivas

Até o presente momento temos a formulação de que a técnica social específica a que chamamos de "Direito" consiste no estabelecimento de uma ordem coercitiva, por meio do qual lhe é atribuído o monopólio da comunidade para aplicar as medidas de coerção decretadas pela ordem jurídica. Mas será que essa técnica social específica que chamamos de Direito é indispensável na sociedade?

Determinado pensamento pode nos levar à conclusão de que talvez seja possível substituir a técnica específica do Direito (coercitiva) pela motivação direta, obediência voluntária.

Nesse sentido até poderíamos dizer que a necessidade do Direito é a mesma questão da necessidade do Estado, dado que este cerca uma ordem coercitiva, jurídica, relativamente centralizada e soberana. Ou seja, com esses aspectos o Estado passa a ser uma organização política, consistente num elemento coerção.

Contudo a história não apresenta nenhuma situação em que grandes comunidades tenham sido constituídas de outras formas que não

---

[7] Idem, p. 232.

por ordens coercitivas. Mesmo as comunidades sociais mais primitivas se apoiavam em ordens coercitivas, em princípio religiosas, que depois foram se secularizando.

Ocorre que mesmo estas comunidades sociais primitivas não podem ser denominadas de Estados simplesmente porque tais comunidades não possuíam um grau de centralização necessário ao que conhecemos como Estado.

Ora, confirma-se que '*ubi societas, ibi jus*'[8].

Por outro lado, o homem sempre desejou que a força, mesmo exercida como sanção, não fosse mais exercida pelo homem contra o homem. Esse desejo não só foi, como de fato ainda é, na visão de otimistas e de sonhadores políticos, um fato efetivamente possível, para os quais há a possibilidade de uma sociedade livre de toda a coerção, na qual não mais haveria Lei e Estado.

Comunidade sem Estado e sem Lei é a expressão que poderíamos denominar Anarquismo teórico, pressupondo uma ordem social que se difere do Direito positivo pelo fato de não exigir sanção socialmente organizada, sem nenhuma espécie de ordens coercitivas encontradas na realidade histórica.

As pessoas que acreditam na existência de tal ordem social natural creem na existência cujo caráter obrigatório resulta diretamente de seu conteúdo, em que a conduta humana é regulamentada em correspondência com a natureza dos homens e de suas relações, em que nenhuma medida de coerção é exigida como sanção para a conduta levada a efeito em desacordo com a ordem natural.

A ordem natural é justa, faz todos os homens felizes, e, consequentemente, sem a necessidade de compelir as pessoas à sua própria felicidade, sem a necessidade de Estado, ou, em outras palavras, sem o Direito positivo.

Com efeito, a eficácia dessa ordem social se apoiaria no que denominamos anteriormente de obediência voluntária. Essa ideia de ordem social natural é aquela anarquista da Idade de Ouro em que Ovídio retrata, em seus versos clássicos:

---

[8] "Onde há sociedade, há lei."

> "Áurea prima sata est aetas, quae vindice nullo,
> sponte sua, sine lege fidem rectumque colebat.
> poena metusque aberant, nec verba minantia fixo
> aere legebantur, nec supplex turba timebat
> iudicis ora sui, sed erant sine judice tuti." [9]

6.2 – Comunidade sem o Uso da Força. Possível?

Se fosse possível à mente humana estabelecer o conteúdo de uma ordem social que pudesse ser chamada de natural, que faria todos felizes, portanto, justa, seria difícil compreender porque tal ordem não foi ainda estabelecida.

Pode-se dizer que desde que o homem começou a pensar as mentes mais ilustres têm lutado para elaborar tal ordem, a qual poderia responder a questão da justiça; porém, tanto no passado quanto na atualidade, essa questão esteve e está longe de ser respondida.

Não se pode dizer que várias tentativas de resolver o problema da técnica social sejam tão satisfatórias, ou seja, próximas da satisfação geral.

Pensamos mesmo que, se tal ordem é passível de descoberta, não poderá ser constituída com os anseios de que todos a possam reconhecer imediatamente como justa e que possam estar prontos a obedecê-la.

É improvável qualquer ordem social nesse sentido, mesmo uma que na opinião de seus criadores assegurasse aos indivíduos todas as vantagens desejadas, para escapar ao risco de ser violada e, portanto, que não necessitasse de precauções contra violadores, efetivos ou potenciais, por meio de medidas coercitivas.

Ora, teria cabimento uma ordem social nesse sentido somente se permitisse a todos os indivíduos que estivessem sob sua observância fazer ou abster-se de fazer o que desejassem. Por outro lado, nesse caso é que se tem a grande dicotomia: uma ordem dessa seria a suspensão de

---

[9] KELSEN, Hans. O Que é Justiça? São Paulo, Martins Fontes, 1998, p. 234. Ovídio, *Metamorfoses*, i, 89-93. "De ouro foi a primeira idade, que, sem ninguém para compelir, sem uma lei própria, conservava a fé e fazia o certo. Não havia medo de castigo nem palavras ameaçadoras a serem lidas em placas de bronze; nenhuma multidão suplicante olhava temerosa o rosto do juiz; mas sem juízes, vivia segura." (Trad. Frank Miller, Loeb Classical Library, Londres, 1916).

toda a ordem social, seria o restabelecimento de um estado de natureza, ou seja, um estado de anarquia, e novamente não seria ordem social.

A ideia de uma comunidade sem Direito e sem Estado surge na doutrina do Socialismo Marxista. Em princípio, nesta doutrina, estão presentes o Estado e o chamado Direito "burguês", pelo fato de a sociedade ser dividida em classes – uma que possui e outra sem posses, explorada pela primeira – sendo, pois, a única função do "aparelho" coercitivo manter essa condição. Quando o conflito de classes cessar, por meio da abolição da propriedade privada e da socialização dos meios de produção, logo, quando a sociedade sem classes for alcançada, o "aparelho" tornar-se-á supérfluo, em que o Estado "morre" e, com ele, o Direito. A ditadura do proletariado seria apenas uma transição necessária, dado que a teoria política do socialismo marxista pensamos ser o anarquismo puro.

O objetivo de ambas as doutrinas – Anarquismo e Socialismo – é uma comunidade constituída sem coerção, apoiando-se na obediência voluntária dos indivíduos. A diferença entre essas doutrinas está no fato de que os anarquistas acreditam seja possível dispensar o Estado imediatamente; em contraponto, os marxistas ensinam que depois de o lugar do Estado capitalista ser tomado pelo Estado socialista – a chamada ditadura do proletariado – o Estado gradualmente desaparecerá por si.

No entanto, devemos saber que uma organização econômica, tal como a almejada pelo socialismo, deve ter um caráter autoritário. Uma organização desta acreditamos só pode ser gerida por um gigantesco corpo hierarquicamente organizado, de modo que cada indivíduo – sendo um órgão da comunidade – tem uma função definida a desempenhar, regulamentada por uma ordem normativa. É precisamente da observância minuciosa dessas normas que depende a produtividade de todo o sistema, pois seria justamente a produtividade elevada que daria à economia planejada a vantagem sobre a produção capitalista.

Com essa rápida análise, podemos dizer que os cidadãos que fazem parte de uma mesma comunidade, sendo esta capitalista, na maioria das vezes grande parte das causas ensejadoras de conduta contrária à ordem é o fator econômico, segundo o qual, havendo uma conduta indesejável, se tornaria necessário o uso da medida coercitiva por meio do "Direito".

Se no regime socialista a comunidade seria homogênea, deixemos de lado o fator econômico, porém, outros motivos poderiam levar a causas de conduta contrária à regra, como a própria ideia de liberdade, o que torna necessário o uso de medidas coercitivas para punir possíveis transgressões. A partir de simples ideias, podemos dizer que mesmo o socialismo não pode seguir adiante sem a técnica social chamada "Direito". Mesmo em uma sociedade socialista é verdade que *ubi societas, ibi jus*.[10]

7. Considerações Finais

Embora saibamos que o Direito se utiliza de um aparelho coercitivo para ser efetivamente aplicado, o que se busca pelo Direito é fazer com que os indivíduos não ajam em desacordo com as normas jurídicas que prescrevem a conduta humana, mas que se comportem de modo lícito para evitar o uso da força – aparelho coercitivo usado como sanção – na sociedade para punir os transgressores, ou seja, o objetivo do Direito é efetivamente motivar (mesmo por ameaças) os indivíduos que estão sob a observância de certa ordem jurídica a se comportarem de modo lícito para manter uma relativa paz nesta sociedade, sendo que, se tal conduta não for observada, a consequência será a submissão determinada sanção punitiva aos possíveis transgressores.

Para se chegar e posteriormente se manter uma relativa paz social, interagem o Direito, a moral e a religião. Embora esses últimos não sejam de cunho jurídico obrigatório, os indivíduos em grande parte agem com medo de reprovações morais e de punições por parte de uma autoridade sobre-humana, transcendental. Seria impossível, na atualidade, desenvolvermos uma sociedade em que não se utilizasse o aparelho coercitivo para se manter essa tão importante paz social, e isto é evidente por si, pois será que em nenhum momento existiriam interesses individuais e até mesmo coletivos em conflito, que necessitassem de uma técnica coercitiva para ser minimizado? O que se pode evidenciar é a mesma afirmação contida no decorrer do estudo: onde há sociedade, há lei. Logo, o Direito, como fonte para se chegar a uma relativa paz social, é algo indispensável nas relações humanas, o que monopoliza a força nas "mãos" do Estado para este intervir quando necessário.

Grande parte da população tem noção equivocada e confusa acerca do Direito, mas que muitas vezes lhe é imposta como algo correto e inviolável;

---

[10] "Onde há sociedade, há lei."

porém, em outros casos a imperfeição do entendimento desse conceito parte da própria população, que afere aos significados se baseando nas palavras e acabando por confundir Direito com justiça.

Nesse sentido o Estado controla a população, quando institui a si mesmo o título de Estado de Direito, em que a lei é justa; logo o Estado é legal. O Direito é utilizado como um objeto de manipulação do governo perante a população, pois o Direito e as Leis fazem com que a dominação não seja tida como violência e, por ser legal, deve ser aceito. A lei é direito para o dominante e dever para o dominado, visando uma paz social de caráter efetivo.

8. Bibliografia

ARISTÓTELES. KURY, Mário da Gama tradução. **Ética a Nicômacos**. 2ª Ed. Brasília: UnB, 1992.

KELSEN, Hans. **O Que é Justiça?** São Paulo: Martins Fontes, 1998.

_____, Hans. **Teoria Geral do Direito e do Estado**. 2ª ed., São Paulo: Martins Fontes, 1995.

REALE, Miguel. **Lições Preliminares de Direito**. 24ª ed., São Paulo: Saraiva, 1998.

O DIREITO NOS *MANUSCRITOS* DO JOVEM MARX

Lauren de Miranda Celestino[*]
Éder Ferreira[**]

Sumário: 1. Introdução; 2. O Jovem Marx; 3. Manuscritos Econômico-filosóficos; 4. O Direito em Marx; 5. Considerações Finais; 6. Bibliografia.

1. Introdução

O presente estudo situa-se no campo dos fundamentos do direito, na medida em que pretende localizar nos Manuscritos Econômico-Filosóficos de Karl Marx uma teorização do fenômeno jurídico.

Trata-se de pesquisa exploratória, quanto aos objetivos, e de pesquisa bibliográfica, quanto às fontes e aos procedimentos de coleta de dados.

Como fontes de pesquisa foram utilizados, pois, os Manuscritos Econômico-Filosóficos produzidos pelo jovem Marx de1843 a 1844. A análise das fontes consistiu em revisão teórica centrada na categoria "direito".

Com a realização da pesquisa foi possível a produção de conhecimento novo quanto à teoria sociológica do direito que servirá de embasamento para futuras pesquisas, sobretudo na subárea da Sociologia Jurídica.

---

[*] Graduação em Direito na Faculdade de Direito de Patos de Minas – FADIPA. Pesquisadora em iniciação científica do PIBIC/NIPE/UNIPAM. Membro do Grupo de Estudos Jurídicos Marxistas – GEJUM/CNPq.

[**] Mestrando em Direito Público na Universidade Federal de Uberlândia – CMDIP/FADIR/UFU. Bolsista CAPES. Docente licenciado das disciplinas de *Trabalho de Conclusão de Curso* e *Sociologia Geral* e *Jurídica* na Faculdade de Direito de Patos de Minas. Coordenador do Grupo de Estudos Jurídicos Marxistas – GEJUM/CNPq; Pesquisador do Centro Brasileiro de Estudos e Pesquisas Judiciais – CEBEPEJ.

Os objetivos da pesquisa foram identificar a concepção do fenômeno jurídico nos Manuscritos Econômico-Filosóficos do jovem Marx (1843/1844); listar os manuscritos do jovem Marx e sua relevância; descrever o momento histórico da produção dos Manuscritos Econômico-Filosóficos do jovem Marx; elencar os impactos dos Manuscritos Econômico-Filosóficos do jovem Marx para a ciência e para a sociedade; analisar os Manuscritos Econômico-Filosóficos de Marx, a partir da categoria "direito"; estabelecer relações entre os Manuscritos Econômico-Filosóficos de Marx e a ciência do direito.

Justifica-se a realização deste estudo quanto à sua relevância: para o direito; para a comunidade; para a ciência; para as profissões jurídicas.

A relevância para o direito diz respeito à possibilidade de apresentação de resultados positivos decorrentes de uma práxis profissional alternativa à concepção positivista, o que pode auxiliar o processo de reforma da educação jurídica superior e do judiciário.

Quanto à comunidade, a realização da pesquisa poderá explicitar a importância da concepção marxiana do direito para o enfrentamento das questões do cotidiano, assim como para a formação de uma nova cultura jurídica, a partir da crítica da realidade social, uma vez que os direitos estão pré-figurados nas demandas sociais (COUTINHO, 2005).

Quanto à ciência, será construído conhecimento novo, isto é, fidedigno e relevante teórica e socialmente (LUNA, 2002), já que os Manuscritos Econômico-Filosóficos não constituem textos sobre os quais se concentram os esforços da ciência jurídica.

Por fim, quanto às profissões jurídicas, os resultados da pesquisa podem servir de incentivo à construção/desconstrução/reconstrução cotidiana dos processos de trabalho, visando à sedimentação de um projeto coletivo de trabalho e, por conseguinte, de transformação social.

2. O Jovem Marx

Economista, filósofo e socialista alemão, Karl Marx nasceu em Treves, em 5 de maio de 1818, e morreu em Londres, a 14 de março de 1883. Estudou na universidade de Berlim, principalmente a filosofia hegeliana, doutorando-se em Iena, em 1841, com a tese *Sobre as diferenças da filosofia da natureza de Demócrito e de Epicuro*, mostrando-se com um posicionamento diverso do de Hegel. Em 1842 assumiu a chefia da redação da Gazeta Renana, demonstrando uma incrível maturidade política, em que seus artigos radical-democratas irritaram as autoridades. Em 1843 mudou-se para Paris, editando, em 1844, o primeiro volume dos *Anais franco-alemães*, órgão principal dos hegelianos da esquerda. Entretanto, logo rompeu com os líderes desse movimento, Bruno Bauer e Ruge.

Em 1844 conheceu, em Paris, Friedrich Engels, começando uma amizade íntima para a vida toda. Foi, no ano seguinte, expulso da França, radicando-se em Bruxelas e participando de organizações clandestinas de operários e de exilados. Ao mesmo tempo em que na França estourou a revolução[1], em 24 de fevereiro de 1848, Marx e Engels publicaram o folheto *O Manifesto Comunista*, primeiro esboço da teoria revolucionária que, mais tarde, seria chamada marxista.

Pode-se citar a doutrina de Hegel, o materialismo de Feuerbach, o socialismo utópico francês (representado por Saint-Simon, Louis Blanc e Proudhon) e a economia política clássica britânica (representada por Adam Smith e David Ricardo) como algumas das principais leituras e estudos feitos por Marx.

Ele estudou profundamente todas essas concepções ao mesmo tempo em que as questionou e desenvolveu novos temas, de modo a produzir uma profunda reorientação no debate intelectual europeu.

Dizem-se pertencentes à juventude de Marx os estudos e as publicações do período entre 1841 e 1848, em que predominam escritos mais voltados para a filosofia pura.

Entre os primeiros trabalhos de Marx, foi antigamente considerado o mais importante o artigo *Sobre a crítica da Filosofia do direito de Hegel*, de 1844, primeiro esboço da interpretação materialista da dialética hegeliana. Só em 1932 foram descobertos e editados, em Moscou, os *Manuscritos Econômico-Filosóficos*, redigidos em 1844 e deixados inacabados. É o esboço de um socialismo humanista, que se preocupa principalmente com a alienação do homem[2]. Em 1888 Engels publicou as *Teses sobre Feuerbach*, redigidas por Marx em 1845, rejeitando o materialismo teórico

---

1 Proclamação da República na França.
2 Alienação, segundo Marx, é a ação ou estado em que o homem se torna ou permanece alheio ao produto do seu trabalho, à natureza em que vive, a outros seres e a si mesmo.

e reivindicando uma filosofia que, em vez de só interpretar o mundo, também o modificasse.

Marx e Engels escreveram juntos, em 1845, *A Sagrada Família*, contra o hegeliano Bruno Bauer e seus irmãos. Também foi obra comum *A Ideologia alemã* (1845-46), que por motivo de censura não pôde ser publicada (edição completa só em 1932)[3]. Marx, sozinho, escreveu *A Miséria da Filosofia* (1847), a polêmica veemente contra o anarquista francês Proudhon. A última obra comum de Marx e Engels foi, em 1847, *O Manifesto Comunista*, breve resumo do materialismo histórico e apelo à revolução.

3. Manuscritos Econômico-filosóficos

O trabalho é considerado por Marx como categoria ontológica na medida em que se caracteriza como processo pelo qual o homem distingue-se da natureza, originando o ser social. Faz-se importante, pois, caracterizar o que vem a ser a natureza para, então, apresentar em que se diferencia do ser social fundado pelo trabalho.

A natureza constitui-se de ser inorgânico – composto pelo mundo mineral – e ser orgânico – composto de animais e de vegetais. De acordo com Lessa (1999, p. 21), do mesmo modo que os vegetais alimentam-se de minerais e os animais alimentam-se de vegetais e de minerais, os homens dependem da relação com a natureza para existir, inclusive pela própria necessidade de reprodução biológica dos indivíduos (procriação).

> Contudo, o ser social é distinto do mundo natural porque, se na esfera da vida a evolução se faz pelo desaparecimento e surgimento de novas espécies de plantas ou animais, a história humana é o surgimento, desenvolvimento e desaparecimento de relações sociais." (LESSA, 1999, p. 21)

O ser social, assim, não obstante sua base natural necessária, diferencia-se da natureza, mas necessita de constante relação com ela para produzir sua existência.

---

[3] A *Ideologia Alemã* é uma crítica aos "jovens hegelianos", principalmente a Ludwig Feuerbach, produtor de uma ideologia alemã conservadora. A despeito de seu interesse, não encontrou editor e ficou abandonada, como disseram mais tarde seus autores, "a crítica roedora dos ratos".

Desse intercâmbio entre a sociedade e a natureza resultam bens, fruto da atividade humana sobre matérias naturais que são transformadas em produtos que atendam às necessidades do homem.

Essa atividade humana transformadora da natureza denomina-se trabalho e constitui a base da atividade econômica, uma vez que torna possível a produção de quaisquer bens. A esse respeito, Marx escreveu:

> [...] O trabalho é um processo entre o homem e a natureza, um processo em que o homem, por sua própria ação, media, regula e controla seu metabolismo com a natureza. [...] Não se trata aqui das primeiras formas instintivas, animais de trabalho. [...] Pressupomos o trabalho numa forma em que pertence exclusivamente ao homem. Uma aranha executa operações semelhantes à do tecelão e a abelha envergonha mais de um arquiteto humano com a construção dos favos de suas colmeias. Mas o que distingue, de antemão, o pior arquiteto da melhor abelha é que ele construiu o favo em sua cabeça, antes de construí-lo em cera. No fim do processo de trabalho obtém-se um resultado que já no início deste existiu na imaginação do trabalhador, e portanto idealmente. Ele não apenas efetua uma transformação da forma da matéria natural; realiza, ao mesmo tempo, na matéria natural, o seu objetivo. [...] Os elementos simples do processo de trabalho são a atividade orientada a um fim ou o trabalho mesmo, seu objeto e seus meios. [...] O processo de trabalho [...] é a atividade orientada a um fim para produzir valores de uso, apropriação do natural para satisfazer a necessidades humanas, condição universal do metabolismo entre o homem e a natureza, condição natural eterna da vida humana e, portanto, [...] comum a todas as suas formas sociais. (MARX, 1983, p. 149-150, 153)

Então, o que diferencia o trabalho humano das atividades naturais é a intencionalidade do sujeito, é o fato de o trabalho ser uma atividade teleologicamente direcionada, isto é, o homem, antes de iniciar sua atividade, prefigura o resultado de sua ação, o que caracteriza o trabalho como uma objetivação do sujeito que o efetua.

Lukács assevera essa discussão no sentido de que a realização do trabalho só se dá quando essa prefiguração ideal se objetiva, isto é, quando a matéria natural, pela ação material do sujeito, é transformada (NETTO e BRAZ, 2006, p. 32).

O trabalho é, pois, a atividade humana intencionada a um fim (teleológico) que transforma matéria natural em um produto apto a satisfazer uma necessidade (valor de uso), e, ao transformar a natureza, o homem se transforma. Podemos sintetizar a definição do trabalho do seguinte modo:

O trabalho é o processo – constituído de prévia ideação e objetivação – por meio do qual o homem transforma a natureza visando atender a uma necessidade preexistente, e tem sempre como resultado um objeto material. Neste processo transformador, o homem estabelece relações com a natureza e com outros homens, o que constitui, pois, o processo histórico.

Ricardo Antunes retoma a interpretação de Lukács sobre o trabalho que origina uma dupla transformação:

> Por um lado, o próprio homem que trabalha é transformado pelo seu trabalho; ele atua sobre a natureza; 'desenvolve as potências nela ocultas' e subordina as forças da natureza 'ao seu próprio poder'. Por outro lado, os objetos e as forças da natureza são transformados em meios, em objetos de trabalho, em matérias-primas etc. O homem que trabalha 'utiliza as propriedades mecânicas, físicas e químicas das coisas, a fim de fazê-las atuar como meios para poder exercer seu poder sobre outras coisas, de acordo com sua finalidade. (LUKÁCS *apud* ANTUNES, 2003, p. 125)

Essa dupla transformação de que fala Lukács consiste em que homem e Natureza, ambos, são modificados quando da intervenção do homem sobre a Natureza, por meio do trabalho, para produzir os bens necessários à sua sobrevivência. A Natureza sofre um processo de humanização, pois, além de oferecer matéria-prima para as atividades do homem, incorpora os objetos produzidos por ele.

Já, o homem, ao atuar sobre a Natureza, incorpora conhecimentos transmitidos por gerações por meio da educação e da cultura, como também cria novas ideias e necessidades, que se tornam tão importantes quanto as suas necessidades básicas. Isso permite ao homem a capacidade de inovação de ideias e de formas de executá-las, sem a necessidade de retorno à estaca zero do conhecimento.

Por isso o trabalho possui um caráter central na teoria marxiana, ou seja:

> O trabalho mostra-se como momento fundante de realização do ser social, condição para sua existência; é ponto de partida para a humanização do ser social e o "motor decisivo do processo de humanização do homem". Não foi outro o significado dado por Marx ao enfatizar que: "Como criador de valores de uso, como trabalho útil, é o trabalho, por isso, uma condição de existência do homem, independentemente de todas as

formas de sociedade, eterna necessidade natural de mediação do metabolismo entre homem e natureza e, portanto, vida humana". Essa formulação permite entender o trabalho como "a única lei objetiva e ultrauniversal do ser social, que é tão 'eterna' quanto o próprio ser social; ou seja, trata-se também de uma lei histórica, à medida que nasce simultaneamente com o ser social, mas que permanece ativa apenas enquanto esse existir". (ANTUNES, 2003, p. 125)

Logo, o trabalho deve ser compreendido como atividade essencialmente humana, "responsável" pela humanização do homem e que constitui condição sem a qual não existe esse homem, já que tem a função de mediação da relação homem e Natureza na produção de sua existência material, caracterizada pela produção de valores de uso.

Lessa (1999, p. 21-24), ao abordar o trabalho enquanto categoria ontológica do ser social, utilizou o fértil exemplo de um homem que necessitava abrir um coco. O homem imagina diversas formas de abrir o coco, tais como: 1) atirando-o ao chão; 2) pondo-lhe fogo; 3) utilizando os dentes; 4) mediante a construção de um machado.

A escolha da melhor alternativa pelo homem deu-se a partir da imaginação ou da prévia ideação do resultado esperado em cada uma das alternativas possíveis. Assim, uma vez escolhida uma alternativa, o homem irá objetivá-la, isto é, levará a alternativa à prática.

No exemplo acima, o homem optou por construir um machado. No processo de construção do machado, o homem transformou a Natureza, isto é, converteu a madeira e a pedra em uma ferramenta. Mas o homem também se transformou na medida em que aprendeu a construir um machado e, na construção de outros machados, a partir do uso do primeiro, poderá saber qual a melhor madeira e a pedra mais adequada para a produção não só de uma ferramenta de boa qualidade, mas também a melhor pedra ou madeira para construção de um abrigo, por exemplo.

Além disso, passam a existir outras necessidades: antes a necessidade era abrir um coco, agora passam a ser necessidades a construção e a manutenção de machados e o ensino da técnica de fabrico e de conservação da ferramenta.

Vale ressaltar, ainda, que o processo de trabalho e, consequentemente, de produção da existência humana é essencialmente social porque o homem não vive isoladamente, necessitando sempre de outros homens para produzir os bens necessários à sua sobrevivência. Dessa necessidade humana de viver em coletividade, impõe-se sua organização para produzir não só os bens materiais necessários à sua sobrevivência (artefatos, alimentos, instrumentos...), como também leis, costumes e valores.

O Primeiro Manuscrito "Trabalho Estranhado e Propriedade Privada", do texto em estudo, trata do tema do trabalho estranhado, das relações de estranhamento do homem com o seu trabalho a partir da lógica da produção do capitalismo.

> A partir da própria economia, com suas próprias palavras, constatamos que o trabalhador baixa à condição de mercadoria (...) e que no final das contas, toda a sociedade tem de decompor-se nas duas classes dos proprietários e dos trabalhadores sem propriedade. (MARX, 2004, p. 79 – grifos nossos)

Nota-se que o trabalho realizado para a produção de mercadorias é um trabalho estranhado. O homem, ao produzir, não mais para a própria utilização, mas voltado para a acumulação, troca, faz com que o trabalho se torne um objeto, uma existência externa, alheia, independente dele que o produziu, de modo que, quanto mais valorizado o produto se torne, mais desvalorizado será o homem. Cita o autor:

> O trabalhador se torna tanto mais pobre quanto mais riqueza produz, quanto mais a sua produção aumenta em poder de extensão. O trabalhador se torna uma mercadoria tanto mais barata quanto mais mercadorias cria. Com a *valorização* do mundo das coisas (*Sachenwelt*) aumenta em proporção direta a *desvalorização* do mundo dos homens (*Menschenwelt*). (MARX, 2004, p. 80)

Esse trabalho é a origem da propriedade privada, pois os frutos do trabalho pertencem efetivamente a outro homem, que não o trabalhador.

> A externalidade do trabalho aparece para o trabalhador como se [o trabalho] não lhe pertencesse, como se ele no trabalho não pertencesse a si mesmo, mas a um outro. (MARX, 2004, p. 83)

A autonomização dos produtos do trabalho diante do trabalhador só é possível porque esse mesmo trabalhador foi privado tanto dos objetos necessários à sua subsistência quanto dos objetos necessários à realização do trabalho. Por isso, o seu produto é propriedade do capital, ficando sob o domínio deste.

Podemos afirmar, então, que o trabalho humano na sociedade capitalista é trabalho alienado porque:

1. O homem se separa dos frutos de seu trabalho (transformados em mercadoria), que são apropriados pelos burgueses;
2. Os frutos do trabalho se apresentam como algo exterior ao indivíduo. Não são reconhecidos como parte constitutiva da "humanidade" porque o trabalho não está voltado para a satisfação das necessidades humanas;
3. O homem é transformado em "ser genérico". O trabalho que poderia realizá-lo (categoria ontológica) é transformado em trabalho alienado (meio de subsistência);
4. O homem está alienado dos outros homens. Não se reconhecem mais como "agentes da história", mas como rivais que competem no mercado. A história e a própria vida social são vistas de modo natural. Reconhecê-las como elementos naturalizados significa excluir qualquer possibilidade de transformação, uma vez que o que é natural não depende da ação humana.

A alienação, para Marx, é a ação ou estado pelo qual um indivíduo/grupo/instituição/sociedade torna-se ou permanece alheio aos frutos de sua atividade, à natureza em que vive, a outros seres humanos e a si mesmo (BOTTOMORE, 2001, p. 05); "é um estado marcado pela negatividade, situação que só poderia ser corrigida pela oposição de um estado determinado pela positividade emancipadora, cuja dimensão seria, por sua vez, completamente compreendida a partir da supressão do estágio alienado". (RANIERI, 2004, p.15)

> Primeiro, que o trabalho é *externo* ao trabalhador, isto é, não pertence ao seu ser, que ele não se afirma, portanto, em seu trabalho, mas nega-se nele, que não se sabe bem, mas infeliz, que não desenvolve nenhuma energia física e espiritual livre, mas mortifica sua *physis* e arruína o seu espírito. O trabalhador só se sente, por conseguinte e em primeiro lugar, junto a si [quando] fora do trabalho e fora de si [quando] no trabalho. Está em casa quando não trabalha e, quando trabalha, não está em casa. O seu trabalho não é portanto voluntário, mas forçado, *trabalho obrigatório*. (...)

> Assim, como religião e autoatividade de fantasia humana, do cérebro e do coração humanos, atua independentemente do indivíduo e sobre ele, isto é, como atividade estranha, divina ou diabólica, assim também a atividade do trabalhador não é a sua autoatividade. Ela pertence a outro, é a perda de si mesmo." (MARX, 2004, p. 82-83)

Por fim, conclui Marx que o "trabalho exterior, o trabalho no qual o homem se aliena é um trabalho de sacrifício de si mesmo, de mortificação". (MARX, 2004, p. 83)

E, então, privado tanto dos meios que permitem realizar o trabalho, quanto dos meios de subsistência, o trabalhador se torna servo de seu próprio produto, tendo que se afastar dele.

> Através do trabalho estranhado o homem engendra (...) o seu próprio produto para a perda, um produto não pertence a ele, ele engendra também o domínio de quem não produz sobre a produção e sobre o produto. Tal como estranha de si a própria atividade, ele apropria para o estranho a atividade não própria deste. (MARX, 2004, p. 87)

Tudo isso esconde uma real relação social de dominação, relação entre pessoas em condições desiguais na sociedade. E é essa desigual situação que imprime autonomia às coisas diante do trabalhador e que possibilita o seu estranhamento.

4. O Direito em Marx

Primeiramente, antes de analisar o Direito sob a visão de Marx, deve-se compreender o conceito de sociedade, uma vez que foi a partir dela que houve a possibilidade de pensar aquele.

Segundo Marx, a sociedade é entendida com base em dois conceitos fundamentais: infraestrutura – base econômica, relações de produção; e superestrutura – formas jurídicas, políticas e as ideias representativas de cada sociedade, sendo a primeira também denominada *estrutura econômica* determina e a segunda também conhecida por *consciência social*. Pode-se afirmar, portanto, que tanto a sociedade quanto o Estado são determinados pelo tipo de produção da vida material desenvolvida.

É importante ressalvar, ainda, que há uma classe social que é detentora da posse dos meios de produção e mantém uma relação de dominação sobre as demais classes, dominação essa que não se restringe apenas à questão material, mas também do pensamento.

Essa relação de dominação conduz o homem ao estranhamento. A sociedade do capital, visando sempre à produção de mercadorias, faz com que a sociedade se divida entre proprietários (donos dos meios de produção) e trabalhadores (produtores de mercadorias). E, então dividida, começa-se o processo de estranhamento que atinge a classe dos trabalhadores.

Uma vez empregado, cabe ao trabalhador produzir objetos, mercadorias, e é esse o processo que aprisiona o homem e o faz escravo do próprio trabalho. Passa a maior parte de sua vida trabalhando, o que nos permite afirmar que ela pertence aos objetos que produz. O problema, porém, é que esses objetos não lhe pertencem, e então a própria vida torna-se estranha.

Foi sob essa ótica de poder que Karl Marx elaborou uma tese em que o Direito, como regra de conduta coercitiva, encontra sua origem na ideologia da classe dominante, que é precisamente a classe burguesa. O Direito surge, portanto, para camuflar, para ocultar os conflitos, visa conter a classe trabalhadora da revolução.

Faz-se necessário lembrar que o Direito não é o efeito exclusivo da vontade da classe econômica, e sim a síntese de um processo dialético de conflito de interesses entre as classes sociais, que Marx denominava luta de classes. E aí se insere a Sociologia Jurídica com o intuito de explicar as causas e os efeitos do Direito, uma vez que este se mistura com os fenômenos sociais, construindo e organizando uma hierarquia social em que o poder é exercido de forma legítima pela classe dominante, que é de fato quem legisla, ainda que não ilimitadamente em razão da resistência da classe operária.

Marx acreditava existir uma influência excessivamente forte do poder econômico sobre o Direito, atingindo também a cultura, a história e as relações sociais. Com a Revolução Francesa, ao lado das revoluções industriais, torna-se urgente a regulação das relações sociais, surgindo então o direito comercial e mais adiante o direito do trabalho, configurando-se este num autêntico direito de classes. Assim, a dominação econômica de uns poucos sobre tantos outros se legitima por intermédio de um Estado de Direito, cujo princípio basilar é a lei.

Não se pode esquecer, como lembra Marx, de que o processo de dominação encontra suas raízes na origem da humanidade, haja vista que inicialmente deu-se por força do direito escravagista; depois, feudal; finalmente burguês ou capitalista, acompanhando o desenvolvimento das forças produtivas que vão fazendo história.

Hoje, pode-se ver uma diferença entre o fato social e o Direito, uma vez que o primeiro é dinâmico e multifacetado, e o segundo, conservador, consegue abrigar em sua "proteção" somente parte das relações sociais. Nesse sentido, faz-se necessário um aperfeiçoamento do Direito diante da evolução da sociedade, cujas bases devem se pautar na democracia, na solidariedade e no respeito à dignidade das pessoas.

Verifica-se que o Direito é ao mesmo tempo causa e efeito das relações sociais, visto que se configura em si como um fenômeno social, e não é determinado por si próprio ou a partir de normas ou de princípios superiores abstratos, mas por sua referência à sociedade como fenômeno social que produz.

Por fim, é necessário insistir sobre o fato de que Marx defendeu a tese segundo a qual a evolução econômica é ponto de partida para o desenvolvimento político, jurídico, filosófico, religioso, literário etc., mas também afirmou que a base econômica não é causa única do complexo processo de mudança social, uma vez que todas as evoluções encontram-se umbilicalmente ligadas, reagindo umas sobre as outras. Revelou que a vida econômica não é mais do que uma parte da vida social, e que a nossa representação do que se passa na vida econômica é falseada precisamente na medida em que não percebemos que, atrás do capital, da mercadoria, do valor, dos preços, da distribuição dos bens se esconde a sociedade dos homens que nela participam, que serão a *posteriori* pelo direito regulados e, em certa medida, alienados.

5. Considerações Finais

Marx mostrou-se um estudioso com inigualável atitude crítica, empenhando-se, sem preconceitos, a reconstruir ideias preexistentes.

Inicialmente influenciado pela filosofia de Hegel, diferenciou-se dos demais jovens hegelianos na medida em que soube aproveitar dos conhecimentos obtidos tirando suas próprias conclusões e acrescentando o que lhe surgira como necessário. O mesmo pode ser dito sobre as influências recebidas do materialismo de Feuerbach, do socialismo utópico francês e da economia política clássica britânica.

Mostrou-se preocupado com a estrutura social de sua época, e todos os seus conhecimentos foram voltados para uma melhor compreensão da sociedade, a fim de transformá-la. A única maneira de modificá-la seria por meio de uma revolução promovida pela classe proletária, que retiraria os meios de produção das mãos da classe dominante, pondo fim ao processo de estranhamento que toma dos trabalhadores, a posse da própria vida, chegando-se futuramente ao socialismo.

O Direito, segundo ele, não seria meio de transformação, mas de ocultamento dos conflitos, constituindo um dos determinantes, no plano superestrutural, para que os trabalhadores não promovessem revoluções.

6. Bibliografia

ANTUNES, Ricardo. Trabalho e estranhamento. In: _____. Adeus ao trabalho? Ensaio sobre as metamorfoses e a centralidade do mundo do trabalho. 9. ed. São Paulo: Cortez, 2003, p. 123-136.

BOTTOMORE, Tom. **Dicionário do pensamento marxista**. Rio de Janeiro: Jorge Zahar, 2001.

COUTINHO, Carlos Nelson. Notas sobre cidadania e modernidade. **Revista Ágora**: Políticas Públicas e Serviço Social, Ano 2, n. 3, dezembro de 2005, s/p. Disponível em: <www.assistentesocial.com.br/agora3/coutinho.doc >. Consulta em: 28 jul. 2008.

FERREIRA, Éder; ARANTES, Mariana Furtado; QUERINO, Rosimar Alves. Materialismo histórico-dialético I: Produção e reprodução social – uma leitura do trabalho como categoria ontológica. In: ABRÃO, Maria Bárbara Soares e. **Serviço Social: Etapa 01**. v. 3. Uberaba: UNIUBE, 2008, p. 11-29.

_____. Materialismo histórico-dialético II: Luta de classes e revolução social – contribuições marxianas para a crítica e a superação da sociedade capitalista. In: ABRÃO, Maria Bárbara Soares e. **Serviço Social: Etapa 02**. v. 2. Uberaba: UNIUBE, 2008, p. 18-33.

LESSA, Sérgio. O processo de produção e reprodução social: trabalho e sociabilidade. In: Capacitação em Serviço Social e Política Social: reprodução social, trabalho e Serviço Social, Mód. 2. Brasília: CFESS/ABEPSS/CEAD-UnB, 1999, p. 19-34.

LUKÁCS, György. O jovem Marx, sua evolução filosófica de 1840 a 1844.

In: _____. **O jovem Marx e outros escritos de filosofia**. Rio de Janeiro: EDUFRJ, 2007, p. 89-120.

LUNA, Sérgio Vasconcelos de. **Planejamento de pesquisa**: uma introdução. São Paulo: EDUC, 2002.

MARX, Karl. **Manuscritos econômico-filosóficos**. São Paulo: Boitempo, 2004.

_____. O capital: crítica da economia política. São Paulo: Abril Cultural, 1983.

_____. **Para a crítica da Economia Política**. Tradução de Edgar Malagodi. São Paulo: Nova Cultura, 1999. (Coleção "Os Pensadores")

NETTO, José Paulo e BRAZ, Marcelo. Economia política: uma introdução. São Paulo: Cortez, 2006.

MICHAEL WALZER E AS ESFERAS DA JUSTIÇA

Felipe Cavaliere Tavares[*]

Sumário: 1. Introdução; 2. Os Bens Sociais e seus Diferentes Significados; 3. Predomínio e Monopólio dos Bens; 4. As Esferas da Justiça; 4.1 – Segurança e Bem-Estar Social; 4.2 – Dinheiro e Mercadorias; 4.3 – Trabalho; 4.4 – Educação; 4.5 – Reconhecimento; 4.6 – Poder Político; 5. Conclusão; 6. Bibliografia.

1. Introdução

O final do século passado é marcado pelas profundas transformações políticas, econômicas e sociais sofridas pela humanidade. Desenvolvimento tecnológico, individualismo exacerbado e padronização cultural tornaram-se a força motriz dessa nova sociedade, fato que teve como consequência direta a lamentável situação de desrespeito aos direitos humanos, nas suas mais diversas formas. O desemprego, a miséria e o preconceito ao que é diferente tornaram-se os efeitos visíveis da nova ordem mundial. É evidente que tal situação de exclusão social provocou a reação daqueles que lutam pelo reconhecimento da dignidade humana, gerando um vigoroso debate sobre as possíveis soluções teóricas para o problema. Entre as teorias discutidas, destaca-se a teoria comunitarista, que surgiu como um movimento de crítica ao liberalismo, principalmente aos aspectos imparciais e universalistas das teorias liberais. Para os comunitaristas, não há como se estabelecer uma teoria de justiça fun-

---

[*] Possui graduação em Direito pela Universidade Federal do Rio de Janeiro (1999) e mestrado em Direito pela Universidade Gama Filho (2005). Atualmente é professor do Centro Universitário Augusto Motta, exercendo ainda o cargo de Coordenador Adjunto da Unidade Campo Grande. Tem experiência na área de Direito, com ênfase em Direitos Humanos, atuando principalmente nos seguintes temas: justiça social, cidadania, multiculturalismo, filosofia do direito e história do direito.

damentada em princípios imparciais e universais, muito menos na existência de indivíduos abstratos, sem raízes, livres de qualquer influência histórica ou cultural, conforme defendido pela teoria da justiça de John Rawls, para quem os indivíduos devem escolher os princípios de justiça protegidos pelo "véu da ignorância", ou seja, privados de sua própria personalidade, contingências históricas e concepções particulares acerca da vida digna[1]. Os comunitaristas entendem que justiça e pluralismo estão interligados pelo reconhecimento da multiplicidade de identidades sociais e culturas étnicas presentes na sociedade contemporânea, pelo reconhecimento das especificidades de cada ambiente social, enfim, pelos valores comunitários.

Assim, considerando a pouca divulgação do comunitarismo no meio acadêmico brasileiro, o objetivo deste artigo é apresentar os pontos fundamentais desta corrente de pensamento, por meio da análise da teoria de justiça formulada pelo americano Michael Walzer, um de seus principais representantes. Sua teoria, descrita em sua grande obra "Esferas da Justiça", caracteriza-se pela preocupação com uma humanidade mais justa e com a proteção dos direitos humanos, pela valorização da comunidade e do espaço público, do particularismo histórico e da responsabilidade social.

2. Os Bens Sociais e seus Diferentes Significados

Em 1971, Michael Walzer e Robert Nozick ministraram um curso na Universidade de Harvard, em que debatiam o confronto entre o capitalismo e o socialismo. Desse vigoroso debate, surgiram duas das mais grandiosas obras teóricas da Filosofia Política contemporânea, a saber, "Anarquia, Estado e Utopia",[2] em que Nozick faz uma intensa defesa do liberalismo radical capitalista, e "Esferas da Justiça",[3] livro de Walzer que apresenta as principais ideias comunitaristas a respeito da igualdade e do pluralismo de identidades sociais.

---

[1] RAWLS, John. **Uma Teoria da Justiça**. Tradução de Almiro Pisetta e Lenita Maria Rímoli Esteves. São Paulo: Martins Fontes, 2002, p. 147.
[2] NOZICK, Robert. **Anarquia, Estado e Utopia**. Tradução de Ruy Jungmann. Rio de Janeiro: Jorge Zahar, 1991.
[3] WALZER, Michael. **Esferas da Justiça**: Uma defesa do Pluralismo e da Igualdade. Tradução de Jussara Simões. São Paulo: Martins Fontes, 2003.

A teoria de justiça de Walzer começa com a afirmação de que os homens vivem em uma comunidade distributiva; portanto, a ideia de justiça social tem a ver não só com a produção e o consumo, mas também com o processo de distribuição dos bens sociais. Para Walzer, essa distribuição não é simples. Isso porque não há apenas um bem social, assim como não há apenas um critério de distribuição ou um único agente distribuidor. Muito pelo contrário, a vida em comunidade revela um vasto rol de bens sociais, com diferentes agentes distribuidores e diferentes critérios de distribuição. Assim, para Walzer, qualquer sistema distributivo que não levar em consideração essa complexidade de fatores não conseguirá alcançar a realidade da pluralidade humana. Além disso, a escolha dos princípios que regulam esse sistema distributivo deve ser feita levando-se em consideração o particularismo de cada comunidade, suas características históricas e culturais. Para Walzer, esse seria o principal problema da teoria da justiça de John Rawls, já que ela parte do princípio de que os princípios de justiça seriam escolhidos por pessoas ignorantes quanto à própria situação particular de vida.

Assim, o que fica evidenciado na teoria de Walzer é que a escolha dos princípios distributivos de justiça deverá sempre estar fundamentada na interpretação que as comunidades fazem quanto aos bens que serão distribuídos, ou, em outras palavras, no significado social de cada bem, discutido ou encontrado dentro das diferentes comunidades. Como diz o próprio Walzer:

> Quero defender mais do que isso: que os princípios de justiça são pluralistas na forma; que os diversos bens sociais devem ser distribuídos por motivos, segundo normas e por agentes diversos; e que toda essa diversidade provém das interpretações variadas dos próprios bens sociais – o inevitável produto do particularismo histórico e cultural.[4]

Se o processo distributivo depende do significado social de cada bem, Walzer conclui que, quando este significado é diferente, cada bem social vai constituir uma esfera distributiva autônoma, com critérios, métodos e agentes de distribuição próprios. A justiça distributiva estará

---

[4] WALZER, Michael. **Esferas da Justiça:** Uma defesa do Pluralismo e da Igualdade. Op. cit, p. 5.

assegurada sempre que os critérios internos de cada esfera forem respeitados. Ressalta Walzer, entretanto, que quase sempre a autonomia das esferas é violada, e sua autonomia se torna apenas relativa. Isto porque muitas vezes os critérios distributivos de uma esfera acabam influenciando a distribuição de outra esfera, o que ele vai chamar de invasão indevida de um critério de uma esfera noutra. E é a partir deste momento que Walzer começa a trabalhar com os conceitos de predomínio e de monopólio dos bens.

3. Predomínio e Monopólio dos Bens

Walzer diz que a maioria das sociedades se organiza por meio de um padrão em que um determinado bem é dominante dentro do sistema distributivo, e influencia a distribuição de outras esferas. Este bem dominante, dada a sua influência, é monopolizado por aqueles que o possuem, monopólio esse garantido pela força. Ele esclarece:

> Chamo um bem de predominante se os indivíduos que o possuem, por tê-lo, podem comandar uma vasta série de outros bens. É monopolizado sempre que apenas uma pessoa, monarca no mundo dos valores – ou um grupo, oligarcas – o mantém com êxito contra todos os rivais. O predomínio define um modo de usar os bens sociais que não está limitado por seus significados intrínsecos, ou que molda tais significados à sua própria imagem. O monopólio define um modo de possuir ou controlar os bens sociais para explorar seu predomínio. [5]

Walzer diz que este monopólio do bem dominante traz em seu bojo um forte poder de conversão, ou seja, o monopólio do bem dominante é sempre convertido em toda classe de coisas, como prestígio, oportunidades, reputação e poder. A sociedade então passa a viver um conflito social, em que o grupo dominante é desafiado por outros grupos que desejam formas alternativas de conversão. Para Walzer, normalmente, as medidas alternativas a essa situação se dividem entre o combate ao monopólio e o combate ao predomínio. No primeiro caso, segundo ele, estariam as teorias filosóficas que lutam por uma igualdade simples e, no segundo, as teorias que defendem uma espécie de igualdade complexa.

---

[5] Ibid, p. 11.

Combater o monopólio de um determinado bem predominante significa fazer a redistribuição deste bem de maneira igual entre todos os cidadãos. Para Walzer, isso significaria criar um sistema igualitário absoluto, que ele chamará de regime de igualdade simples. Walzer entende que esse regime de igualdade absoluta não consegue se sustentar na sociedade por muito tempo, pois logo seria influenciado pelas oscilações do mercado, criando novas diferenças e destruindo o sistema de igualdade simples. A única coisa que garantiria efetivamente esta igualdade absoluta seria a atuação incisiva de um Estado centralizador, que retomasse a igualdade absoluta sempre que essa fosse alterada pelo mercado. Mas isso seria apenas uma falsa solução, uma vez que o monopólio apenas teria trocado de grupo social, indo parar nas mãos fortes do Estado.

A solução, para Walzer, estaria em se evitar o predomínio do bem, e não o seu monopólio. Isso evitaria que os critérios distributivos deste bem predominante se convertessem em critérios de distribuição de outros bens sociais. Para Walzer, não há como se impedir a existência de ricos e de pobres, mas pode-se impedir que os ricos oprimam os pobres. Assim, os bens sociais até podem ser monopolizados por algum grupo, mas os critérios de distribuição destes bens monopolizados não devem influenciar os critérios de distribuição de outros bens. Cada processo de distribuição constituirá uma esfera – as tais esferas da justiça que dão título à sua obra – e cada esfera tem os seus próprios critérios de distribuição. É a igualdade complexa de Walzer.

4. As Esferas da Justiça

Assim, após determinar de maneira incisiva os motivos pelos quais se deve respeitar as diversas esferas distributivas, Walzer passa a analisar a forma como se deve dar a distribuição dos diversos bens sociais dentro da comunidade, ou seja, passa a analisar cada esfera individualmente. E, para ele, a primeira coisa que a comunidade política deve a seus membros é a provisão comunitária de segurança e de bem-estar social.

4.1 – Segurança e Bem-Estar Social

Walzer afirma que a comunidade política deve garantir segurança e bem-estar social a seus membros porque estes necessitam destes importantes bens sociais. Mas sabe que a questão não é simples, uma vez que falar de necessidade é falar de um campoem que não há uma objetividade evidente, não é possível se definir com clareza uma hierarquia de prioridades ou graus de necessidade. Desta forma, como a comunidade política pode determinar a quantidade de segurança e bem-estar social que é necessária para atender à necessidade de seus membros?

Walzer entende que esta amplitude deve ser discutida pela própria comunidade política, uma vez que não há uma resposta única para todos os casos, especialmente quando estamos falando de um mundo pluralista e formado por diversas culturas. É uma crítica ao indivíduo racional e universal de Rawls, que, ao escolher os princípios de justiça, está na chamada posição original, protegido pelo véu da ignorância. Para Walzer, essa teoria não é muito útil quando o indivíduo sabe exatamente quem é e onde está.

Walzer quer com isso afirmar que o contrato social deve ser constantemente discutido pelos membros da comunidade política, que assim podem definir – e redefinir, quando necessário – quais necessidades são socialmente reconhecidas naquela comunidade, ou seja, quais bens sociais fazem parte da esfera da segurança e do bem-estar social. A delimitação da esfera, desta forma, deverá sempre ser feita por meio de discussões políticas constantes entre os cidadãos, que deverão, juntos, identificar as necessidades da comunidade e assim definir os bens sociais que fazem parte da esfera da segurança e do bem-estar social. Assim, pode-se concluir que a esfera da segurança e do bem-estar social, ou os bens sociais que dela fazem parte, são delimitados pelos valores históricos da comunidade política, que devem ser discutidos constantemente pelos seus membros. A distribuição destes bens deve ser feita a todos os membros, em proporção às suas necessidades. Neste sentido, Walzer é francamente contrário ao sistema da livre iniciativa na assistência médica. Para ele, isto representa a invasão do critério econômico na esfera da segurança e do bem-estar social, o que é um caso de tirania. Como afirma Walzer, o mercado é o grande adversário da esfera da segurança e do bem-estar social. E isto serve de ponte para que Walzer analise outra esfera, justamente a esfera do dinheiro e das mercadorias.

4.2 – Dinheiro e Mercadorias

Inicialmente, Walzer afirma que, abstratamente falando, o dinheiro nada mais é do que a representação do valor de alguns bens sociais. Para ele, nem todos os bens podem ser mensurados dessa forma e, por isso, jamais poderiam ser mercantilizados. O intercâmbio monetário desses bens configura invasão de esferas distributivas, que leva a uma situação de predomínio tirânico. Como exemplos desses bens sociais não comercializáveis, podem ser citados os seres humanos, os cargos políticos, o amor, o poder político, entre outros bens.

Em algumas destas esferas, o critério distributivo será o merecimento, em outras, a necessidade, mas nunca o fato de se possuir mais dinheiro do que outra pessoa.

Assim, analisadas as esferas em que o dinheiro não pode ser critério distributivo, Walzer passa a analisar a esfera em que ele é, de fato, um justo critério de distribuição.

> Além do que normalmente se provê na comunidade, ninguém tem o direito a este ou àquele objeto útil ou agradável. (...) A maneira certa de possuir tais objetos é fabricá-los, cultivá-los ou fornecê-los, ou seu equivalente em dinheiro, a outrem. O dinheiro é a escala de equivalência e o meio de troca; essas são as funções corretas do dinheiro e (idealmente) suas únicas funções. É no mercado que o dinheiro opera, e o mercado está aberto a todos.[6]

Esta é, portanto, a função do dinheiro, e também a razão de sua importância: ele é o meio mais adequado para fazer com que o homem possa adquirir os bens de que precisa ou simplesmente deseja. O problema para Walzer começa quando a riqueza passa a ter um significado social que dá *status* ao seu possuidor, fazendo com que aqueles que não a possuem sejam desmerecedores da própria condição de cidadão. A esfera da riqueza é uma daquelas que mais facilmente transfere seus critérios distributivos para outras esferas, levando a situações de flagrante injustiça social. Para Walzer, é preciso diminuir a poderosa dinâmica do dinheiro, impedir que seu acúmulo tenha outros significados sociais, ou

---
[6] Ibid, p. 140.

seja, deve-se evitar o predomínio do dinheiro dentro da sociedade, e não o seu monopólio. Para que isso seja possível, o dinheiro ou a riqueza devem ser critério de distribuição apenas dentro de sua esfera, sem invadir outras esferas.

4.3 – Trabalho

Walzer acredita que a tendência atual da sociedade é transformar todos os empregos desejáveis em cargos públicos, o que significa dizer que a distribuição de trabalho cada vez mais se baseia no critério da concorrência pública e da qualificação, em nome da honestidade, da justiça e da igualdade de oportunidades. Ele entende que esta tendência moderna de exigir concorrência pública e qualificação para todos os empregos caracteriza a tão sonhada meritocracia, ou sociedade dos talentosos, em que os talentos são quase sempre descobertos dentro de um processo de seleção que concede a todos os cidadãos oportunidade de demonstrarem suas habilidades. Para Walzer, entretanto, esta meritocracia almejada, que ele chama de funcionalismo público universal, caracteriza na verdade uma forma de igualdade simples, pois "... a soma das oportunidades disponíveis é dividida pelo número de cidadãos interessados, e todos têm as mesmas oportunidades de conquistar um lugar".[7] Para Walzer, esta forma de igualdade simples na esfera do trabalho deve ser substituída por um sistema que reconheça a igualdade complexa na hora da distribuição do trabalho. Ideia central de sua teoria, Walzer entende que a solução não está em se acabar o monopólio dos talentosos, mas sim em se evitar que suas prerrogativas interfiram em outras esferas de distribuição. Assim:

> O problema não é acabar com o monopólio dos qualificados, mas impor limites a suas prerrogativas. Quaisquer que sejam as qualidades que resolvamos exigir – conhecimentos de latim, ou a capacidade de passar num exame, fazer um discurso, ou fazer os melhores cálculos de custo/benefício – devemos fazer questão de que não se tornem a base de reivindicações tirânicas de poder e privilégios.[8]

---

[7] Ibid, p. 179.
[8] Ibid, p. 183.

A contratação de pessoas, assim, deve derivar de um sistema misto de seleção, ou seja, alguns tipos de emprego serão preenchidos pelos mais qualificados, enquanto outros não serão influenciados pelo talento dos candidatos. Pode-se dizer, desta forma, que a esfera de trabalhos desejáveis possui dois critérios de distribuição, e apenas um deles baseia-se na qualificação do candidato. Na análise dos cargos cujo critério de distribuição é a qualificação dos candidatos, Walzer faz uma fundamental distinção entre mérito e qualificação, termos que ao seu ver são usados como sinônimos, mas que na verdade referem-se a coisas diferentes. É essencial repetir suas linhas:

> O *Mérito* implica um tipo bem restrito de merecimento, tal que o título precede e decide a seleção, ao passo que a *qualificação* é uma ideia muito mais vaga. Um prêmio, por exemplo, pode ser merecido porque já pertence à pessoa que teve o melhor desempenho; só falta identificar tal pessoa. As comissões de premiação assemelham-se a júris porque examinam o passado e aspiram a uma decisão objetiva. O cargo, pelo contrário, não pode ser merecido porque pertence às pessoas a quem ele serve, e elas ou seus agentes são livres (...) para fazer as opções que lhes aprouver. As comissões de seleção diferem dos júris porque os membros olham tanto para o futuro quanto para o passado: fazem previsões acerca do desempenho futuro do candidato e também expressam preferências com relação ao modo como se deve preencher o cargo.[9]

Por meio desta relevante distinção, Walzer quer esclarecer que a disputa por um emprego qualquer não é uma disputa do tipo que alguém mereceganhar, uma vez que a comissão de seleção não se restringirá a olhar o passado do candidato, mas também fará uma previsão de como será o rendimento deste candidato durante o exercício do cargo. Assim, a meritocracia permitida dentro da esfera dos empregos desejáveis se refere aos qualificados para o emprego e não àqueles que o merecem. E a escolha destes qualificados, diz Walzer, requer importantes cuidados por parte das comissões de seleção: primeiro, elas devem analisar de maneira idêntica todos os candidatos, e, segundo, devem levar em consideração apenas as qualidades relevantes para o emprego em questão.

---

[9] Ibid, p. 185.

Ainda referindo-se aos empregos em que a qualificação do candidato é critério essencial para a sua distribuição, Walzer passa a analisar o significado social destes empregos, ou seja, as recompensas legítimas que o detentor do cargo pode ter por possuí-lo, sem invadir outras esferas. Estas recompensas são quatro: o prazer do exercício do cargo, remuneração condizente com a qualificação, *status* profissional e relacionamentos de poder. Walzer, porém, diz que estas prerrogativas devem sempre ser limitadas, para impedir que os detentores dos cargos se tornem tiranos, exercendo poder e influência no restante da comunidade. Assim como a posse de dinheiro e de mercadorias deve ser importante apenas dentro da própria esfera, o monopólio do talento e os empregos dele decorrentes devem ser restritos à própria esfera. Assim, o prazer pelo exercício do cargo é legítimo, mas seu detentor não pode segregar técnicas ou habilidades, devendo obedecer a rígidos padrões de ética e de conduta. A remuneração pode – e deve – ser condizente com a qualificação do detentor do cargo, mas este não pode extorquir o restante da comunidade. Isso significa que para Walzer a diferença de rendimentos entre o detentor de um cargo meritocrático e outro tipo de emprego não pode ser gritante. A honra pelo exercício do cargo também é merecida, mas deve estar intrinsecamente relacionada com o efetivo desempenho do cargo.

Entretanto, como foi dito acima, a igualdade complexa de Walzer implica um sistema misto de distribuição de empregos desejáveis, ou seja, nem todos os empregos terão como critério de distribuição a qualificação dos candidatos, assim como nem todos exigem uma igual e justa consideração de todos os candidatos. Para Walzer, portanto, há empregos que não devem ser tratados como cargos públicos, cuja política de seleção deve ser de decisão exclusiva do próprio grupo, sem influência do Estado. De um modo geral, são os empregos controlados por pessoas ou por grupos particulares, como nos casos de estabelecimentos pequeno-burgueses, cooperativas de trabalhadores e empregos decorrentes do clientelismo, ou seja, aqueles dados a associados e correligionários de políticos vitoriosos. Walzer crê que, quando estes empregos não exigem habilidades específicas e contanto que os atuais detentores destes cargos não sejam demitidos, não há nada errado no sistema do clientelismo, uma vez que para certos tipos de empregos governamentais a atividade política é uma qualificação importante. Walzer conclui:

> Tentei argumentar que a igualdade de oportunidades é um modelo de distribuição de alguns empregos, não todos. É mais apropriada em sistemas centralizados, profissionalizados e burocráticos, e sua instituição costuma gerar tais sistemas. Nesse caso, o controle comunitário e as qualificações individuais são necessários, e o princípio fundamental é a "justiça". (...) Mas existem empregos desejáveis que se encontram fora desses sistemas, que são justamente (ou não injustamente) controlados por pessoas ou grupos, e que não precisam ser distribuídos com "justiça". A existência de tais empregos abre caminho para um tipo de êxito para o qual ninguém precisa de fato estar qualificado, não pode estar qualificado – e, portanto, limita a autoridade dos qualificados.[10]

4.4 – Educação

Walzer inicia seu estudo sobre a esfera distributiva da educação afirmando que as comunidades devem educar suas crianças em nome da sobrevivência da própria comunidade. A educação representa a reprodução, de geração para geração, daquilo que a comunidade entende como valores a serem propagados no futuro. Mas Walzer ressalta que este não é – e nem deve ser, o único papel das escolas. Elas têm um papel fundamental, dentro de sua teoria, de funcionarem como espaço em que se desenvolverá a crítica destes valores, ou seja, em que se reproduzirão os críticos sociais. Assim, as escolas, os professores e as ideias ali desenvolvidas são bens sociais, autônomos, que exigem um processo diferenciado de distribuição, não podendo este se resumir a refletir os padrões econômicos e políticos da comunidade – o que configuraria uma invasão destes bens na esfera da educação. Para Walzer, a educação deve ser dividida em dois momentos distintos: primeiro, uma educação fundamental, que possibilite a todas as crianças dominar o mesmo conjunto de conhecimentos. Depois, uma educação especializada, que respeite as capacidades de cada aluno. E estes dois momentos exigem critérios de distribuição diferentes, como mostrarei a seguir.

A educação fundamental é aquela que tem por objetivo formar cidadãos. Neste sentido, torna-se evidente que nenhuma criança deve ser excluída deste processo, muito pelo contrário; ensinar as crianças a serem cidadãs é tão importante que de fato todas devem estar inseridas

---

[10] Ibid, p. 223.

no aprendizado, e aprendendo as mesmas coisas. A situação econômica ou política dos pais não pode de modo algum influenciar na distribuição desta educação fundamental. Aqui, o critério de distribuição é muito claro: a igual necessidade de conhecimentos de todos os futuros cidadãos. É evidente que a ideia de uma educação igual para todos representa uma forma de igualdade simples na distribuição desta educação fundamental, e o próprio Walzer admite isso. Adverte ele, entretanto, que esta igualdade simples logo perde sua simplicidade, uma vez que as crianças têm diferentes graus de interesse e de capacidade de compreensão, sendo quase impossível que elas não se distingam uma das outras. Mas estas diferenças não impedem a realização da ideia essencial da educação fundamental, qual seja, educação – e cidadania – igual para todos, independente de capacidade econômica ou social.

Enfatiza Walzer, entretanto, que esta cidadania igualitária exige, sim, uma educação fundamental em comum, mas não exige uma carreira educacional uniforme. Depois que a criança já apreendeu aquele núcleo essencial que a tornará uma cidadã, deve-se procurar adaptar a educação aos interesses e às capacidades de cada aluno, o que significa dizer que a necessidade individual não é mais critério de distribuição, assim como a igualdade simples torna-se completamente inadequada. Esta educação especializada, na visão de Walzer, equipara-se a um cargo, ou seja, exige a qualificação do aluno para que possa ser distribuída. Como encontrar estes alunos qualificados? Aqui vale o mesmo que foi explicado no capítulo da distribuição do trabalho, ou seja, deve-se encontrar o talento dentro de um processo universal de escolha, que possibilite a todos os cidadãos apresentar suas qualificações e ingressar nas vagas disponíveis para a educação especializada. Se o número de vagas for limitado, será inevitável a frustração daqueles que não conseguirem a vaga. "Quanto mais bem-sucedida for a educação fundamental, mais competente será o conjunto de futuros cidadãos, mais intensa será a concorrência por vagas no sistema educacional superior e maior será a frustração dos que não forem classificados".[11] Este sentimento de frustração, assim, não tem como ser evitado, uma vez que a educação especializada é um bem social que exige a qualificação como critério de distribuição, o que importa em

---

[11] Ibid, p. 287.

se afirmar que sempre alguns alunos serão escolhidos e outros, recusados. Contudo, Walzer observa que a frustração será menos impactante quando se tiver em mente que a reprovação foi para uma determinada vaga, e não para as recompensas políticas e econômicas desta vaga. Para ele, a escola de especialização deve ser um centro de aprendizado isolado do *status* e do sucesso da profissão, respeitando, desta forma, o valor intrínseco de sua função como escola formadora.

4.5 – *Reconhecimento*

Walzer dá importante destaque à questão da distribuição de reconhecimento dentro da comunidade política. Como esta distribuição pode ser justa? Como impedir que este reconhecimento seja concedido com base em critérios de outras esferas? É o que ele procura responder por meio da sua igualdade complexa.

Inicialmente, Walzer ressalta o fato de que a sociedade hoje não é mais aristocrática, o que significa afirmar que não existe mais um reconhecimento social com base em títulos e em postos. A revolução democrática aniquilou toda a hierarquia de títulos e substituiu-os por um único título, no caso, o de *"mister"*, ou "senhor", em português. O título único garante a generalização, reitera a ideia de igualdade entre todos, a existência de cidadãos, sem distinções hierárquicas. É esta igualdade que permite, como bem lembra Walzer, que nesta sociedade as carreiras estejam abertas aos melhores, e o reconhecimento àqueles que naturalmente o conquistem. E, como todos são iguais, todos podem concorrer a ele. Ressalte-se, contudo, que este reconhecimento não se resume mais à antiga honra aristocrática. A luta agora é por coisas como prestígio, *status*, admiração, glória, fama, celebridade, valor, distinção, entre outras, inclusive a própria honra. Mas Walzer identifica em todas estas formas de reconhecimento um elemento comum: são reconhecimentos positivos, que dignificam a pessoa e a estimulam a continuar na luta. Evidentemente, há também os reconhecimentos desfavoráveis, que estão sintetizados na desonra, e, o que é pior, a total ausência de reconhecimento, a indiferença, os seres invisíveis, sem identidade alguma com a comunidade política.

Walzer afirma ainda que, apesar de a ideia geral ser a de que há reconhecimento em abundância, este é de fato um bem social escasso. Embora os homens vivam atualmente em uma sociedade de iguais, não lhes dão o mesmo grau de reconhecimento. Para ele, é absolutamente impossível haver uma espécie de igualdade simples na esfera do reconhecimento, ou seja, todos os indivíduos receberem a mesma cota de reconhecimento. Isto porque o reconhecimento é feito com base em qualidades pessoais, em talentos e em habilidades que são valorizados em determinada época e lugar, e não é possível se saber antecipadamente quais serão estes valores, para que se possa redistribuí-los igualmente entre todos os cidadãos. Mesmo porque, se todos tiverem as mesmas habilidades e o mesmo talento, não haverá motivo para admiração e, consequentemente, não haverá necessidade de reconhecimento. Portanto, a atual sociedade de iguais não pode garantir que todos terão o mesmo grau de reconhecimento, mas pretende permitir a todos que tenham a mesma oportunidade de conquistar este reconhecimento. O problema, para Walzer, é que essa igualdade de oportunidades não acontece na prática. Há uma série de invasões de critérios distintos nessa esfera, principalmente aqueles relacionados à riqueza e ao cargo. Para ele, o critério distributivo do reconhecimento social é o mérito, livremente avaliado pela comunidade, de acordo com seus próprios valores culturais. A homenagem deve pertencer a quem de fato a merece, por uma realização memorável, distinta ou empolgante, ainda que os merecedores não sejam pessoas que convencionalmente seriam consideradas distintas.

4.6 – *Poder Político*

A esfera do poder político é essencial dentro de qualquer comunidade política. Historicamente, os homens sempre desejaram e lutaram incessantemente pela posse do poder político, e hoje não é diferente. É fundamental, assim, dentro de uma teoria de justiça distributiva, analisar quais os critérios relevantes para a justa distribuição deste poder político entre os membros da comunidade. Inicialmente, ele diz que o significado social do poder político está intrinsecamente ligado à democracia. Isto porque "...é mais provável que os diversos grupos de indivíduos sejam respeitados se todos os membros de todos os grupos compartilharem o poder político".[12] Assim, o critério de distribuição deve ser sempre

---

[12] Ibid, p. 390.

o interesse da comunidade política, alcançado pela discussão entre os cidadãos.

Walzer, assim, afirma que o poder político deve ser distribuído com base na força do discurso, no poder de convencimento, na persuasão e na força da retórica. E só. Para Walzer, "Os cidadãos entram no fórum sem nada além de seus argumentos. Todos os bens não políticos foram depositados do lado de fora: armas e carteiras, títulos e diplomas".[13] Walzer lembra que isto significa afirmar que a democracia – e o poder político – serão monopolizados por aqueles que possuem estes requisitos em abundância – retórica, capacidade de argumentação e poder de convencimento. Há como evitar esse monopólio? Para Walzer, não. Neste ambiente de debate e de discussão, é natural que alguns indivíduos sobressaiam, por terem maior capacidade de oratória e de convencimento. Esta desigualdade é permitida, faz parte do jogo democrático, está dentro da esfera do poder político. O que não seria legítimo seria que o poder político fosse dado a determinados cidadãos que vencem as lutas políticas por serem mais ricos ou por serem parentes de alguém no governo. Isso violaria o significado social do poder político dentro da comunidade, seria uma invasão dos critérios de outras esferas dentro da esfera do poder político.

Como diz Walzer, nesta esfera o que se reparte não é o poder, mas sim as oportunidades de se ter este poder. Todo cidadão é um político em potencial, uma vez que todos podem participar da vida política. É a igualdade complexa na esfera do poder político. E é esta possibilidade de participar da vida política que funciona como elemento que dá autor-respeito ao cidadão. Segundo Walzer, quanto maior for a participação política do cidadão, maior será a consciência que ele terá de sua cidadania, e maior será o respeito que terá de si próprio. Walzer conclui de maneira lapidar:

> A política democrática, depois que derrubamos todos os predomínios errados, é um convite perene a agir em público e a reconhecer-se como cidadão, capaz de escolher destinos e assumir riscos por si e pelos outros, e capaz, também, de patrulhar os limites da distribuição e sustentar uma sociedade justa. (...) E o predomínio da cidadania, ao contrário

---

[13] Ibid, p. 417.

do predomínio da graça (ou do dinheiro, dos cargos públicos, da educação, ou da linhagem), não é tirânico; é o fim da tirania.[14]

5. Conclusão

A análise mais acurada da doutrina comunitarista e da teoria de justiça formulada por um de seus principais autores permite a conclusão de que o comunitarismo pode contribuir de forma relevante para o atual debate sobre a justiça social. Ainda que boa parte das questões formuladas por Walzer sejam de difícil realização prática, sua teoria apresenta argumentos fundamentais, que merecem reflexão cuidadosa por parte daqueles que discutem a questão no plano teórico. Primeiro, por exemplo, pode-se citar a defesa dos valores culturais locais. Em tempos de padronização cultural, é extremamente importante que uma teoria de justiça ressalte a necessidade de se respeitar a tradição cultural de cada comunidade.

Porém, acima de qualquer coisa, o principal aspecto da doutrina de Walzer, e que por isso mesmo precisa ser sempre ressaltado, é a construção da verdadeira cidadania, pelo resgate do espaço público e da cada vez maior participação dos indivíduos na vida política da comunidade. O futuro da democracia está cada vez mais na participação direta dos cidadãos, e a sua teoria defende ardorosamente a ideia de que somente pelo debate público pode-se chegar às verdadeiras necessidades de uma comunidade particular, permitindo, assim, a realização da justiça social.

6. Bibliografia

ARENDT, Hannah. **A condição humana**. Tradução de Roberto Raposo. 10. ed. Rio de Janeiro: Forense Universitária, 2007.

BOLONHA, Carlos. Duas propostas de justiça: Rawls e Walzer. In MAIA, Antônio Cavalcanti; MELO, Carolina de Campos; CITTADINO, Gisele; POGREBINSCHI, Thamy (Org.). **Perspectivas atuais da filosofia do direito**. Rio de Janeiro: Lúmen Júris, 2005.

CITTADINO, Gisele. **Pluralismo, direito e justiça distributiva**: elementos da filosofia constitucional contemporânea. 3. ed. Rio de Janeiro: Lúmen Júris, 2004.

---

[14] Ibid, p. 427.

ETZIONI, Amitai. **La nueva regla de oro:** comunidad y moralidad en una sociedad democrática. Tradução de Marco Aurelio Galmarini Rodríguez. Barcelona: Ediciones Paidós Ibérica, 1999.

_____. **New communitarian thinking:** persons, virtues, institutions and communities. Charlottesville: University Press of Virginia, 1996.

MACEDO, Ubiratan Borges de. Liberalismo *versus* comunitarismo na universalidade ética: a crítica de Michael Walzer a Rawls. In SIEBENEICHLER, Flavio Beno (Org.). **Ética, filosofia e estética.** Rio de Janeiro: UGF, 1997.

NOZICK, Robert. **Anarquia, estado e utopia.** Tradução de Ruy Jungmann. Rio de Janeiro: Jorge Zahar, 1991.

RAWLS, John. **Uma teoria da justiça.** Tradução de Almiro Pisetta e Lenita Maria Rímoli Esteves. São Paulo: Martins Fontes, 2002.

SILVA, Ricardo Almeida Ribeiro da. A crítica comunitária ao liberalismo. In: TORRES, Ricardo Lobo (Coord.) **Teoria dos direitos fundamentais.** Rio de Janeiro: Renovar, 2001.

WALZER, Michael. **As esferas da justiça:** uma defesa do pluralismo e da igualdade. Tradução de Jussara Simões. São Paulo: Martins Fontes, 2003.

_____. **Thick and thin:** moral argument at home and abroad. Indiana: University of Notre Dame Press, 1994.

A MATRIZ LUHMANNIANA DA JUSTIÇA

*Fernando Rister de Sousa Lima**

Sumário: 1. Introdução; 2. Da Justiça Possível; 3. Do Resultado da Pesquisa; 4. Bibliografia.

1. Introdução

O vernáculo corrente no cotidiano forense diz respeito à justiça ou à injustiça de determinada decisão. Apesar disso, pouco se questiona a respeito do conteúdo da expressão justiça.[1] Pesquisa esta fundamental,

---

* Doutorando em Filosofia do Direito PUC/SP. Foi pesquisador visitante na Universidade de Estudos de Lecce (Itália). Professor Adjunto do Centro Universitário – UniToledo, Araçatuba/SP.
Endereços: fernando@zuleicarister.adv.br e Alameda Campinas 129 – Apto. 91 – Bairro Bela Vista – São Paulo-SP e Av. Cussy de Almeida Jr. 821 – Bairro Centro – CEP 16010-400 – Araçatuba/SP.

[1] Na temática justiça, pode-se encontrar as mais diversas posições sobre o tema. Tanto isso no plano da Teoria do Direito, da Filosofia ou mesmo da Sociologia Jurídica. Entre tantos, convém mencionar Hans Kelsen: debruçou-se no assunto de forma exauriente, possui diversos trabalhos. Para o mestre de Viena, a justiça absoluta não é cognoscível pela razão humana. Sendo, pois, o ideal de justiça algo subjetivo, chega-se à beira da irracionalidade. Ao presente, ressaltam-se livros já traduzidos para o Português: *O que é justiça?* Trad. Luis Carlos Borges. São Paulo: Martins Fontes, 1998; *O problema da justiça*. 3. ed. Tradução João Baptista Machado. São Paulo: Martins Fontes, 1998; *A ilusão da justiça*. Trad. Sérgio Tellardi. 2. ed. São Paulo: Martins Fontes, 1998. Ao contrário, por sua vez, John Rawls, valora a justiça, colocando-a, como condição da mantença às leis. Significa dizer: leis e instituições devem ser reformadas ou abolidas quando são injustas. Porém, ressalta ser uma injustiça tolerável se for crucial para evitar injustiça maior. RAWLS, John. *Uma teoria da justiça*. Trad. Almiro Pisetta e Lenita M. R. Esteves. São Paulo: Martins Fontes, 1997. Sobre a justiça, ver p. 7, transcreve-se o seguinte trecho: "Para nós o objeto primário da justiça é a estrutura básica da sociedade, ou mais exatamente, a maneira pela qual as instituições

mormente porque, atualmente, não há que se falar em justiça como no passado, em que, com frequência, encontravam-se diversos significados para o conceito de justiça. Muitas vezes, impostos pelo Estado, pela Igreja, ou mesmo por senhores feudais, geralmente ligados a conceitos ou dogmas; às vezes, materializados na resolução de casos iguais de maneira igual e os desiguais em formato desigual; outras vezes, guiados pelo conceito de riqueza ou de pobreza. Ao contrário disso tudo, Luhmann defende a separação do Direito da Moral com o escopo de garantir a autonomia do primeiro, para, assim, garantir à parcela da população o seu próprio juízo moral, desde que não se choque com os valores resguardados pelas normas jurídicas.

Nesse ambiente social, a função do Direito, num leviano resumo, ao longo da história, tem se centrado em educar, sanar e punir. O aplicador da norma constrói uma decisão com o intuito de educar o infrator, a pena deve ser suficiente, e não mais do que isso, para ensiná-lo a não mais repetir a conduta, segundo clássica conquista iluminista. O Estado obriga o causador do ilícito a indenizar o dano; assim, oferece à vítima uma restauração ao estado anterior à lesão. Ora, é preciso punir o agente delituoso, substituindo o particular que o faria pela justiça privada, como uma prestação de contas sociais. As regras foram desrespeitadas; é preciso vingar o Estado e a Sociedade.[2]

O desenvolvimento do homem, do Estado e do Direito, de fato, alterou por completo o contexto social e, com ele, a ideia do justo.[3] Por conta des-

---

sociais mais importantes distribuem direitos e deveres fundamentais e determinam a divisão de vantagens provenientes da cooperação social."

[2] DE CICCO, Cláudio. *História do pensamento jurídico e da filosofia do direito*. 3. ed. Reformulado. São Paulo: Saraiva, 2006.

[3] Cf. LUHMANN, Niklas. *La differenziazione del diritto*. A cura di Rafaelle De Giorgi. Milano: Mulino, 1990, p. 315. Ver ainda, ora sob o foco das decisões judiciais, mas também num enfoque histórico WAMBIER, Teresa Arruda Alvim. Brevíssima Retrospectiva Histórica, Para Desembocar no Estado de Direito, No Direito Codificado e Na Tripartição das Funções dos Poderes (O princípio da legalidade e a Necessidade de Motivação das Decisões). In: *Controle das decisões judiciais por meio de recursos de estrito direito e de ação rescisória*. São Paulo: Revista dos Tribunais, 2001, p. 13-98. Identifica-se, ainda, na Revolução Francesa – sob a falsa ideologia de fraternidade, igualdade e liberdade – àqueles em serviço aos interesses da burguesia. Sobre a revolução francesa, consultar DE CICCO, Cláudio. *História do pensamento jurídico e da filosofia do direito*. op. cit., p. 163-175.

sa alteração, nos dias hodiernos, seguramente afirma-se que o Direito não vem mais fundamentado em valores imutáveis. Pelo contrário, a constante alternância do seu conteúdo passa a legitimá-lo.[4] Essa alteração paradigmática interfere demasiadamente no processo de decisão legal. Doravante, não se pode limitar às interpretações normativas, e, sim, à possibilidade decisional das controvérsias jurídicas. Isto em todos os âmbitos.[5]

O objeto desta pesquisa é justamente identificar qual justiça é possível ser realizada pela decisão judicial. Assim, procurar-se-á identificar o sentido da expressão justiça na decisão judicial na hodiernidade; para tanto, partir-se-á de premissas, a saber:

(i) não se pode mais falar em verdade universal/justiça universal, ao menos no sistema jurídico;

(ii) a principal característica da sociedade atual é a sua complexidade;

(iii) a alteração do conteúdo valorativo do Direito, por meio de decisões, passa a legitimá-lo.

Para desenvolver a pesquisa, utilizar-se-ão conceitos extraídos da teoria dos sistemas, de autoria do sociólogo alemão Niklas Luhmann. Diante desse manancial teórico, escolheu-se um dado extraído do ordenamento jurídico: a decisão judicial, e, buscar-se-á, mediante instrumento extraído de fora do sistema normativo, responder o problema proposto:

Qual a matriz de justiça possível de ser alcançada na decisão judicial?

A escolha da metodologia justifica-se em razão da teoria dos sistemas ter buscado fornecer subsídios de consistência às decisões judiciais, mediante o autocontrole do subsistema do Direito. Em consequência, supera a frágil tese do jusnaturalismo e, ainda, evita o risco do reducionismo da decisão a mero ato decisório sem compromisso com a função do sistema jurídico.[6] Este avanço em relação aos positivistas e à desqualificação daqueles (jusnaturalistas) talvez tenha sido responsável pela sua classificação como neopositivista, com a ressalva de que os luhmannianos não aceitam tal rótulo.

---

4 Cf. LUHMANN, Niklas. *La differenziazione del diritto*. op. cit., p. 315-316.

5 Cf. Ibidem, p. 319.

6 VILLAS BÔAS FILHO, Orlando. *Da ilusão à fórmula de contingência*: a justiça em Hans Kelsen e Niklas Luhmann, In: Direito e Filosofia: A noção de Justiça na História da Filosofia. Maria Constança Peres Pissara; Ricardo Nascimento Fabrini (coord.). São Paulo: Atlas, 2007, p. 141/142.

Da matriz luhmanniana da justiça, isto é, da sua fórmula de contingência, extraiu-se qualquer atuação cunhada sob valores, ideais, ou mesmo um Deus único, para simplesmente não entrar em torno de virtude e de princípios. Nesse contexto, destoa por completo da alusão ao Direito Natural; ademais, não acredita que a própria natureza seja justa, ao menos compreensível a olhos nus, daí não existiria obrigatoriamente uma relação entre o justo e o natural. (Luhmann: 2005, p. 280/281). Por isto mesmo, em vez de presunções sobre a natureza, criam-se suposições de autoespecificações como uma conclusão circular. As fórmulas de contingências, vistas de todos os subsistemas, referem-se à diferença entre indeterminado e determinado. O caminho para observar o inobservável é substituir uma diferença por unidade, posto que as diversas possibilidades comunicativas (contingência) fazem também parte do subsistema do Direito. (Luhmann: 2005, p. 282) A decisão jurídica, nesse ambiente social e à ótica da teoria sistêmica, é uma norma que representa um critério de solução.

2. Da Justiça Possível

Pela teorização proposta por Luhmann, não há que se falar em justiça mediante a conquista de valores outrora concebidos como imutáveis. Na sociedade complexa, em que a multiplicidade de escolhas sociais prepondera, é possível esperar uma operação de seletividade, em que os sistemas parciais escolhem os valores que sua comunicação pontuará.[7] A partir delas, a generalização dessas expectativas será o possível de fornecer ao sistema social global. Os programas são conquistas evolutivas dos sistemas dentro da complexidade do ambiente. Por meio delas, por exemplo, o sistema jurídico emite comunicação jurídica com o intuito de garantir tais valores.

O sistema jurídico deve lutar pela manutenção das expectativas, combatendo as desilusões.[8] Isso significa dizer: o sistema jurídico não

---

[7] CAMPILONGO, Celso. *Governo representativo "versus" governo dos juízes:* A "autopoiese" dos sistemas político e jurídico. Belém: UFPA, 1998, p. 56. LUHMANN, Niklas. El derecho de la sociedad, p. 281.

[8] Cf. LUHMANN, Niklas. La *differenziazione del diritto*. op. cit., p. 348: "Che cosa possa essere la giustizia nella società moderna, non è possibile stabilirlo in guisa

aceitará o seu não cumprimento como certo, e continuará a lutar pela sua efetivação. Com isso, manter-se-á, no ambiente social, a expectativa de serem cumpridos os valores escolhidos pelo próprio sistema. Para tanto, Luhmann elege a fórmula de contingência com a tarefa de reduzir a complexidade do ambiente do sistema jurídico, cuja pressão do ambiente social externo é cada vez maior, exigindo prestações que o subsistema do Direito não pode cumprir. Transformar, então, essa elevada complexidade em adequada ao sistema é missão da justiça como fórmula de contingência.[9]

À vista desse quadro social, para o sistema de decisão corresponder melhor ao seu ambiente, o sistema jurídico precisará transformar a complexidade social em comunicação jurídica, para, a partir daí, levá-la à decisão. Somente desta forma poder-se-á ter uma decisão adequada.[10] O subsistema do Direito absorve, pois, a complexidade e a reduz à comunicação jurídica, que, na sequência, propicia a emissão da decisão. A própria diferenciação comunicativa, por isso mesmo, veda qualquer tentativa de manter-se aquela velha história de justiça universal. Cada sistema parcial tem a sua própria comunicação e, exclusivamente, por ela agirá: o subsistema da economia comunicar-se-á pela comunicação dinheiro/não dinheiro. Respectivamente ocorrerá com cada subsistema.

---

dell'interpretazione di una norma o di un valore, ad esempio, mediante esegese del concetto di eguaglianza, ma può risultare solo dall'accordo con altre variabili che determinano il sistema giuridico in dipendenza da determinate condizioni ambientali. Constatazione sulla giustizia dipendono, quindi, anche dal fatto che per il sistema giuridico possano essere operazionalizzate asserzione sulla varietà, l'interdispendenza o la generalizzazione.".

[9] VILLAS BÔAS FILHO, Orlando. *Da ilusão à fórmula de contingência*: a justiça em Hans Kelsen e Niklas Luhmann In: Direito e Filosofia: A Justiça na História da Filosofia. Maria Constança Peres Pisarra; Ricardo Nascimento Fabrini (coord.). São Paulo: Atlas, 2007, p. 143/144.

[10] Cf. LUHMANN, Niklas. *La differenziazione del diritto*. op. cit., p. 348-349: "1) Un sistema di decisione corrisponde meglio al suo ambiente nella misura in cui può rappresentare al suo interno complessità esterna e portarla a decisione, vale a dire, può decidere adeguatamente. Ciò richiede una ricostruzione non solo della grandezza e della varietà dell'ambiente, ma anche delle interdipendenze dell'ambiente nel sistema. Una tale comprensione delle interdipendenze esterne, tuttavia, incontra presto difficoltà che, allo stato attuale a quello prevedibile per il futuro della tecnica della decisione, sono considerate insuperabili. Ogni sistema di decisione, perciò, retrocede su criteri e procedimenti di riduzione della complessità.".

Não há que se falar em outra justiça que não a ligada à comunicação do sistema jurídico.[11]

Entretanto, para proporcionar justiça numa sociedade altamente complexa, é preciso adaptar a sua complexidade à sistêmica, vale dizer, moldar a complexidade externa ao sistema jurídico; consequentemente produzir comunicação adequada.[12]

A complexidade adequada é produzida à medida da redução comunicativa ao código binário lícito/ilícito em modo de ser possível um decidir consistente.[13] Neste contexto, a positivação do Direito proporcionou ao sistema jurídico diferenciação em nível de decisão que produz comunicação jurídica. Ele é constituído das decisões numa única comunicação, cuja reiteração rende a sua autonomia.[14] Essa exposição conceitual é para afirmar que o sistema jurídico transforma outras comunicações em jurídicas e, na cadeia comunicativa, emitirá outras comunicações, contudo, sempre jurídicas. Por conseguinte, reduzir a complexidade, mediante seu código binário próprio: lícito/ilícito. Este processo é a própria justiça possível de ser proporcionada pelo sistema do Direito.

Em pormenores, o sistema do Direito está imerso na sociedade. Nesta, por sua vez, encontram-se outros subssistemas que emitem suas próprias comunicações; conforme o sistema parcial do Direito é chamado a ofertar prestações a outros sistemas – como quando um contrato não é respeitado –, ele recebe a comunicação do ambiente e a transforma em comunicação jurídica e, num processo reflexivo, reduz a complexidade do litígio mediante a emissão de uma comunicação jurídica.

A emissão de nova comunicação não garante, por si só, a obediência a elas. O sistema pode – e não se trata de pouca coisa, vale dizer – via outras comunicações da mesma natureza, fazer com que a expectativa normativa seja mantida ao longo do tempo. Significa afirmar: a justiça proporcionada pelo sistema é também voltada à transformação de outras comunicações, quando necessário, à comunicação jurídica.[15]

---

[11] Ibidem, p. 321.
[12] Cf. Ibidem, p. 333-334.
[13] Cf. Ibidem, p. 344.
[14] Cf. Ibidem, p. 346.
[15] Sobre a função do Direito na sociedade, ver Ibidem, p. 347: "La funzione specifica del diritto nella società – in altro luogo l'avero caratterizzata come generalizzazione congruente di aspettative di comportamento – si lascia esprimere soltanto

3. Do resultado da Pesquisa

Para a frustração da coletividade, o Direito não possui uma varinha de condão, para seu aplicador determinar o desaparecimento da situação ilícita. Ele não pode fazer isso, não tem superpoderes, e nem se intitula como tal; é verdade, entretanto, que, por vezes, o coro social pleiteia o contrário, mas ele sempre é em vão. A modernidade oferece outra ideia sobre sua função, pois que o ofício do Direito, segundo o sociólogo alemão Niklas Luhmann, está na garantia das expectativas normativas, ao longo do tempo. A sociedade continuará a acreditar na efetivação das normas. As comunicações jurídicas garantirão que as expectativas sejam mantidas.

O Direito atua no plano da expectativa: continuar-se-á acreditar na preservação dos valores contemplados pelas normas. Não se trata de pouca coisa, como afirma Campilongo.[16] Nesse aspecto, justiça, para Luhmann, é fórmula contingência, cujo mister é dar consistência às decisões do sistema jurídico, por meio da redução da complexidade social do ambiente. Daí as decisões serão sempre binárias, *in caso*: lícito/ilícito.

O fato de a justiça possível de ser prestada não saciar a vontade social não altera a realidade. Não há como cobrar dos operadores do Direito (advogados, juízes e promotores) outra atitude, ao menos na atualidade. Nesse momento histórico no qual estamos inseridos, o Direito só pode realmente fazer com que a sociedade continue a acreditar na sua efetivação, mediante reiterações comunicativa binárias, representadas pelo código: lícito/ilícito.

Em suas operações, trabalha sempre fechado, quer dizer, com base na binariedade suprarreferida. Pois bem, a solução esperada pela sociedade depende muito mais dela própria do que do Direito, cujo contexto social é apenas uma parte do ambiente social no qual estamos inseridos. Para solucionar tais situações, é preciso, a bem da verdade, a alteração

---

nella forma di requisiti ulteriori di compatibilità e adattabilità. Con la possibilità di precisare questi requisiti e di farli valere come funzione sociale contro la pressione ambientale altrimenti specificata, al giurista è data la chancer di affermare socialmente e politicamente la sua autonomia.".

[16] CAMPILONGO, Celso. *Governo representativo "versus" governo dos juízes:* A "autopoiese" dos sistemas político e jurídico. op. cit., p. 58. LUHMANN, Niklas. El derecho de la sociedade, p. 280.

dos valores sociais, cuja comunicação emanar-se-á também ao Direito, e não acreditar que uma parte (Direito) alterará o todo (Sociedade), donde ele provém.

4. Bibliografias

CAMPILONGO, Celso. "Aos que não veem que não veem aquilo que não veem". In: Raffaele, De Giorgi. *Direito, tempo e memória*. São Paulo: Quartier Latin, 2006. p. 11-26.

_____. *Política, sistema jurídico e decisão judicial*. São Paulo: Max Limonad, 2002.

_____. *O direito na sociedade complexa*. São Paulo: Max Limonad, 2000.

_____.*Governo representativo "versus" governo dos juízes:* A "autopoiese" dos sistemas político e jurídico. Belém: UFPA, 1998.

CORSI, Giancarlo; ESPOSITO, Elena; BARALDI, Cláudio. *Glosario sobre la teoria social de Niklas Luhmann*. Tradução Miguel Romero Pérez y Carlos Villalobos. México: Universidad Ibero Americana, 1996.

DE CICCO, Claudio. *História do Pensamento Jurídico e da Filosofia do Direito*. 3. ed. Reformulado. Final. São Paulo: Saraiva, 2006.

DE GIORGI, Raffaele. *Direito, tempo e memória*. São Paulo: Quartier Latin, 2006.

_____. *Scienza del diritto e legittimazione*. Lecce: Pensa Multimedia, 1998.

_____. Introduzione all´edizione italiana. In: LUHMANN, Niklas. *La differenziazione del diritto*. Milão: Società editrice il Mulino, 1990.

KELSEN, Hans. *O que é justiça?* Trad. Luis Carlos Borges. São Paulo: Martins Fontes, 1998.

_____.*Problema da justiça*. 3. ed. Trad. João Baptista Machado. São Paulo: Martins Fontes, 1998.

_____. *A ilusão da justiça*. Trad. Sérgio Tellardi. 2. ed. São Paulo: Martins Fontes, 1998.

LUHMANN, Niklas. *El derecho de la sociedad*. Traducción Javier Nafarrate Torres. México: Universidad Iberoamericana, 2002.

_____. *Complejidad y modernidad: de la unidad a la diferencia*. Edição e tradução Josetxo Beriain; José María García Blanco. Madri: Editorial Trotta, 1998.

_____. *Introducción a la teoría de sistemas*. Versão espanhola Javier Torres Nafarrate. México: Universidad Ibero Americana, 1996.

_____. *Procedimenti giuridici e legittimazione sociale*. A cura di Alberto Febbrajo. Milano: Giuffré, 1995.
_____. La observación sociológica del derecho. *Crítica Jurídica*. n. 12. México: Instituto de investigaciones jurídicas, 1993.
_____. *La differerenziazione del diritto*. A cura di Rafaelle De Giorgi. Milano: Mulino, 1990.
_____. *Sistemi sociali*. Traduzione Alberto Febbrajo; Reinhardt Schmidt. Bolonha: Mulino, 1990.
_____. *Sociologia do direito*. v. 2. Tradução Gustavo Bayer. Rio de Janeiro: Edições Tempo Brasileiro, 1985.
_____. *Sociologia do direito*. v. 1. Tradução Gustavo Bayer. Rio de Janeiro: Edições Tempo Brasileiro, 1983.
_____. *Sociologia del diritto*. A cura di Alberto Febbrajo. Roma: Laterza, 1977.
_____. *Sistema giuridico e dogmatica giuridica*. A cura di Alberto Febbrajo. Bolonha: Mulino, 1974.
_____. DE GIORGI, Raffaele. *Teoria della società*. 11. ed. Milano: Franco Angeli, 2003.
VILLAS BÔAS FILHO, Orlando. *Da ilusão à fórmula de contingência: a justiça em Hans Kelsen e Niklas Luhmann*. In: Direito e Filosofia: A noção de Justiça na História da Filosofia. Maria Constança Peres Pissarra; Ricardo Nascimento Fabrini (coord.). São Paulo: Atlas, 2007.
WAMBIER, Teresa Arruda Alvim. Brevíssima Retrospectiva Histórica, Para Desembocar no Estado de Direito, No Direito Codificado e na Tripartição das Funções dos Poderes (O Princípio da legalidade e a Necessidade de Motivação das decisões). In: *Controle das decisões judiciais por de recursos de estrito direito e de ação rescisória*. São Paulo: Revista dos Tribunais, 2001.

JUSTIÇA, AUTOPOIESE E LEGITIMAÇÃO. IMPEDIMENTOS PARA A REALIZAÇÃO DO DIREITO EM PAÍSES DA MODERNIDADE PERIFÉRICA

Thaísa Haber Faleiros[*]

Resumo: O artigo analisa a Teoria dos Sistemas Sociais Autopoiéticos do autor alemão Niklas Luhmann, abordando seu pensamento nos âmbitos das Sociologia geral e jurídica. Para tanto, centra-se em um tema específico: o da legitimidade do direito, que, por sua vez, desdobra-se na problemática da regulação jurídica dos demais subsistemas sociais. Inserindo essa problemática em um contexto analítico mais amplo, o trabalho aborda as perspectivas teóricas de que parte o autor para formar o aparato teórico-metodológico de sua construção doutrinária. Assim, antes mesmo de adentrar o âmbito do direito, o trabalho aponta os caminhos percorridos pelo autor a fim de explicar um fenômeno muito mais complexo: a sociedade. O trabalho também apresenta o contraponto do seu pensamento com o ponto de vista de autores eminentes, que recepcionaram suas lições ou as relativizaram.
Abstract: The article analyzes the theory of autopoietic social systems of the German author Niklas Luhmann, addressing his thinking in the fields of general sociology and law. For that, focuses on a specific topic: the legitimacy of the law which, in turn, breaks down the problems of legal regulation of other social subsystems. Inserting this problem in a broader analytical context, the paper discusses the theoretical perspectives that part of the author to form the theoretical apparatus of its construction

---

[*] Possui Graduação em Direito pela Unesp-Franca (1995) e Mestrado em Direito pela Universidade de Franca (2005). É pós-graduada em Docência Universitária pela Universidade de Uberaba e cursa o Doutorado em Teoria do Direito pela Puc-Minas. Atualmente é professora da Universidade de Uberaba, onde leciona as disciplinas Teoria do Direito Público e Direito Constitucional. É orientadora do Programa de Iniciação Científica da Universidade, cadastrado no Cnpq, e de trabalhos de conclusão de curso. É membro da Abedi (Associação Brasileira do Ensino do Direito) e do Conpedi (Conselho Nacional de Pós-graduação e Pesquisa em Direito).

doctrine. Thus, even before entering under the law, this work shows the paths traveled by the author to explain a phenomenon much more complex society. The work also presents a counterpoint to his ideas with the view of eminent authors, which it approves their lessons or relativizing.

Sumário: 1. Introdução; 2. A Teoria dos Sistemas Sociais de Niklas Luhmann; 2.1 – Os Sistemas Sociais Autopoiéticos; 2.1.2 – Clausura Operativa e Abertura Cognitiva. O Fechamento do Sistema; 2.1.3 – Acoplamentos Estruturais; 2.1.4 – Autorreferência; 3. O Direito na Teoria de Luhmann; 4. A Problemática Referente à Legitimidade do Direito; 4.1 – A Análise da Teoria Luhmanniana no Contexto Cultural da Modernidade Periférica; 5. Conclusão; 6. Bibliografia.

1. Introdução

A compreensão da Teoria dos Sistemas Sociais Autopoiéticos de Niklas Luhmann, em razão de sua complexidade, exige que se vá além da lógica tradicional. É tributária de contribuições provenientes dos mais diversos âmbitos, o que a caracteriza como multidisciplinar.

Segundo o autor, o sistema da sociedade moderna é diferenciado em sistemas especificados segundo a função. Cada um dos subsistemas satisfaz a própria função e não pode ser substituído por outro.

Como a relação entre um subsistema e outro nunca é de determinação ou regulação direta, mas apenas de choque ou perturbações mútuas, colocam-se, dentre outras, questões relativas à legitimidade do direito e às suas reais possibilidades regulatórias, uma vez que ele, entendido como subsistema funcional de uma sociedade funcionalmente diferenciada, que convive e se relaciona com outros subsistemas autopoiéticos igualmente fechados e autorreferenciais que, por sua vez, são seu entorno, o que lhe obsta qualquer pretensão a uma supremacia, jamais poderá pretender direcionar ou determinar a atividade de outros âmbitos como o econômico ou o político, nem muito menos legitimar-se noutra instância que não a partir de si mesmo.

Logo, é justamente a autonomia sistêmica dos subsistemas autopoiéticos que se forma dentro do sistema social que torna bastante delicado o papel do direito, uma vez que não há, nessa ótica, qualquer possibilidade de regulação direta por parte do subsistema jurídico em relação aos demais subsistemas.

Assim, este artigo, ao analisar a teoria de Luhmann no âmbito do direito, estará centrado em um problema específico: o da sua legitimidade, que, por sua vez, se desdobra na problemática da regulação jurídica dos demais subsistemas sociais.

2. A Teoria dos Sistemas Sociais de Niklas Luhmann

O propósito essencial das investigações de Luhmann sempre foi o de formular uma teoria da sociedade moderna (DE GIORGI, 1993, p. 27) com a pretensão de descrever todo o seu funcionamento. Em meio a uma sociologia que renunciou a pensar a sociedade como um todo, Luhmann enfrenta o problema sob o programa de uma teoria que entende a sociedade como um sistema.

Para a elaboração de suas concepções metodológicas, parte da análise do que se convencionou denominar "funcionalismo americano" e também da Teoria Geral dos Sistemas. Nesse primeiro momento, desde de meados dos anos 60 até o início da década de 80, o autor formula uma teoria sistêmica funcional-estrutural que tem por base a diferença entre sistema e ambiente/entorno, destacando que o sistema se define justamente por essa relação com o ambiente, mediante mecanismos de redução da complexidade.

Diferentemente de outros autores, porém, ele produz uma teoria social baseada em uma versão nova da Teoria Geral de Sistemas: a chamada "Teoria dos Sistemas Autopoiéticos", cujo desenvolvimento se deveu principalmente aos neurocientistas chilenos Humberto Maturana e Francisco Varela. Desassemelhando-se da Teoria Geral de Sistemas tradicional, que se centra na descrição das estruturas e das relações entre os elementos do sistema e destes com o ambiente, a teoria dos sistemas autopoiéticos centra sua análise nos mecanismos de autoprodução e de auto-organização do sistema, o que já representa o segundo momento de sua obra.

O ponto de partida da abordagem de Luhmann sobre a sociedade, portanto, é a constatação de que cada tentativa de descrever a sociedade acontece dentro da sociedade (DE GIORGI, 1993, p. 27). Sendo assim, a teoria da sociedade como descrição da sociedade é autológica (DE GIORGI, 1993, p. 27), isto é, a descrição da sociedade tem que incluir uma descrição da própria teoria, que é a base da descrição da sociedade. A descrição da sociedade é um fenômeno social e, sendo assim, faz parte da sociedade. Tal componente autológico em conjunto com a falta de metodologias adequadas para analisar sistemas de alta complexidade é, na opinião de Luhmann, a razão da escassez de uma teoria da sociedade na sociologia contemporânea. (DE GIORGI, 1993, pp. 28-31)

Luhmann arrola três obstáculos epistemológicos que impediriam a sociologia clássica de analisar a contento a sociedade moderna. Seriam eles: a) que a sociedade está constituída por homens concretos e por relações entre os homens (e, por isso, a sociedade somente pode ser constituída ou integrada como resultado de um consenso entre os seres humanos, por meio da concordância de suas opiniões e objetivos); b) que as sociedades são unidades regionais, territorialmente delimitadas; e c) que sociedades podem, como grupos, ser observadas de fora (o que permitiria sua descrição objetiva por meio de um sujeito cognoscente posto diante de um objeto do conhecimento que seria essencialmente passivo).

Sendo assim, as investigações de Luhmann buscam a superação dessas premissas clássicas, que estão adstritas a uma metodologia ultrapassada,

> mediante a separação entre sociedade (sistema social, cuja autopoiese se opera com base na comunicação) e indivíduo (sistema psíquico, cuja autopoiese tem por elemento a consciência) que, nesse sentido seriam entorno um para o outro, bem como na adoção de um conceito abrangente de sociedade, que englobaria as diversas "sociedades regionais", encaradas como simples diferenciações de condição de vida no âmbito de um sistema social global e, por fim, através da assunção de uma perspectiva teórica segundo a qual a sociedade seria um sistema autorreferencial que descreve a si mesmo. (VILLAS BÔAS FILHO, 2006, p. 13)

2.1 – Os Sistemas Sociais Autopoiéticos

Luhmann modifica sua teoria sistêmica a partir da teoria da autopoiese elaborada pelos chilenos Humberto Maturana e Francisco Varela, destinada, ao menos em suas origens, a aplicação aos sistemas vivos. De fato, deve-se a Luhmann a extensão do conceito de autopoiese aos sistemas sociais, que, no entanto faz a transposição do conceito de autopoiese para o social, imprimindo-lhe algumas diferenciações em relação ao que, originariamente, elaborara-se na biologia. Contudo, para os propósitos do trabalho, não nos é possível tratar de todas elas, senão mencionar aquelas que consideramos indispensáveis à abordagem a que se propôs.

Embora Luhmann tenha importado da biologia o conceito de autopoiesis, sua concepção afasta-se do modelo originariamente concebido por Maturana e por Varela. Luhmann, diferentemente do que conceberam os autores chilenos, separa os sistemas vivos dos sistemas de sentido, sendo que estes se subdividem em sistemas psíquicos (segundo Maturana, sistemas de percepção ou autopoiese de segunda ordem, conforme vimos) e sistemas sociais. Dessa forma, Luhmann cria um nível a mais para a autopoiese: cria a autopoiese do social e, assim, a teoria autopoiética deixa de ser unicamente uma teoria explicativa da vida e da percepção para se tornar uma teoria complexa e avançada dos sistemas sociais.

Citando Maturana, Luhmann define os sistemas autopoiéticos como

> sistemas que se definem como unidades, como redes de produções de componentes que, recursivamente, mediante suas interações, geram e realizam a rede que os produz e constituem, no espaço em que existem as fronteiras da rede como componentes que participam na realização da rede. (LUHMANN, *apud* GIMENÉZ ALCÓVER, p. 80)

Trata-se, portanto, não só de sistemas dotados de uma organização própria e que criam e modificam suas estruturas, senão que ademais a "autorreferência se aplica também à produção de outros componentes" (LUHMANN, *apud* GIMÉNEZ ALCOVER, p. 80). Assim, sistemas autopoiéticos são aqueles que produzem seus elementos mediante seus próprios elementos, e, a partir daí, produzem também tudo o que identifica o próprio sistema como unidade: sejam elementos, processos, estruturas, operações, inclusive sua identidade como sistema. O sistema é, portanto, um produto de si mesmo.

As operações de um sistema social são as comunicações, que se reproduzem com base em outras comunicações, reproduzindo assim a unidade do sistema, porquanto não existem comunicações fora do sistema. Já as operações dos sistemas psíquicos são os pensamentos no interior de uma consciência.

A reprodução autopoiética dos sistemas não é repetição idêntica dele, senão recriação constante de novos elementos ligados aos anteriores. Portanto, a cada comunicação em um sistema não segue uma comunicação idêntica, mas uma nova comunicação, que se enlaça com os códigos comunicativos do sistema, com seu sentido, códigos sempre co-determinados pelas comunicações anteriores ocorridas dentro dele. Assim, os conceitos de autopoiese e de autorreprodução aparecem junto aos de autorreferência, de auto-observação e de autodescrição para designar diversas operações sistêmicas, todas elas relacionadas, como mostra o prefixo, com a ideia central de fechamento do sistema.

A diferenciação entre sistema e ambiente é o meio utilizado para definir a identidade do sistema que, por ser composto por determinados elementos que não existem fora dele, demarca suas fronteiras diante do ambiente.

As unidades elementares da sociedade são as comunicações que se reproduzem com base em outras comunicações, constituindo, dessa maneira, a identidade do sistema por serem diferenciadas de seu ambiente, em que não há comunicações, caracterizando-se, então, em um sistema fechado.

À medida em que essa mesma sociedade evolui, delineia-se, em seu interior, outro limite entre sistema e entorno, produzindo novos sistemas autônomos. Assim, a sociedade passa a ser diferenciada em subsistemas, ou sistemas parciais, de modo que ela própria aparece como ambiente deles. Esses se diferenciam da sociedade e também entre si devido ao fato de cada um deles reproduzir uma operação específica, ou melhor, um modo específico de comunicação que só se realiza em seu interior. Isso se dá por meio de um esquema binário que delimita o que pertence ou não a ele.

Nesse contexto, a autopoiese desses subsistemas não se realiza do mesmo modo que na sociedade. Enquanto esta tem como elementos comunicações, que não existem no ambiente, a comunicação, como unidade elementar daqueles, existe também no entorno, posto ser este o próprio interior da sociedade. Portanto, "para esses sistemas parciais desenvolvem-se não apenas comunicações *sobre* o seu meio ambiente, mas também comunicações *com* o seu meio ambiente" (NEVES, 1994, P. 119). Assim,

> somente quando um (sub)sistema social dispõe de um específico código-diferença binário é que ele pode ser caracterizado como autorreferencialmente fechado [...]. Por meio do código sistêmico próprio, estruturado

binariamente entre um valor negativo e um valor positivo específico, as unidades elementares do sistema são reproduzidas internamente e distinguidas claramente das comunicações exteriores. (NEVES, 1994, p. 119)

2.1.3 – Clausura Operativa e Abertura Cognitiva. O Fechamento do Sistema

Quando se fala de sistemas autopoiéticos fechados, o fechamento se refere, portanto, à organização e não se nega a abertura estrutural do sistema, ou seja, não se retoma um paradigma pré-bertalanffyano de sistemas isolados diante do ambiente (LUHMANN, 1996, p. 77; LOPES JR., 1993, p. 4). Em outras palavras, para Luhmann, os sistemas autopoiéticos são sistemas fechados e ao mesmo tempo abertos[1]. Essa aparente contradição é desfeita desde que se considere que a clausura dos sistemas autorreferenciais não apenas não impede sua abertura perante o meio, senão que consiste justamente em sua condição de abertura.

A fim de que os sistemas existam e se mantenham, seu meio possui a mesma importância essencial que suas estruturas; estas apenas existem diante daquele. As estruturas dos sistemas se formam como resposta continuada diante das contínuas irritações provenientes do meio e, só assim, mantém-se a autopoiese do sistema, a produção de seus próprios elementos[2].

Em resumo, o conceito de clausura autopoiética não implica nem isolamento do sistema, nem que as causas internas sejam mais importantes que as externas, senão simplesmente que o sistema opera sempre de forma autorrecursiva, aplicando suas próprias operações aos resultados de suas próprias operações. Nenhum sistema pode operar fora de suas fronteiras, porque isso suporia a confusão de seus limites e a desaparição do sistema no ambiente.

---

[1] "Além de diferenciar-se da teoria biológica da autopoiese, a concepção luhmanniana de fechamento autorreferencial dos sistemas baseados no sentido, especialmente dos sistemas sociais, afasta-se ainda mais claramente da clássica oposição teórica entre sistemas fechados e abertos. [...]. 'Fechamento não significa agora nem falta de meio ambiente, nem determinação integral por si mesmo'. Trata-se de autonomia do sistema, não de sua autarquia." (NEVES, op. cit., p. 115)

[2] De fato, existiria direito ali onde não existiram comportamentos humanos ou onde estes não foram ao mesmo tempo contingentes (livres), porém suscetíveis de gerar expectativas?

2.1.3 – Acoplamentos Estruturais

Uma das mais perturbadoras e controvertidas consequências que se desprendem da teoria dos sistemas autopoiéticos é a aludida exclusão recíproca entre homem e sociedade, que decorre da própria natureza autorreferencial de tais sistemas.

As críticas que lhe são dirigidas (e que se permeiam pela acusação de que, sob tal enfoque, os sujeitos desaparecem para deixar seu lugar ao autodesdobramento dos sistemas) Luhmann rebate dizendo que não há que se perder de vista que a clausura de operação não exclui abertura cognitiva. Ademais, conforme se disse anteriormente, esta é pressuposto daquela.

O que Luhmann quer de fato deixar claro é que se deve entender por clusura autopoiética "a organização recursivamente fechada de um sistema aberto" (LUHMANN, *apud* GIMÉNEZ ALCOVER, p. 80). Isso significa que, enquanto determinados por elementos próprios, à medida que somente estes podem estabelecer as operações que efetuam, os sistemas não prescidem de seu entorno: este é pressuposto daqueles.

Assim, a sociedade não poderia existir se não existissem os homens, como síntese de sistema psíquico e sistema vivo. No entanto, o biológico e o psíquico não formam parte, enquanto tais, da autorreferência do sistema.

Mas, então, como se dão as "causalidades" entre sistemas sociais e indivíduos (entorno)? Por meio do que Maturana denominara de **acoplamento estrutural**[3].

Neste sentido, todo sistema, dentro do espaço de possibilidades disponíveis, realiza suas operações em condições de absoluta autonomia. Portanto, o entorno pode afetar o sistema unicamente enquanto produz irritações que se reelaboram internamente. Nessa medida, as irritações também nada mais são que construções internas, que resultam de uma

---

[3] Luhmann aproveita o conceito de acoplamento estrutural desenvolvido pelos biólogos chilenos, que o utilizam para analisar o modo pelo qual o sistema se relaciona com seu entorno; contudo o modifica para poder expressar a inter-relação entre diversos sistemas autopoiéticos. Para uma análise mais pormenorizada desses conceitos em Luhmann, ver, entre outros, *Social systems,* op. cit., 1995. cap. 6 e *Introducción a la teoria de sistemas,* op. cit., 1996. p. 97-113; 201-208.

confrontação dos eventos com as estruturas próprias dos sistema. Assim, não existem irritações no entorno do sistema: a irritação é sempre na realidade uma autoirritação, partindo eventualmente de eventos do entorno (LUHMANN, 1995, pp. 214-215).

Os sistemas psíquicos estão, por exemplo, acoplados aos processos neurofisiológicos do próprio sistema, no sentido de que unicamente podem existir se o sistema orgânico ao qual estão conectados se encontre vivo. Não obstante, isso não significa que se devam adaptar a ele, ou que os pensamentos são reflexos do estado do organismo: esses não se percebem quase nunca, ou se percebem muito seletivamente em formas psíquicas específicas (por exemplo, como dor).

Os sistemas sociais, por sua vez, acoplam-se estruturalmente às consciências: se elas não existissem não seria possível o processo de comunicação. Os conteúdos psíquicos não são, por isso, conteúdos comunicativos, e os pensamentos não são os elementos da comunicação. Os limites do sistema psíquico não são os limites da sociedade e vice-versa, de maneira que aquilo que é socialmente possível não deve necessariamente ser compreendido em cada uma das consciências, enquanto que nem tudo aquilo que se pensa pode chegar a se expressar na comunicação. Os pensamentos conscientes acompanham sempre as contribuições da comunicação, dirigem-nas e procuram controlá-las: refletem, buscam as palavras, registram os êxitos e fracassos, etc., sem que tudo isso se traduza em comunicação. Mas também as referências e as conexões, atualizadas pela comunicação em sua total complexidade, nunca se podem perceber e criar-se pelas reduzidas capacidades de uma cosnciência individual.

O acoplamento estrutural dos sistemas sociais com os sistemas psíquicos apresenta, ademais, o aspecto particularmente relevante de que a comunicação pode ser irritada somente pelas consciências, e não pelos eventos físicos, químicos ou neurofisiológicos enquanto tais (que podem eventualmente destruí-las). Unicamente os sistemas psíquicos, de fato, podem perceber, e ademais podem logo expressar essas percepções de forma comunicativa.

Quando ocorre um acoplamento estrutural entre dois sistemas, não significa que exista uma fusão entre eles ou que haja uma coordenação estável das operações respectivas (LUHMANN, 1995, p. 215). O acoplamento estrutural se realiza em correspondência com um evento, o qual desaparece no mesmo momento de sua aparição: a coincidência é só momentânea e não conforma uma fusão entre as operações dos sistemas colididos, enquanto que se voltam a separar imediatamente depois de seu encontro.

O acoplamento estrutural, entendido desse modo, é completamente compatível com a hipótese da clausura autopoiética dos sistemas de sentido, enquanto que intervem só no nível das estruturas e não da autorreprodução: a completa independência dos sistemas na constituição dos próprios elementos e na determinação de suas conexões permanece intacta, enquanto que, ao mesmo tempo, observa-se uma coordenação entre estruturas recíprocas.

2.1.4 – Autorreferência

O conceito de autorreferência está na base da teoria dos sistemas autopoiéticos. Em certo sentido, a autorreferência é inerente à própria elaboração de tal teoria, pois não há como conceber um sistema autopoiético (que se caracteriza pela capacidade de produzir e de reproduzir seus próprios elementos a partir da sua rede interna de elementos, ou, dito de outra forma, de criar seus elementos mediante um processo interno) que não seja autorreferencial (LUHMANN, 1995, p. 435).

Segundo Luhmann, as possibilidades de autorreferência são ao menos três (LUHMANN, 1995, p. 443). A autorreferência que se refere à diferença entre elemento e relação denomina-se **autorreferência basal** e apresenta-se como a "forma mínima de autorreferência". No caso dos sistemas sociais, essa forma de autorreferência se dá pelo fato de as comunicações não possuírem outra referência que não comunicação, e só com base nessa referência permitem a autopoiesis do sistema. Já quando se refere à distinção entre "antes e depois" ou entre "sistema e meio ambiente", estamos diante de outros dois momentos da autopoiese (LUHMANN, 1995, p. 443), que são, respectivamente, a **reflexividade** e a **reflexão**. A reflexividade consiste no reforço da seletividade do processo mediante a aplicação do processo a si mesmo, antes do objeto que se processa. Assim se apresenta o aprender a aprender que, ao invés de referir-se diretamente ao objeto da aprendizagem, refere-se ao próprio processo de aprendizagem, e reforça sua capacidade de seletividade. No caso da reflexão, o sistema se refere a si mesmo mediante suas próprias operações, e isso requer que o sistema se possa distinguir a si mesmo do externo, ou seja, de seu entorno. A distinção que guia, nesse caso, a autorreferência é a que se dá entre sistema e entorno.

Dessa forma, ao se constituírem a partir da diferença sistema/entorno, uma vez que sua autorreferência está baseada nessa própria diferença, tais sistemas autorreferenciais e autopoiéticos, dotados de clausura operacional, serão determinados de forma essencialmente **paradoxal**: a autorreferência do sistema somente se pode realizar se tal sistema se identifica a si mesmo como diferenciado daquilo que ele não é.

Contudo, Luhmann considera que o paradoxo da autorreferencialidade depende do uso que se faça dele, podendo ser incorporado produtivamente a uma teoria que ofereça mecanismos que não permitam que ele seja um impedimento à análise.

Luhmann observa que essa problemática ao âmbito da teoria da sociedade, em sua ânsia por unidade, sempre tentou refutar o paradoxo a todo o custo. Nesse sentido, a religião seria, pelo menos até o século XVIII, a grande instância desparadoxizadora da maioria das sociedades ocidentais, pois Deus, considerado pela teologia como o critério explicativo de todas as diferenças, será entronizado como a unidade elementar que subjaz lógica e ontologicamente a todas as diferenças.

Contudo, a evolução da sociedade rumo à diferenciação funcional irá arrebatar essa função desparadoxizadora da religião, remetendo tal função a outras instâncias, tais como a ciência e a arte[4].

Com isso, chega-se à caracterização, já referenciada anteriormente, de uma sociedade acêntrica e policontextual, no sentido de ser diferenciada em inúmeros subsistemas funcionais autorreferenciais e autopoiéticos que operam simultaneamente a partir de codificações próprias que encaminham funções específicas, as quais, por seu turno, não podem ser escalonadas hierarquicamente.

---

[4] Desde logo, é curioso notar o quanto a análise de Luhmann se aproxima da ideia weberiana de desencantamento promovido pelo processo de racionalização, pois da mesma forma que de tal processo decorre a perda do primado da religião enquanto instância unificadora e fornecedora de uma visão global de mundo e a consequente separação das esferas culturais de valor, tais como a ciência, o direito, a economia, etc., também o processo que leva a sociedade a assumir uma diferenciação funcional implica perda da unidade outrora fornecida pela teologia. Esse argumento será melhor desenvolvido nos primeiros epígrafes do capítulo seguinte.

Em uma sociedade, concebida nesses termos, em que os subsistemas autorreferenciais e autopoiéticos são dotados de clausura operacional a partir da qual operam seleções de sentido fundadas na orientação fornecida por seus respectivos códigos binários, planta-se a questão de como pensar nas funções que tradicionalmente são atribuídas ao direito.

Em primeiro lugar, o direito, enquanto subsistema funcional de sentido, não poderá estar fundado noutra coisa senão na própria comunicação, que é o elemento básico da autopoiesis social, sendo que, tal como ocorre com a sociedade, o homem será o entorno do direito. Portanto, propostas psicologizantes, que buscam no homem a definição de direito, não podem ser aceitas. Da mesma forma, o direito como sistema autopoiético, em virtude de sua autorreferência constitutiva, não poderá buscar sua legitimidade noutra instância que não em si mesmo, uma vez que isso implicaria sobrepor referência externa à autorreferência. Assim, toda a tradição jusnaturalista, bem como aquelas com carga ontológica, não seriam compatíveis com o direito autopoiético. Por outro lado, enquanto subsistema funcional de uma sociedade plural, acêntrica e funcionalmente diferenciada, o direito autopoiético não é compatível com perspectivas que o entendam como superestrutura orientada por determinações advindas de uma estrutura de base.

Da mesma forma que em sua teoria social, também em sua análise do direito, que ademais nada mais é do que a aplicação dos elementos teóricos elaborados na teoria da sociedade a um subsistema específico, Luhmann levará a extremos de radicalização todas as consequências advindas da estruturação da teoria sobre o paradoxo da autorreferência. Como decorrência, o direito, sobretudo em uma sociedade funcionalmente diferenciada, terá sua autorreprodução pautada pela paradoxal necessidade de somente ser capaz de se manter mediante sua contínua transformação.

Assim, o direito, visto como um sistema autorreferencial e autopoiético, também será paradoxal, cabendo à teoria que o analisa fornecer os mecanismos teóricos necessários à utilização produtiva de tal paradoxo. Luhmann acredita que apenas a teoria dos sistemas detém tal aparato teórico. Resta saber se, no que tange ao direito, ele de fato tem razão.

3. O Direito na Teoria de Luhmann

Luhmann diz que:

> O comportamento social em um mundo altamente complexo e contingente exige a realização de reduções que possibilitem expectativas comportamentais recíprocas e que são orientadas a partir das expectativas sobre tais expectativas. Na *dimensão temporal* essas estruturas de expectativas podem ser estabilizadas contra frustrações através da normatização. Frente à crescente complexidade social isso pressupõe uma diferenciação entre expectativas cognitivas (disposição à assimilação) e normativas, além da disponibilidade de mecanismos eficientes para o processamento de desapontamentos, frustrações. Na *dimensão social* essas estruturas de expectativas podem ser institucionalizadas, ou seja, apoiadas sobre o consenso esperado a partir de terceiros. Dada a crescente complexidade social isso exige cada vez mais suposições fictícias do consenso e também a institucionalização do ato de institucionalizar através de papéis especiais. Na *dimensão prática* essas estruturas de expectativas podem ser fixadas externamente através de um sentido idêntico, compondo uma inter-relação de confirmações e limitações recíprocas. Dada a crescente complexidade social isso exige uma diferenciação de diversos planos de abstração. Para podermos dispor de um conceito mais amplo sobre as necessidades dessas três dimensões, falaremos a seguir da *generalização de expectativas comportamentais* [...] (1983, PP. 109-110)

O conceito de generalização supõe a superação, em cada uma das dimensões, das descontinuidades existentes e a eliminação dos riscos ou perigos típicos de cada dimensão. Generalização é a "imunização simbólica das expectativas contra outras possibilidades; sua função apoia o necessário processo de redução ao possibilitar uma *indiferença inofensiva*" (LUHMANN, 1983, p. 110)

Os mecanismos de generalização em cada uma das dimensões são de natureza diversa. Na dimensão temporal a generalização se consegue fixando expectativas no tempo, assegurando-lhes duração apesar das frustrações. Para superar essas frustrações e permitir a manutenção das expectativas existem diversos mecanismos equivalentes, dependendo de quais são os expectadores e quais são suas expectativas.

Na dimensão social, o problema que se coloca é outro, já não se trata de proporcionar duração às expectativas, senão consenso. As expectativas estão generalizadas socialmente quando, apesar da existência de indivíduos que não as compartilham, se lhes supõem consenso. Os mecanismos generalizadores, nessa dimensão, têm a função específica de repartir um consenso que é, de fato, limitado.

Na dimensão material, generalizam-se os conteúdos, os temas nos quais se baseiam as expectativas. Para isso se obtêm pontos de referência suficientemente abstratos para garantir às expectativas certa identidade, apesar de sua diversidade material.

A própria existência das três dimensões limita, em certo grau, as possibilidades de compatibilização das expectativas. Não é qualquer conteúdo que pode se normatizar: quanto mais concreto é o conteúdo de uma expectativa, mais sujeita está esta a frustrações e mais difícil é a sua institucionalização. Os mecanismos de generalização das três dimensões são muito heterogêneos e não atuam de forma coordenada por "natureza". "Nesse caso, que corresponde à concepção do direito natural, não seria possível qualquer desenvolvimento do direito." (LUHMANN, 1983, p. 110) A heterogeneidade desses mecanismos faz com que nas diversas dimensões se generalizem expectativas incompatíveis e que estas se obstaculizem umas às outras.

Essa incongruência entre os mecanismos das distintas dimensões e, em consequência, a generalização de expectativas não compatíveis "formam um problema estrutural de qualquer sociedade, *e é face a esse problema que o direito constitui sua função social*". (LUHMANN, 1983, p. 110)

O direito não é um ordenamento coativo, senão uma forma de facilitar (alívio) e de possibilitar expectativas mediante generalizações congruentes que diminuem o risco, sempre presente em expectativas que se fixam como resistentes aos fatos, de frustração ou imunizam simbolicamente o expectante contra os efeitos dela.

A coação do direito reside na obrigatoriedade de selecionar expectativas, a qual pode motivar a imposição de determinados comportamentos.

Nesse sentido, a evolução do direito nada mais é do que a seleção de formas de generalização nas três dimensões cada vez mais adequadas e compatíveis entre si.

Ou seja, ainda quando o direito não nasce em um momento histórico determinado, senão que, segundo a definição luhmanniana, está presente em qualquer sociedade, pois do ponto de vista da generalização congruente, em toda sociedade há direito, a variável evolutiva dele não reside em uma mudança de função, ou quando mesmo em sua função básica, senão nos mecanismos historicamente selecionados para levar a cabo essa função.

A partir da incorporação do paradigma da autopoiese em sua teoria dos sistemas, Luhmann passa a descrever o direito positivo moderno como um subsistema (ou sistema parcial) funcional, autorreferencial e autopoiético, que compõe, ao lado de outros subsistemas funcionais (política, economia, ciência, sistema educacional, etc.), uma sociedade, entendida como sistema social global que se reproduz autopoieticamente a partir de um processo comunicativo.

Essa mudança paradigmática fornecerá a Luhmann instrumentos analíticos mais precisos para refletir sobre as análises já realizadas anteriormente, forçando sua retomada de forma mais radical, mas não contraditória. Verifica-se, assim, que o advento da teoria dos sistemas autopoiéticos será menos uma ruptura na obra de Luhmann do que uma afinação de seu instrumental analítico e teórico.

Já sob o enfoque do novo paradigma de Luhmann, as análises que serão realizadas sobre o direito, caracterizado enquanto sistema autopoiético que compõe uma sociedade funcionalmente diferenciada, demandam que se tenha em mente sempre que os sistemas autopoiéticos, não importa se são sistemas vivos, psíquicos ou sociais, são sempre sistemas autorreferenciais, no sentido de que produzem e reproduzem não apenas suas estruturas, mas seus próprios elementos constituintes a partir de seus próprios elementos e estruturas e mediante operações recursivamente fechadas. Em decorrência da clausura operacional, tais sistemas somente poderão operar dentro de seus próprios limites e nunca fora deles, e, ademais, como consequência lógica desse postulado, não poderão importar de seu entorno as estruturas e os elementos que os compõem. Luhmann é intransigente a esse respeito. Para ele, os sistemas ou são autopoiéticos ou não o são.

É claro que clausura operacional não implica isolamento ou indiferença em relação ao seu entorno[5]. O sistema é uma forma (paradoxal, diga-se de passagem) composta por dois lados: o sistema e o entorno, de modo que este não é excluído, mas pressuposto pelo sistema. O que

---

[5] Luhmann ressalta que é um equívoco imaginar que a autopoiese do sistema jurídico implicaria uma espécie de solipsismo jurídico. O fato de a sociedade se tornar entorno do direito não acarreta o isolamento ou a ruptura deste em relação àquela.

ocorre é que o sistema se delimita perante seu entorno mediante operações recursivamente fechadas, a partir das quais é capaz de produzir seus componentes por meio da sua própria rede interna de componentes.

A transposição dessa descrição geral para o plano dos sistemas sociais e, mais especificamente, para o do sistema jurídico, caracterizado como subsistema funcional autopoiético que compõe o sistema social global (sociedade), permitirá descrever o direito como um sistema que, não podendo importar seus componentes (elementos e estruturas) do exterior (entenda-se portanto o entorno intrassocial do direito – sociedade e demais subsistemas funcionais – quanto o seu entorno extrassocial – o homem enquanto síntese se sistema psíquico e sistema vivo), terá de produzi-los por si mesmo, mediante operações recursivamente fechadas.

O direito, visto enquanto um subsistema funcional, terá a comunicação (síntese de três operações seletivas, a saber: emissão, informação e compreensão) como elemento básico de sua autopoiese. Contudo, a definição do direito enquanto um subsistema funcional implica ainda que ele, de alguma forma, seja diferenciado da sociedade da qual faz parte, pois, caso contrário, a comunicação jurídica simplesmente se dissolve em meio ao fluxo de comunicação geral da sociedade e o direito desaparece ou, como descreve Teubner, torna-se socialmente difuso.

Assim, a partir da consideração do fato de que o direito está inserto num sistema social global que abrange todas as comunicações possíveis (sociedade), é preciso que sejam apontadas quais são as características específicas que o definem. Isso implica a alusão, ainda que breve, a alguns de seus principais conceitos constitutivos, tais como os de sua clausura operacional, código, função, binômio abertura/fechamento, programa condicional, observação de segunda ordem, diferença entre sistema/entorno, tanto no que tange ao entorno intrassocial do direito – que é composto pela sociedade entendida como sistema social global e pelos demais subsistemas funcionais – quanto no que diz respeito ao seu entorno extrassocial, que é composto pelo homem, etc.

É preciso, entretanto, ressaltar que a relação entre direito e sociedade não exaure a complexidade da problemática que envolve a autopoiese jurídica, pois a sociedade é apenas o entorno/envolvente intrassocial do direito. Além dela há o entorno extrassocial do direito que abrange tanto o homem (síntese de sistema psíquico e sistema vivo) e o mundo com seus fenômenos físicos e biológicos.

Disso decorre que o homem não é uma realidade indiferente para o direito, uma vez que, sendo entorno, ainda que extrassocial, é parte da forma que tem por lado interno o direito. Portanto, críticas que buscam enfatizar o caráter desumanizador de um direito concebido como subsistema de uma sociedade sem homens não merecem guarida, pois simplesmente desconsideram o fato de que o direito (tal como ocorre com a sociedade) está estruturalmente acoplado aos sistemas psíquicos mediante o mecanismo da linguagem. Isso significa que, mesmo que se critiquem os efeitos dessa teoria em termos de um déficit de normatividade, não há como postular seriamente que ela simplesmente exclui o homem da sociedade[6].

É, portanto, necessário indicar quais são as operações por meio das quais o sistema jurídico produz e reproduz seus elementos que, tal como concebe Luhmann, não podem ser outra coisa senão comunicação, só que de tipo especial: a comunicação jurídica. Melhor dizendo, para haver sistema jurídico é preciso que haja pelo menos comunicação, uma vez que sem ela não haveria autopoiese dos sistemas sociais. Contudo, a simples existência de comunicação não é suficiente para que haja um sistema jurídico. Esse somente surge a partir de uma comunicação orientada pelo código binário direito/não direito, o qual, ao garantir a autoadjudicação das operações ao sistema, garante sua própria clausura operacional, uma vez que o esquematismo binário exclui a possibilidade de advento de um outro código ou a interposição de outros valores no código já existente. Desse modo, a definição do código do direito, na medida em que assegura a sua própria unidade operativa, é essencial à especificação da função de tal sistema, que consiste, conforme já indicado, no processamento de expectativas normativas mediante sua estabilização contrafática. Isso ocorre porque a função de estabilização de expectativas implica um esquematismo que indique quais expectativas devem ser mantidas contrafaticamente em caso de frustração. Verifica-se, assim, que o código e a função do direito estão conectados

---

[6] Luhmann ressalta que "no nos obstinamos en la absurdidad de afirmar que haya derecho sin sociedad, sin hombres, sin lãs condiciones físico-químicas de nuestro planeta. Únicamente afirmamos que el sistema produce las relaciones con dicho entorno a partir de sus proprios esfuerzos, a partir de la efectuación de sus propias operaciones". (1993. p. 54)

internamente e são fundamentais à sua clausura operacional e diferenciação sistêmico-social.

A codificação binária da comunicação jurídica será compreendida por Luhmann como a forma estrutural que garante a própria autopoiese do sistema, pois, ao instituir um valor positivo (direito) e um valor negativo (não direito), o código, que ademais somente pode ser manejado no plano da observação de segunda ordem, permite ao sistema jurídico classificar as condutas como estando de acordo ou em desacordo com o direito. Trata-se de um esquema bivalente do qual o direito se vale para estruturar suas operações e distingui-las de outros assuntos, uma vez que, por meio do código, o sistema tem a possibilidade de desenvolver suas operações a partir apenas de dois estados: positivo/negativo, reduzindo situações altamente complexas que se encontram em seu entorno. Trata-se de uma estrutura que, ao promover a clausura operacional, está claramente relacionada com a autorreferencialidade dos sistemas autopoiéticos e, nesse sentido, é também ela paradoxal[7]. A esse respeito, cumpre notar que é justamente para não ter que se valer das soluções tradicionais que buscam numa hierarquização remeter a solução do paradoxo a níveis superiores de dotação de sentido que Luhmann recorre à distinção entre código e programa. Essa distinção também será fundamental à análise de um direito como subsistema autopoiético de uma sociedade funcionalmente diferenciada, pois permitirá contrabalançar a rigidez e a invariabilidade que caracterizam os códigos binários dos subsistemas funcionais, mediante a introdução de programas que permitem estabelecer os critérios para a correta atribuição dos valores dos códigos. Nesse sentido, ao complementar a codificação mediante o preenchimento de seu conteúdo, o programa, ao decidir acerca da adjudicação dos valores que compõem o código, terá uma função essencial no que se refere à possibilidade de abertura cognitiva

---

[7] Luhmann ressalta que, do ponto de vista objetivo/material/prático, o código é uma tautologia que, se aplicada a si mesma, gera um paradoxo. O código é tautológico, pois os dois valores que o compõem são intercambiáveis mediante uma negação que não significa nada. Isto é, o código simplesmente afirma que o direito não deve ser não direito e que o não direito não deve ser direito. Por outro lado, quando aplicado a sim mesmo, isto é, quando se indaga acerca de sua própria conformidade ou desconformidade com o direito, o código gera um paradoxo, que consiste em dizer que é (ou não) conforme o direito aplicar a distinção entre direito e não direito. (1993, p. 145)

do sistema, pois é ele que determina quais aspectos do sistema teriam que processar cognições e em que ocasiões isso aconteceria.

O código assegura a unidade operacional do sistema, pois é a partir de especificidade que o sistema se distingue de seu entorno. Contudo, o código por si só não permite que o sistema se feche, mas sim apenas que ele crie os enlaces de suas operações (LUHMANN, 1993, p. 67). É assim que o código precisa ser complementado pelos programas (leis, regramentos e demais premissas de decisão do direito), os quais, ao estabelecerem as regras de adjudicação dos valores do código, fixam as condições concretas de correção na atribuição de tais valores (LUHMANN, 1993, p. 146-147), permitindo, por exemplo, que num dado litígio se indique quem ostenta expectativas conforme o direito e quem não as ostenta. É por isso que Luhmann dirá que código e programas são momentos da autopoiese do sistema e não entidades existentes por si sós.

Contudo, ainda que o direito, a partir da perspectiva de Luhmann, deixe de carregar o fardo da integração social (LUHMANN, 1993, p. 93), para ter sua função reduzida à pura e simples estabilização contrafática de expectativas, nem por isso ele deixa de ter uma clara pretensão regulatória, mesmo porque, conforme visto anteriormente, o direito somente consegue obter a estabilização de expectativas normativas por meio da regulação da generalização congruente delas nas dimensões temporal, social e material de sentido. Luhmann ressalta, entretanto, que a função do direito, entendida como estabilização de expectativas normativas, ultrapassa a simples regulação de conflitos. (LUHMANN, 1993, 103-104) No entanto, mesmo que a função do direito não seja redutível à simples regulação dos conflitos, conforme Luhmann faz questão de frisar, é certo que a estabilização de expectativas normativas implica que o direito, de alguma forma, possa interferir, influenciar ou pelo menos perturbar de modo regulatório os demais subsistemas sociais. O próprio Luhmann admite que, embora não seja capaz de assegurar que todas as expectativas normativas por ele protegida sejam satisfeitas,

> el derecho debe tener altas posibilidades de que se imponga, ya que de outro modo más bien uno se doblegaría ante los hechos. Las cosas no pueden suceder de tal manera que a la persona cuyas expectativas de derecho se frustraran, se le confortara con solo decirle: sin embargo usted se mantuvo en la expectativa correcta. Debe suceder algo a favor de una imposición real o compensatoria de su derecho. (1993, 103-104)

Portanto, ainda que tenha sua função centrada na estabilização contrafática de expectativas, o direito precisará, em alguma medida, se impor e, nesse sentido, regular os conflitos de expectativa, indicando quais expectativas têm um respaldo social e quais não. A própria estrutura da expectativa normativa parece depender dessa capacidade do direito em se impor regulatoriamente perante seu entorno, seja na consecução de sua função social, seja na prestação aos demais subsistemas, pois, do contrário, conforme ressalta o próprio Luhmann, "ao invés da generalização de normas, produzir-se-ia então uma generalização da frustração". (LUHMANN, 1983, v. 2, p. 82 e 1993, p. 101) É bem verdade que Luhmann não está preocupado com as motivações que levam ao cumprimento das normas que visam assegurar as expectativas normativas. A orientação da motivação da ação não é relevante para a consecução da função do direito, que consiste em estabilizar as expectativas mediante mecanismos que permitam sua generalização simbólica nas três dimensões de sentido e que, em se tratando do direito positivo moderno, são, conforme visto anteriormente, a sanção (dimensão temporal), os procedimentos (dimensão social) e os programas condicionais de decisão (dimensão material).

Feita essa breve e fragmentária reconstrução dos traços mais gerais do direito enquanto subsistema funcional da sociedade moderna, podemos introduzir agora a temática central do presente trabalho: a problemática da legitimação de um direito concebido como subsistema funcional e autorreferencial e autopoiético.

4. A Problemática Referente à Legitimidade do Direito

Num contexto em que não é mais possível definir as expectativas recíprocas de comportamento a partir de normas fundadas num *ethos* socialmente compartilhado, que em última análise estariam legitimadas pelo enquadramento institucional, o direito não poderá mais recorrer a fundamentos dessa natureza. (VILLAS BÔAS FILHO, 2006, p. 209) Com o advento de sociedades caracterizadas por visões pluralistas de mundo, o direito perderá seus antigos marcos inquestionáveis de legitimação[8].

---

[8] Em sociedades tradicionais que eram tributárias de um direito natural ainda era possível identificar o lastro das representações teístas do mundo. O direito era visto

Contudo, não poderá prescindir de pretensão de legitimidade (VILLAS BÔAS FILHO, 2006, p. 209), pois, excluído de seu fundamento material e social, o direito passa a integrar o plano da razão instrumental e simplesmente se reduz ao cumprimento da norma em função de um cálculo estratégico acerca das consequências que podem advir do descumprimento dela. Esse enfoque objetivador do direito (HABERMA *apud* VILLAS BÔAS FILHO, 2006, p. 209), a partir do qual esse se coloca apenas em termos de limitação externa ao espaço de opção de agentes que agem estrategicamente, reduz-no à sua mera facticidade, pois o direito perde um mecanismo importante de sua estabilização, "sobretudo num contexto em que, como decorrência de sua positivação, ele aparece como essencialmente mutável". (VILLAS BÔAS FILHO, 2006, p. 209)

Assim, o direito precisa sempre demonstrar ao menos uma pretensão à legitimidade, ainda que apenas para conferir "aparência de legitimidade ao poder ilegítimo"[9]. "A legitimidade é, portanto, o momento constitutivo do direito". (VILLAS BÔAS FILHO, 2006, p. 210)

Mas como lidar com a legitimidade do direito numa sociedade em que ruíram todas as bases de interpretação de mundo limitadas pela moral, pela religião, ou pela metafísica? Portanto, vê-se que, atualmente, "a problemática da legitimidade é alçada ao seu mais alto grau de improbabilidade". (VILLAS BÔAS FILHO, 2006, p. 210)

Transporta a questão da validação das normas para o interior do circuito autopoiético do sistema jurídico, cujo fechamento operacional se dá justamente com o escopo de que esse possa, a partir de sua codificação binária e de seus programas decisórios condicionais, levar a cabo sua função que consiste em estabilizar expectativas normativas de modo contrafático. (VILLAS BÔAS FILHO, 2006, p. 226)

> Contudo, uma tal estabilização implica a generalização congruente de tais expectativas nas dimensões temporal, social e material/prática de sentido. Ora, a problemática se coloca justamente no momento em que se pretende generalizar expectativas normativas, na dimensão social, mediante

---

como perene: fundado no passado e vigorando desde sempre. O homem não poderia mudá-lo. O direito natural revela uma falta de confiança na capacidade de o sistema social para criar e dotar-se de direito. Por outro lado, o direito natural não conhece "uma separação nítida entre as expectativas cognitivas e normativas".

[9] Ibid., p. 62.

um direito que é estabelecido e validado por decisões (direito positivo). (VILLAS BÔAS FILHO, 2006, pp. 226/227)

Luhmann faz uma a conciliação entre autorreferencialidade sistêmica e legitimação a partir da proposta de legitimação pelo procedimento, cuja proposta implica uma série de considerações e de redefinições a fim de que possa ser bem compreendida.

> Em primeiro lugar, há que se observar que a problemática da legitimação está posta essencialmente na sociedade, o que, se por um lado parece trivial, por outro, acarreta sensíveis consequências que não podem ser desconsideradas. Luhmann ressalta que, em virtude da separação entre sistemas sociais e sistemas psíquicos, pouco importa a motivação subjacente à aceitação das normas, mesmo porque isso é um assunto que está posto naquilo que se poderia chamar de entorno extrassocial do direito. (VILLAS BÔAS, 2006, p. 228)

Com isso não se quer dizer que se exclua o homem do universo do direito, mas simplesmente que este deve ser capaz de se legitimar não com base nas motivações, valores ou no consenso dos homens. "A motivação que faria com que o cumprimento da norma se desse em decorrência de uma pretensão de validade deontológica passa a ser irrelevante. Para Luhmann a norma ou bem se cumpre ou não se cumpre. O enfoque é efetivamente objetivador (...). (VILLAS BÔAS FILHO, 2006, p. 228)

Nesse contexto, Luhmann irá definir legitimidade como sendo "disposição generalizada para aceitar decisões de conteúdo ainda não definido, dentro de certos limites de tolerância". (LUHMANN, 1980, p. 30) Trata a legitimidade a partir de sua função, que consiste na implementação fática do direito e no controle da decisão jurídica. (LUHMANN, 1983, v. 2, p. 70)

> Enquanto subsistema funcional de uma sociedade funcionalmente diferenciada, o direito visa apenas desenvolver sua função que, conforme já foi indicado, consiste na estabilização contrafática de expectativas normativas. Nesse contexto, a definição de legitimidade em termos de disposição generalizada para aceitar decisões de conteúdo ainda não definido é totalmente compatível com a função que o direito visa desenvolver, pois, ao garantir uma tal disposição para a aceitação das decisões, ela garante a implementação fática do direito e, para uma teoria funcionalista, isso basta. (VILLAS BÔAS FILHO, 2006, p. 229)

Para se garantir a força vinculante de um sistema jurídico contingente e mutável é preciso a obtenção de uma disposição generalizada para aceitar decisões de conteúdo ainda não definido. (VILLAS BÔAS FILHO, 2006 p. 230)

O mecanismo de que o direito se vale para obter essa disposição é a utilização de procedimentos, concebidos como mecanismos que permitem a institucionalização do direito na dimensão social de sentido e a consequente generalização social das expectativas normativas. (VILLAS BÔAS FILHO, 2006, p. 230)

Por meio dos procedimentos é possível obter a legitimação do direito a partir de um prisma sistêmico.

> O sistema se legitima a si mesmo a partir de procedimentos que permitem obter uma predisposição generalizada de aceitação de decisões de conteúdo ainda não definido. É bem verdade que isso exclui do direito uma função socialmente integradora (...) mas, como se viu, para Luhmann, a função do direito é a estabilização contrafática de expectativas normativas e, para isso, o que importa é a preservação da clausura operacional do sistema jurídico, que permite sua autopoiese a partir da autorreprodução comunicativa orientada pelo código binário direito/não direito e pelos programas condicionais, que adjudicam concretamente os valores do código[10].

O código legal/ilegal dá ao sistema sua clausura operativa, pois nenhum outro sistema trabalha com ele. Ao mesmo tempo, introduz os dois polos de uma diferença. Com o que se produz uma primeira limitação da contingência: sempre o que se oponha ao antijurídico será jurídico, e vice-versa; e sempre que algo se afirme como jurídico não poderá afirmar-se ao mesmo tempo como antijurídico, e vice-versa. Mas para dirimir a designação dos valores desse código aos dados exteriores a ele, os programas decisórios são necessários. Todo o direito positivo é

---

[10] Vale notar que, ao descrever o direito moderno como subsistema autopoiético que se autorreproduz a partir de sua rede recursiva de operações, Luhmann se aproximará muito da fórmula kelseniana de um direito que regula ele mesmo sua própria criação. Contudo, apesar das afinidades entre ambos, deve-se tomar cuidado diante da tentação de identificar ou de aproximar demasiadamente tais propostas. Para uma análise em que Luhmann diferencia sua teoria das teoria de Kelsen e Hart, ver, por exemplo, suas seguintes obras: *Sociologia do direito*. v. 2. p. 192-199; *El drecho de la sociedad*. p. 19; 26; 49; 51-52; 72-81.

"programa", as normas não são nada além de programas. Por assim estar programado em uma norma, o voto para os maiores de 16 é legal e, para menores, ilegal.

É a presença simultânea de código e de programas que permite ao sistema ser por sua vez aberto e fechado. É normativamente fechado, porém, cognitivamente aberto. Não existem normas jurídicas fora dele, mas seu funcionamento, a reprodução de seus elementos vincula-se a acontecimentos externos cuja averiguação requer uma atividade cognitiva: o juiz que julga um furto não apenas comprovará que existe uma regra jurídica aplicável que faz do furto um ato ilícito, senão que também terá que comprovar que o furto ocorreu materialmente e nas circunstâncias previstas, isto é, "programadas" nessa norma.

O código é insubstituível, pois é a base da autonomia do sistema e é pré-requisito de todo programa nesse sistema. Os programas, pelo contrário, são substituíveis uns por outros, podem ser mudados, com respeito aos requisitos (normativos) do próprio sistema, quando as circunstâncias assim aconselham. Assim se procede nas instâncias legislativas na hora de dotar de conteúdos as normas que criam. Porém, uma vez criadas, tais normas são "programas condicionais", e como tais regem para aqueles que as aplicam, sem que aqui caiba "aprendizagem" ou adaptação, salvo dentro de limites bastante restritos. O juiz, por exemplo, não atua em razão de fins, senão a partir do cumprimento de certas condições desencadeadoras: as previstas na hipótese da norma. Afirma Luhmann que desconhecer este dado e introduzir elementos teleológicos, ponderação de consequências, discricionariedade judicial, etc. significa dificultar a função do direito como assegurador de expectativas, obstaculizar a redução de complexidade que com a divisão de tarefas entre legislador e aplicadores das normas se leva a cabo, e questionar inclusive a autonomia do sistema diante dos outros sistemas, como o político, o econômico, etc.

Assim, para Luhmann, o direito válido é aquele que pode ser mudado, enquanto que fruto de uma decisão ocorrida dentro do sistema jurídico e que pode ser modificada por uma decisão posterior. O direito é contingente e vale em razão dessa contingência. Na medida em que vale dessa forma é direito positivo.

Esta validez do direito como contingente se explica pelo fato de que é o direito mesmo que regula as condições de sua própria modificação: até a alteração de normas é regida por normas.

Dentro do sistema jurídico, a validez se opera, portanto, como produto de decisões submetidas ao mesmo sistema. Não pode o sistema questionar os recursos de validez de seus elementos, quando é o próprio sistema que lhes "imputa" essa validez. O direito é válido em razão das decisões que estabelecem sua validez. Para o direito não têm importância análises valorativas externas às do sistema. Essa contingência dos conteúdos jurídicos, que deriva do fato da validez não ser mais que a permanente disponibilidade que o sistema possui sobre seus próprios elementos, fica facilitada pelo funcionamento legitimador dos mecanismos institucionais. Há uma institucionalização dos mesmos mecanismos institucionais, de maneira que se estende o consenso pressuposto para tudo o que derive do procedimento de criação e de modificação dos conteúdos jurídicos. Em suma, a legalidade é a única legitimidade.

Daí que, para Luhmann, questões como a de "justiça" têm a ver com os caracteres estruturais do sistema que não são nenhum gênero de valoração moral de seus conteúdos. A sociedade pressiona o sistema jurídico para que este abarque proporções cada vez maiores de sua complexidade. Isto requer um aumento da complexidade do sistema, traduzido em uma maior quantidade de normas, um caráter mais minucioso de suas regulações, câmbios normativos mais frequentes, etc. A complexidade do sistema será adequada e se poderá dizer, para Luhmann, que é justo, quando seu grau de complexidade seja o máximo compatível com as consequências das decisões dentro do sistema. O direito poderá aumentar sua complexidade, mas somente até o ponto em que não impeça que as decisões que nele recaem sejam consistentes, isto é, que se tratem os casos de forma igual. Por exemplo, um direito puramente casuístico, que atendesse a todas as variáveis concorrentes em cada problema que se julga, não cumpriria esse requisito. E sem ele não seria o direito garantia de expectativas confiáveis e estáveis.

4.1 – *A Análise da Teoria Luhmanniana no Contexto Cultural da Modernidade Periférica*

Introduzindo-a num contexto cultural que nada tem a ver com aquele em que está forjada, Marcelo Neves propõe a relativização da teoria luhmanniana[11], fundamentando, basicamente, seu pensamento no fato de que há sistemas em que a positividade sobre o fundamento da autonomia do sistema não faz sentido, o que faz com que haja a quebra da circularidade entre regras e decisões, ou, na linguagem dos juristas, entre norma jurídica e norma de decisão, bem como o bloqueio na concretização do direito constitucional.

Segundo o autor, o advento da sociedade mundial contemporânea tem encadeado uma disparidade de desenvolvimento entre regiões em escala global, e esta disparidade não pode ser subestimada, pois ela é a causa das diferenças de reprodução social e jurídica. Certas regiões, superdesenvolvidas, são marcadas por uma complexidade social estruturada de maneira satisfatória pela proeminência da diferenciação funcional e pela preferência predominante pela inclusão. As regiões menos desenvolvidas, ao contrário, são marcadas por uma complexidade insuficientemente estruturada, por sérios limites à diferenciação funcional e por uma tendência à exclusão de grandes porções da população, constituindo assim os países periféricos (NEVES, 2004, p. 147)[12]. Aqui, a ausência de fronteiras claras entre os diversos domínios de ação e de experiências prejudica a identidade e a autonomia do direito em relação ao seu contexto social.

Ocorre que na reprodução social desses países "verifica-se uma miscelânea social decorrente do entrelaçamento dos códigos de preferências [...] e dos critérios ou programas dos diversos campos de comunicação" (NEVES, 2004, PP. 147-148), sendo que "códigos e critérios de um domínio de ação invadem permanentemente e cotidianamente os outros campos de ação [...] de tal maneira que a complexidade social permanece insuficientemente estruturada". (NEVES, 2004, p. 148) Esse contexto proporciona a existência de códigos (mais) fortes e códigos (mais) fracos,

---

[11] Critica o provincianismo empírico de Teubner e Luhmann, alegando que ambos desconhecem a maioria dos contextos de comunicação e práticas jurídicas da sociedade mundial do presente. (NEVES, 2004. p. 146)

[12] "Evidentemente, não se trata aqui da diferenciação pré-moderna entre centro e periferia, mas sim de um problema da sociedade mundial moderna, de uma bifurcação paradoxal". Do mesmo autor, ver também "*Entre subintegração e sobreintegração*: a cidadania inexistente" e "*Do pluralismo jurídico à miscelânia social*: o problema da falta de identidade da(s) esfera(s) de juridicidade na modernidade periférica e suas implicações na América Latina".

sendo que, em regra, o código binário do direito é frágil em face dos códigos "poder/mão-poder" (política) e do código "ter/não ter" (economia). (NEVES, 2004, p. 148) Isso ocasiona um bloqueio da reprodução consistente do direito, que é invadido e superexplorado por exigências imediatas de outros domínios de comunicação (NEVES, 2004, p. 148), tornando-o incapaz de traduzir "com relevância prática, a linguagem social, especialmente a linguagem política e a econômica, em uma linguagem especificamente jurídica".

Tal situação faz com que as próprias expectativas normativas de comportamento passem a se orientar primariamente em outros modelos sociais de conduta e não mais na semântica jurídica dos modelos textuais da Constituição e das leis. Essa superexploração e invasão do domínio jurídico acarreta a transformação do paradoxo do direito que não mais se coloca na forma "lícito porque não ilícito", passando a figurar como "lícito porque poderoso, "lícito porque rico", "lícito porque amigo", etc. "Em consequência o direito torna-se incapaz de expropriar da sociedade o *décimo segundo camelo* e de atribuir-lhe um valor jurídico alienado do social, obtendo, com isso, uma mais valia[13]".

---

[13] O autor faz referência ao artigo de Luhmann intitulado "A restituição do décimo segundo camelo". Do sentido de uma análise sociológica do direito, mencionada nos *Aspectos Teóricos Metodológicos* desse trabalho. Para proceder às suas análises sobre o direito nesse artigo, Luhmann se vale da seguinte história fictícia: "Um rico beduíno estabeleceu a sucessão por testamento a seus três filhos. A partilha foi estabelecida em torno de seus camelos. O filho mais velho, Achmed, deveria receber a metade. O segundo filho, Ali, ficaria dom um quarto do previsto. O filho mais novo, Benjamin, teria apenas um sexto. [...]. Entretanto, e devido a imprevistos, o número [total] de camelos foi reduzido consideravelmente antes da morte do pai. [Assim], quando ele morreu, restavam apenas onze camelos. Como deveriam dividir? [...]. O conflito foi levado ao juiz, o qual fez a seguinte oferta: eu ponho um camelo meu à vossa disposição, e vocês restituir-me-ão, se Alá quiser, o mais rápido possível. Com doze camelos a divisão ficou simples. Achmed recebeu a metade, quer dizer, seis. Ali recebeu um quarto, ou seja três. Benjamin não foi prejudicado, recebendo seu sexto, ou seja, dois. Assim os onze camelos foram divididos e o décimo segundo pode ser devolvido". LUHMANN, op. cit., 2004. p. 33-34. Vê-se que o décimo segundo camelo "é apresentado por Luhmann como a expressão simbólica do fechamento operacional e da abertura cognitiva do sistema jurídico, representando a unidade dos diversos mecanismos de desenvolvimento dos paradoxos e da desparadoxização do direito; [...] a questão da decidibilidade expressa simbolicamente no décimo segundo camelo refere-se à existência de um direito funcionalmente diferenciado, no qual estão

Ressalva-se que o autor não pretende rechaçar a concepção de Luhmann sobre o direito, mas apenas relativizá-la para verificar que:

> no contexto da reprodução jurídica e social da modernidade periférica, a positividade do direito é, no mínimo insuficientemente realizada, porque há uma tendência, com efeitos paralisantes, não só à falta de um décimo segundo camelo alienado ficticiamente do social, mas também a "furtos" dos camelos jurídicos "reais" pela sociedade, sonegando-se, com base em variáveis políticas e econômicas, direitos básicos de parcela da população, mediante a negação do "direito-ao-discurso" (Diskursrecht) do domínio jurídico por tendências expansivas dos sistemas sociais. (NEVES, 2004, p. 149)

Essa invasão do direito pelo seu contexto social, sem a delimitação das fronteiras que diferenciem o jurídico em face do não jurídico, expressa a falta de autopoiese do direito, "[...] podendo-se mesmo falar de alopoiese jurídica, tendo em vista que a reprodução jurídica é impulsionada diretamente por fatores extrajurídicos, diluindo-se na autopoiese da sociedade." (NEVES, 2004, 150)

Assim,

> o décimo segundo camelo não se apresenta como expressão construtiva do indeterminismo e incerteza do direito, mas a sua potencial falta leva a uma orientação difusa e incongruentemente destrutiva das expectativas normativas com base em outras variáveis sociais. (NEVES, 2004, p. 151)[14]

Em um tal contexto, a insegurança jurídica que se manifesta chega aos limites do insuportável, embora uma parte da população se beneficie dela.

O autor propõe também uma reflexão sobre a questão da relação circular entre regra e decisão. Para além da explicação da teoria de Luhmann a esse respeito, diz ele que:

---

presentes formas específicas de paradoxos e desparadoxização mediante distinções e assimetrias internas ao sistema [...]" . Cf. NEVES, op. cit., p. 145.

[14] O autor exemplifica dizendo não raro se ouvem frases como "é preciso subornar o policial ou o juiz para que o procedimento tenha andamento ou fique paralisado, pagar propinas ao funcionário administrativo, ou ter boas relações como o chefe político para que se tenha chance numa licitação"; uns são punidos ilegalmente só porque são frágeis política ou economicamente, outros permanecem impunes só porque são fortes política ou economicamente.

> o problema nos países da modernidade periférica reside no fato de que o círculo autorreferencial entre regra e decisão não é simplesmente interrompido, mas antes bloqueado ou mesmo rompido na prática cotidiana do direito e da política. [...] A decisão desvincula-se das regras constitucionais e legais, subordinando-se à constelação particularista de interesses que invadem o campo jurídico. (NEVES, 2004, p. 151)

Trata-se de uma

> quebra da circularidade e da reprodução autônoma do direito, que, na falta do fechamento operacional, não é capaz de uma abertura cognitiva adequada ao contexto social. A inconsistência jurídica das decisões e práticas dos operadores jurídicos impossibilitam uma estabilização das expectativas normativas com base em regras gerais, que permanecem como "letra morta" nos textos constitucionais ou legais (NEVES, 2004, p. 154-155)

Em casos assim importantes se torna a distinção entre norma e texto de norma[15], em que este é descaracterizado semântica e pragmaticamente no processo decisório. Ou seja, a decisão dos tribunais passa a não corresponder a nenhuma norma passível de ser construída e generalizada a partir do respectivo texto normativo em questão, e "as expectativas normativas orientam-se, em grande parte, à margem dos textos constitucionais e legais, mesmo no âmbito dos órgãos e estatais encarregados da aplicação jurídica". (NEVES, 2004, p. 156) Assim, ocorre a usurpação política do domínio jurídico, que atinge a própria concretização constitucional.

Marcelo Neves destaca também a importância da Constituição na caracterização da autonomia do sistema jurídico, assim como na manutenção da relação entre ele e a política. Diz ele que a Constituição, como conquista evolucionária da sociedade moderna, conduz que, na sociedade altamente complexa e contingente do mundo atual, não orientada por uma moral compartilhada e válida em todas as esferas da vida, é o instrumento que evita a manipulação política arbitrária do direito. Nesse

---

[15] O texto da norma refere-se a um dos sentidos possíveis do texto da espécie normativa em pauta; já a norma é aquela criada pelo juiz no julgamento do caso concreto imputável ao mesmo texto.

sentido, cita Luhmann, para quem "a Constituição fecha o sistema jurídico, enquanto o regula como um domínio no qual ela mesma reaparece. Ela constitui o sistema jurídico como sistema fechado através do reingresso no sistema". (LUHMANN, *apud* NEVES, 2004, 156-157) O direito constitucional, portanto, funciona como limite sistêmico interno para a capacidade de aprendizagem (abertura cognitiva) do direito positivo.

> O direito pode ser alterado nos termos do direito constitucional. Este pode, por sua vez, ser alterado dentro dos limites autopostos e esses limites são protegidos pelos regimentos do parlamento, os quais não permitem que sejam tratadas violadoras da autolimitação da emenda constitucional. (NEVES, 2004, p. 157)

Segundo Marcelo Neves,

> esse caráter cognitivo do direito constitucional expressa-se explicitamente através do procedimento específico de reforma constitucional, mas também se manifesta no decorrer do processo de concretização constitucional. Não se trata, por conseguinte, de uma hierarquização absoluta (NEVES, 2004, p. 157),

pois o direito infraconstitucional, representado pelas leis ordinárias e decisões dos tribunais, determina o sentido e a vigência das normas constitucionais.

A Constituição serve como acoplamento estrutural entre direito e política, evitando as ingerências não mediatizadas entre ambos, mas, ao mesmo tempo, fazendo crescer a possibilidade de influência recíproca, condensando-se as chances de aprendizado para esses dois subsistemas.

No entanto, nos países da modernidade periférica (objeto de preocupação do autor), o processo de concretização constitucional é bloqueado por fatores os mais diversos, destacando-se os particularismos políticos, que subordinam o direito à política com base nas próprias leis constitucionais. Num contexto em que os procedimentos e os argumentos especificamente jurídicos não têm relevância funcional em relação aos fatores do meio ambiente, ocorre o bloqueio permanente e estrutural de concretização dos programas jurídico-constitucionais pela injunção de outros códigos de preferência, de tal maneira que, no plano constitucional, ao código "lícito/ilícito", sobrepõem-se.

Em suma, portanto, entende o autor que em países onde ocorrem os fatores acima descritos, o direito é invadido e superexplorado pela sociedade, de tal maneira que o décimo segundo camelo simbólico permanece antes sob o domínio de uma política selvagem, não domesticada juridicamente, que, por sua vez, é corrompida pelo dinheiro. Com isso, os camelos reais, enquanto expressão dos direitos básicos, são sonegados pela sociedade, especialmente em face das imposições de uma política economicamente corrompida, sendo que o resultado é a injustiça estrutural, caracterizados por uma cultura política da ilegalidade e pela grande fragilidade do direito perante o expansionismo destrutivo do meio dinheiro em uma economia globalizada.

Portanto, sem adentrar, pontualmente, o tema da legitimidade, mas antes mesmo de chegar a essa questão, Marcelo Neves nos coloca diante do fato de que o modelo luhmanniano de autopoiese é instransponível à realidade jurídica da modernidade periférica e, portanto, do Brasil. Em nosso país, as sobreposições particularistas dos códigos político e econômico às questões jurídicas impossibilitam a construção da identidade do sistema jurídico.

Isso significa que não surge uma esfera de juridicidade apta a, de acordo com seus próprios critérios e de forma congruentemente generalizada, filtrar as influências advindas dos sistemas econômico e político.

Usando a terminologia da teoria dos sistemas autopoiéticos, podemos dizer que o intrincamento do código jurídico com outros códigos sociais obstaculiza a construção própria da identidade do sistema jurídico. Se tal identidade pode ser vista, eventualmente, no plano da estrutura dos textos normativos, ela é destruída gradativamente durante o processo de concretização jurídica. Assim sendo, não se obtém generalização congruente de expectativas normativas a partir dos textos constitucionais e legais.

Nesse contexto de falta de direitos congruentemente generalizados, ou, no mínimo, topicamente congruentes, a problemática em torno da legitimidade parece ser uma questão a ser analisada *a posteriori*. Assim sendo, para esse autor, as indagações deveriam se voltar para a busca de alternativas para o funcionamento insatisfatório do direito positivo. Nessa direção, rechaça qualquer discurso ético-social, nos moldes do que propõe Boaventura de Souza Santos (NEVES, 1994, p. 263), por entender que, no contexto social descrito, a existência de muitas unidades sociais dispondo de diferentes códigos 'lícito/ilícito" não leva a uma racionalidade jurídica tópica, mas, antes, a uma extrema insegurança jurídica, cuja manutenção está relacionada, contraditoriamente, à conservação de privilégios. Em outras palavras, "esse tipo de situação não representa nenhum pluralismo como alternativa ao legalismo, mas sim reações difusas à falta de legalidade". (NEVES, 1994, 263) Entende que o caminho a ser trilhado é aquele que "passa pela construção de um espaço público da legalidade que, de um lado, promova a identidade do Estado perante os interesses privados e, de outro, possibilite a integração jurídica igualitária de toda a população na sociedade". (NEVES, 1994, 263)

Assim, quando essa esfera de ação, própria do direito, tiver atingido sua autonomia nos moldes luhmannianos, para Marcelo Neves, também a questão da legitimidade será reduzida a mero problema funcional.

5. Conclusão

A obra de Niklas Luhmann se insere num contexto analítico muito amplo, podendo ser considerada, portanto, sob diversos ângulos: sociologia geral e do direito, teoria da comunicação, da evolução social, etc. É um pensamento multifacetado que, sem dúvida, reflete a complexidade da sociedade que pretende observar e descrever. Sendo assim, ao se querer adentrar esse universo, não foi possível prescindir da análise de diversas perspectivas sociológicas de que parte o autor para formar o aparato teórico-metodológico de sua construção doutrinária.

Além disso, para delinear o tema central do trabalho, foi preciso também incursionar pontualmente no pensamento do autor sobre temas correlatos, visto que são fundamentais para uma compreensão mais profícua e correta do fenômeno jurídico. Isso quer dizer que não houve como avançar no âmbito do direito sem antes passar pelos caminhos percorridos pelo autor a fim de explicar um fenômeno muito mais complexo: a sociedade.

Diante disso, é possível dizer que o tema deste trabalho (a abordagem da questão da legitimidade do direito) representa uma dentre as várias possibilidades de atingir esse universo. Não obstante não ser a única forma de alcançá-lo, a escolha se deve ao grau de complexidade que o tema atinge no âmbito de sua teoria e também à importância dada a ela em diversos outros enfoques teóricos.

Vê-se, portanto, que o enquadramento jurídico normativo que a questão suscita resulta tanto da dificuldade de se equacionar a multiplicidade dos fatores nela intervenientes, quanto da sua recíproca interconexão. Junte-se a isso a produtiva dificuldade de não haver correntes absolutas na compreensão do problema, o que leva a que o desenho do próprio quadro que procuramos compreender esteja determinado pelos ângulos ou prismas que assumamos para a sua própria compreensão, a permitir que se multipliquem os espaços teóricos em que é possível construir modelos explicativos e compreensivos do tema proposto.

Portanto, se se é levado a concluir que a legitimação do direito terá de ser produto do próprio sistema e não ser dada a partir de fora, não entendendo ser o consenso ou a conformidade com valores morais o que legitime uma decisão jurídica, mas, sim, o funcionamento normal dos mecanismos internos do sistema, o que acarreta para suas atuações reconhecimento social necessário, decisão legítima será aquela que goza de um consenso inferido do funcionamento institucional por meio do procedimento.

No entanto, se, contrariamente, considera-se que, na sociedade, além da legitimidade formal, que se confunde com a mera legalidade, deve-se buscar uma legitimidade material em instâncias como as da moral, da ética ou do direito natural, decisão legítima será aquela que atender a pressupostos dessa natureza, ainda que seja muito difícil obter hegemonia e consenso nessas instâncias.

Assim sendo, tudo não passa de uma opção por enfoques teóricos.

Se, do ponto de vista de uma epistemologia geral, a obra de Niklas Luhmann inscreve-se no seio de uma história que se move no sentido do abandono da soberania do sujeito na ordem do pensamento e a esse respeito é acusada de anti-humanista, no que se refere às implicações jurídicas que engendra, pode-se dizer que se trata de uma ousada tentativa de buscar novas respostas para antigas questões.

Portanto, se esse enfoque teórico merece críticas, não se pode negar que sua postura proporciona um rico debate sobre o direito e, de forma mais ampla, da sociedade. Ademais, as críticas mais frequentes que recebe são, na sua maioria, de cunho ideológico e não científico, atribuindo-lhe a marca do conservadorismo. A elas Luhmann responde, argumentando que questões valorativas desse naipe estão, para ele, fora do âmbito do subsistema da ciência, que apenas entende o código de "verdade" e "não verdade". Aquele que valora e desconfia não atua como um cientista, mas, antes, como um "crente".

Se, no Brasil, só há pouco tempo esse autor começa a ser melhor estudado, talvez o mais prudente a fazer, ainda que tenhamos nossas ressalvas, é refletir profundamente sobre seu pensamento que, ao que parece, está a prosseguir seu curso, longe de ser dado como concluído.

6. Bibliografia

DE GEORGI, Raffaele; LUHMANN, Niklas. *Teoria de la sociedad*. Trad. Miguel Romero Pérez, Carlos Villalobos e Javier Torres Nafarrate. Guadalajara: Universidad de Guadalajara, 1993.

DE GIORGI, Raffaele. *Ciência del derecho y legitimación*. México: Universidad Iberoamericana, 1998.

GIMÉNEZ ALCOVER, Pilar. *El derecho em la teoria de la sociedad de Niklas Luhmann*. Barcelona: Bosch, 1993.

LUHMANN, Niklas. **Sociologia do direito**. Trad. Gustavo Bayer. Rio de Janeiro: Tempo Brasileiro, 1985, v. I e II.

_____. **Legitimação pelo procedimento**. Trad. Maria da Conceição Corte-Real. Brasília: Universidade de Brasília, 1980.

_____. **Social systems**. Trad. John Berdnarz Jr. e Dirk Baecker. Califórnia: Standford University, 1995.

_____. **El derecho de la sociedad**. Trad. provisória para o espanhol por Javier Torres Nafarrate. Mimeografado. (s. d.).

_____. *Teoria de la sociedad*. Trad. Miguel Romero Pérez, Carlos Villalobos e Javier Torres Nafarrate. Guadalajara: Universidad de Guadalajara, 1993.

MATURANA, Humberto; VARELA, Francisco. *El árbor del conocimiento*. Santiago de Chile: Universitária, 1984.

NEVES, Marcelo. **A constitucionalização simbólica**. Guarulhos: Acadêmica, 1994.

_____. Entre subintegração e sobreintegração: a cidadania inexistente. In: **Dados**: Revista de Ciências Sociais, v. 37, n. 2, p. 253/276, Rio de Janeiro: Iuperj, 1994.

_____. Da autopoiese à alopoiese do direito. **Anuário do Mestrado em Direito**, n. 5, Recife: Universitária/ UFPE, [s. d.].

_____. Luhmann, Habermas e o Estado de direito. **Lua Nova** – Revista de Cultura Política, n. 37, p. 93/106, 1996.

_____. E se faltar o décimo segundo camelo? Do direito expropriador ao direito invadido. In: **Niklas Luhmann**: do sistema social à sociologia jurídica. Rio de Janeiro: Lumen Juris, 2004.

_____. Do Pluralismo Jurídico à miscelânia social: o problema da falta de identidade da(s) esfera(s) de juridicidade na modernidade periférica e suas implicações na América latina. In: **Direito em Debate**, ano V, n. 5, p. 7-37, Ijuí: Universidade de Ijuí, 1995.

VILLAS BÔAS FILHO, Orlando. **O direito na Teoria dos sistemas de Niklas Luhmann**. São Paulo: Max Limonad, 2006.

CONPEDI

O Conselho Nacional de Pesquisa e Pós-graduação em Direito é uma associação de personalidade jurídica de direito privado e sem fins lucrativos, fundamentalmente voltada para apoiar os estudos jurídicos e o desenvolvimento da pós-graduação em Direito.

O CONPEDI têm como objetivo incentivar os estudos jurídicos de pós-graduação nas diferentes instituições brasileiras de ensino universitário; colaborar na definição de políticas jurídicas para a formação de pessoal docente da área jurídica, opinando, perante autoridades educacionais, sobre os assuntos de interesse da pesquisa e da pós-graduação em Direito; defender e promover a qualificação do ensino jurídico, bem como sua função institucional e seu papel social.

Desde sua criação, em 1992, o CONPEDI organiza e promove encontros e congressos semestrais sobre ensino e pesquisa jurídica. A partir do Congresso realizado em Florianópolis em 2004, o CONPEDI passou a publicar os trabalhos apresentados pelos professores/pesquisadores e discentes da pós-graduação de todo o País.

Além dos Congressos Nacionais, também realiza Encontros regionais para fortalecer e para incentivar a discussão de tema sobre pós-graduação.
Eventos anteriores:

XVIII Congresso Nacional – São Paulo (2009)
XVIII Encontro Nacional – Maringá (2009)
XVII Congresso Nacional Brasília (2008)
XVII Encontro Preparatório – Salvador (2008)
XVI Congresso Nacional – Belo Horizonte (2007)
XVI Encontro Preparatório – Campos dos Goytacazes (2007)
XV Congresso Nacional – Manaus (2006)
XV Encontro Preparatório – Recife (2006)
XIV Congresso Nacional - Fortaleza (2005)
XIV Encontro Preparatório – Marília (2005)
XIII Congresso Nacional - Florianópolis (2004)
XII Encontro Nacional - São Leopoldo (2003)
XI Encontro Nacional - São Paulo (2002)
X Encontro Nacional - Florianópolis (2001)
IX Encontro Nacional - Rio de Janeiro (2000)
VIII Encontro Nacional - Porto Alegre (1999)
VII Encontro Nacional - Belém (1998)
VI Encontro Nacional - Rio de Janeiro (1997)
V Encontro Nacional (1996)
IV Encontro Nacional - Belo Horizonte (1995)
III Encontro Nacional - Rio de Janeiro (1994)
II Encontro Nacional (1993)
I Encontro Nacional (1992)

www.conpedi.org

CONPEDI
Conselho Nacional de Pesquisa
e Pós-Graduação em Direito

XVIII CONGRESSO NACIONAL

CONPEDI
Conselho Nacional de Pesquisa e Pós-Graduação em Direito

4, 5, 6 e 7 de novembro de 2009
São Paulo - SP

Tema:
Estado, Globalização e Soberania: o direito no século XXI

GT (Grupo de Trabalho) MATRIZES DOS CONCEITOS DE JUSTIÇA
apresentado no XVIII Congresso Nacional do CONPEDI – Conselho
Nacional de Pesquisa e Pós-Graduação em Direito

Apresentação do GT no dia 5 de novembro de 2009 – 15 às 19 horas

Coordenadores do GT

Prof. Dr. Rubens Beçak - USP - Ribeirão Preto
Prof. Dr. José Luiz Bolzan de Morais - UNISINOS
Prof. Dr. Lafayette Pozzoli - UNIVEM

Tema do Congresso

Estado, Globalização e Soberania: o direito no século XXI

Local:
Complexo Educacional Faculdades Metropolitanas Unidas (FMU) São Paulo – SP
Programa de Pós-Graduação em Direito da UNIFMU
Coordenador Prof. Dr. Paulo Hamilton Siqueira Júnior

QUEM SOMOS

Editora **LETRAS JURÍDICAS** e **LETRAS DO PENSAMENTO**, com onze anos no mercado *Editorial e Livreiro* do país, é especializada em publicações jurídicas e em literatura de interesse geral, destinadas aos acadêmicos, aos profissionais da área do Direito e ao público em geral. Nossas publicações são atualizadas e abordam temas atuais, polêmicos e do cotidiano, sobre as mais diversas áreas do conhecimento.

Editora **LETRAS JURÍDICAS** e **LETRAS DO PENSAMENTO** recebe e analisa, mediante supervisão de seu Conselho Editorial: *artigos, dissertações, monografias e teses jurídicas* de profissionais dos *Cursos de Graduação, de Pós-Graduação, de Mestrado e de Doutorado*, na área do Direito e na área técnica universitária, além de obras na área de literatura de interesse geral.

Na qualidade de *Editora Jurídica e de Interesse Geral*, mantemos uma relação em nível nacional com os principais *Distribuidores e Livreiros do país*, para divulgarmos e para distribuirmos as nossas publicações em todo o território nacional. Temos ainda relacionamento direto com as principais *Instituições de Ensino, Bibliotecas, Órgãos Públicos, Cursos Especializados de Direito* e todo o segmento do mercado.

Na qualidade de *editora prestadora de serviços*, oferecemos os seguintes serviços editoriais:

✓ Análise e avaliação de originais para publicação;	✓ Gráficas – Pré-Impressão, Projetos e Orçamentos;
✓ Assessoria Técnica Editorial;	✓ Ilustração: projeto e arte final;
✓ Banner, criação de arte e impressão;	✓ Multimídia;
✓ Cadastro do ISBN – Fundação Biblioteca Nacional;	✓ Orçamento do projeto gráfico;
✓ Capas: Criação e montagem de Arte de capa;	✓ Organização de eventos, palestras e workshops;
✓ CD-ROM, Áudio Books;	✓ Papel: compra, venda e orientação do papel;
✓ Comunicação Visual;	✓ Pesquisa Editorial;
✓ Consultoria comercial e editorial;	✓ Programação Visual;
✓ Criação de capas e de peças publicitárias para divulgação;	✓ Promoção e Propaganda - Peças Publicitárias - Cartazes, Convites de Lançamento, Folhetos e Marcadores de Página de livro e peças em geral de divulgação e de publicidade;
✓ Digitação e Diagramação de textos;	
✓ Direitos Autorais: Consultoria e Contratos;	
✓ Divulgação nacional da publicação;	
✓ Elaboração de sumários, de índices e de índice remissivo;	✓ Prospecção Editorial;
	✓ Redação, Revisão, Edição e Preparação de Texto;
✓ Ficha catalográfica - Câmara Brasileira do Livro;	✓ Vendas nacionais da publicação.
✓ Fotografia: escaneamento de material fotográfico;	Confira!!!

Nesse período a *Editora* exerceu todas as atividades ligadas ao setor **Editorial/Livreiro** do país. É o marco inicial da profissionalização e de sua missão, visando exclusivamente o cliente como fim maior de seus objetivos e resultados.

O Editor

A Editora reproduz com exclusividade todas as publicações anunciadas para empresas, entidades e/ou órgãos públicos. Entre em contato para maiores informações.

Nossos sites: *www.letrasjuridicas.com.br* e *www.letrasdopensamento.com.br*
E-mails: *comercial@letrasjuridicas.com.br* e *comercial@letrasdopensamento.com.br*
Telefone/fax: (11) 3107-6501 – 9352-5354